Anne van Aaken/Stefanie Schmid-Lübbert (Hrsg.)

Beiträge zur ökonomischen Theorie im Öffentlichen Recht

GABLER EDITION WISSENSCHAFT

Ökonomische Analyse des Rechts

Die ökonomische Analyse des Rechts untersucht Rechtsnormen auf ihre gesellschaftlichen Folgewirkungen und bedient sich dabei des methodischen Instrumentariums der Wirtschaftswissenschaften, insbesondere der Mikroökonomie, der Neuen Institutionen- und Konstitutionenökonomie. Sie ist ein interdisziplinäres Forschungsgebiet, in dem sowohl Rechtswissenschaftler als auch Wirtschaftswissenschaftler tätig sind und das zu wesentlichen neuen Erkenntnissen über Funktion und Wirkungen von Rechtsnormen geführt hat.

Die Schriftenreihe enthält Monographien zu verschiedenen Rechtsgebieten und Rechtsentwicklungen. Sie behandelt Fragestellungen aus den Bereichen Wirtschaftsrecht, Vertragsrecht, Haftungsrecht, Sachenrecht und verwaltungsrechtliche Regulierung.

Anne van Aaken/Stefanie Schmid-Lübbert
(Hrsg.)

Beiträge zur ökonomischen Theorie im Öffentlichen Recht

Deutscher Universitäts-Verlag

Bibliografische Information Der Deutschen Bibliothek
Die Deutsche Bibliothek verzeichnet diese Publikation in der Deutschen Nationalbibliografie; detaillierte bibliografische Daten sind im Internet über <http://dnb.ddb.de> abrufbar.

1. Auflage Januar 2003

Lektorat: Brigitte Siegel / Sabine Schöller

Der Deutsche Universitäts-Verlag ist ein Unternehmen der Fachverlagsgruppe BertelsmannSpringer.
www.duv.de

Umschlaggestaltung: Regine Zimmer, Dipl.-Designerin, Frankfurt/Main

Gedruckt auf säurefreiem und chlorfrei gebleichtem Papier

ISBN-13:978-3-8244-7789-0 e-ISBN-13:978-3-322-81480-7
DOI· 10 1007/978-3-322-81480-7

Vorwort

Die ökonomische Theorie des Öffentlichen Rechts ist ein neues Forschungsgebiet, das bisher im rechtsökonomischen Schrifttum vergleichsweise wenig vertreten ist[1], aber auf stetig wachsendes Interesse stößt. Es zeigt sich, dass zwar wichtige Anknüpfungspunkte an etablierte Forschungsrichtungen, wie die ökonomische Theorie im Zivilrecht, Institutionenökonomik oder Verfassungsökonomik, bestehen, die Methodik dieser Bereiche aber nicht ohne weiteres auf den Gegenstandsbereich des Öffentlichen Rechts übertragen werden kann, da dieser von spezifischen Voraussetzungen geprägt ist: Wohldefinierte Handlungsrechte fehlen meist; per definitionem liegt im öffentlichen Recht Staatshandeln vor, was komplizierte Prinzipal-Agenten-Ketten impliziert; die Definition von sozialen Kosten und Nutzen ist erschwert, u.a. weil in aller Regel zukunftsbezogene Fragen involviert sind; die Notwendigkeit, neben dem Effizienzkriterium auch Rechte als Werte zu betrachten, ist im Fall von Grundrechtsfragen erheblich wichtiger als im Zivilrecht. Problematisch ist insbesondere, dass als normatives Beurteilungskriterium in der ökonomischen Theorie des Rechts zumeist Allokationseffizienz herangezogen wird, was für die Probleme des Marktes akzeptabel sein mag. Wie sie in die ökonomische Theorie des Öffentlichen Rechts methodisch einbezogen werden soll, ist aber noch ein offenes Problem. Daher stellt sich verstärkt auch die Frage, was Ökonomen von Juristen lernen können, wenn ökonomische Theorie des Rechts mehr sein will als ein Überstülpen ökonomischer Werte, häufig sogar ausschließlich des Effizienzbegriffes, auf (staats-) rechtliche und rechtspolitische Überlegungen. In diesem Band wird daher nicht nur die ökonomische Theorie auf Bereiche des Öffentlichen Rechts angewendet, sondern es werden auch die spezifisch normativen Probleme im Öffentlichen Recht thematisiert und Anknüpfungspunkte mit der rechtsmethodischen Forschung gesucht.

Im *ersten Teil* werden einige Anwendungsbereiche der ökonomischen Analyse im Öffentlichen Recht vorgestellt. Drei Beiträge behandeln Fragestellungen aus dem internationalen Recht. *Markus Krajewski* wendet die Verfassungsökonomik kritisch auf das GATT- und WTO-Recht an. Die beiden nächsten Papiere sind dem europäischen Verfassungsrecht gewidmet. *Stefanie Schmid-Lübbert* diskutiert, wie Methoden der Verfassungsökonomik auf das Vertragsrecht der Europäischen Union angewandt werden können und konkretisiert die Anwendung am Problem der vertikalen Kompetenzverteilung zwischen Mitgliedsstaaten und EU. Der Beitrag von *Daniel Thym* untersucht den Wandel der Kriterien europäischer Entscheidungsfindung über die unterschiedlichen Phasen der europäischen Integration vom Binnenmarkt zur politischen Union. Im Bereich des nationalen Öffentlichen Rechts analysiert *Roland Ismer* das Steuerrecht im Hinblick auf die Anwendung von ökonomischer Analyse und der sogenannten „wirtschaftlicher Betrachtungsweise" in der Rechtswissenschaft.

[1] Eine Ausnahme im deutschsprachigen Raum ist ENGEL, Christoph/MORLOK, Martin, (Hrsg.) (1998). Öffentliches Recht als Gegenstand ökonomischer Forschung. Tübingen. Es sei auch hingewiesen auf die Ansätze, die an die Tradition der Staatswissenschaften anknüpfen und primär positive Analyse betreiben. Siehe dazu beispielhaft VOIGT, Stefan (1999), Explaining Constitutional Change, Cheltenham.

Die Beträge im *zweiten Teil* behandeln grundlegende Fragen der ökonomischen Theorie des Rechts im Öffentlichen Recht. *Anne van Aaken* beschreibt die normativen Grundlagen der in der normativen Analyse des Rechts verwendeten wohlfahrtsökonomischen und verfassungsökonomischen Kriterien unter besonderer Berücksichtigung der Probleme im Öffentlichen Recht und stellt sodann ein Konzept der formalen Effizienz vor, welches rechtsimmanente Werte zu integrieren vermag. *Axel Tschentscher* stellt den Konsensbegriff ökonomischer Vertragstheorien dem in Diskurstheorien verwendeten Konsensbegriff gegenüber. *Ekkehard Hofmann* diskutiert methodische Probleme der Abwägung und der Verhältnismäßigkeit im Öffentlichen Recht und versucht, die ökonomischen Ansätze der Kosten-Nutzen-Analyse für diese Probleme fruchtbar zu machen. Der Beitrag von *Matthias Meyer* behandelt die Rationalität institutionenökonomischer Modelle, insbesondere die Auflösung von Dilemmastrukturen durch spieltheoretische Ansätze. *Falk Reckling* untersucht die Validität der ökonomischen Rationalitätsannahme in verschiedenen Bewertungskontexten und plädiert für die Berücksichtigung verschiedener Rationalitäten in verschiedenen Lebenskontexten unter Heranziehung der Hermeneutik.

Die hier versammelten Beiträge basieren auf den Vorträgen für ein Forschungskolloquium für Doktoranden und Nachwuchswissenschaftler, das im Oktober 2000 in Hamburg stattfand. Ziel des Kolloquiums war, die Anknüpfungspunkte zwischen ökonomischer Theorie des Rechts und Rechtswissenschaft im Öffentlichen Recht zu diskutieren, erste Lösungsmöglichkeiten für die spezifischen normativen Probleme vorzuschlagen und mögliche Chancen der gegenseitigen Befruchtung beider Disziplinen aufzuzeigen. Wir danken der Studienstiftung des deutschen Volkes für finanzielle Unterstützung und dem Institut für Recht und Ökonomik an der Universität Hamburg für die Gastfreundschaft. Ebenfalls danken wir den Herausgebern dieser Reihe für die Aufnahme des Bandes.

Anne van Aaken
Stefanie Schmid-Lübbert

Inhaltsverzeichnis

Konstitutionelle Ökonomie des GATT/WTO-Rechts[1]

Markus Krajewski

1. Einleitung

Das 1995 in Kraft getretenen Übereinkommen zur Errichtung der Welthandelsorganisation (WTO) enthält in seinen Anhängen multilaterale Übereinkommen über den Waren- und Dienstleistungshandel und handelsbezogene Aspekte des geistigen Eigentums. Die WTO zählt inzwischen 144 Mitglieder.[2] Durch die 2001 erfolgte Aufnahme Chinas und die Beitrittsverhandlungen mit Russland und knapp 30 weiteren Staaten kann das WTO-Recht daher in naher Zukunft als universelles Regelwerk für den internationalen Handel angesehen werden. Dies rechtfertigt das steigende wissenschaftliche und öffentliche Interesse an seiner Struktur und seinen Wirkungsmechanismen. Bereits unter dem Vorgängerregime der WTO, dem GATT 1947 (General Agreement on Tariffs and Trade), spielte die Analyse des Welthandelsrechts mit den Methoden der konstitutionellen Ökonomie (*constitutional economics)* eine zentrale Rolle in der wissenschaftlichen Diskussion.[3] Sie hat in verfassungs- und völkerrechtliche Auseinandersetzungen mit dem WTO-Recht Eingang gefunden und liegt vielen rechtlichen Bewertungen des GATT/WTO-Systems sowohl explizit als auch implizit zu Grunde (PETERSMANN 1991, STOLL 1997).

Im folgenden soll diese Richtung der konstitutionellen Ökonomie vorgestellt und kritisch bewertet werden. Dabei wird in einem ersten Schritt das Ausgangsproblem der konstitutionellen Ökonomie des GATT/WTO-Rechts erläutert (2.). Sodann wird die Analyse dieses Problems mithilfe des *public choice* Ansatzes dargestellt (3.) und die von der konstitutionellen Ökonomie für die Außenwirtschaftspolitik daraus gezogenen Konsequenzen erläutert (4). Die danach folgende kritische Würdigung der konstitutionellen Ökonomie des GATT/WTO-Rechts wird auf drei unterschiedlichen Ebenen vorgenommen: Zunächst wird theorieimmanent untersucht, ob die Analyse nationaler Handelspolitik mit Hilfe von *public choice* Methoden zu nachvollziehbaren Ergebnissen gelangt und mit welchen Problemen die Übertragung konstitutionenökonomischer Ansätze auf das GATT/WTO-Recht verbunden ist (5.). Danach wird gefragt, im welchem Umfang die Aussagen der konstitutionellen Ökonomie als Grundlage juristischer Verfassungstheorien geeignet sind (6.). Abschließend wird argumentiert, dass das GATT/WTO-Recht nur dann in normativer Hinsicht Verfassungsfunktionen erfüllen

[1] Dieser Beitrag beruht auf Teilen meiner Dissertation, KRAJEWSKI 2001. Für die freundschaftliche Hilfe beim Verständnis der (allgemeinen) Konstitutionenökonomie danke ich Stefanie Schmid, Hamburg.

[2] Stand 1. Januar 2002.

[3] Aus diesem Grunde wird im folgenden auch von konstitutioneller Ökonomie des „GATT/WTO-Rechts" gesprochen. Die Grundaussagen dieser theoretischen Richtung haben sich durch die rechtliche Erweiterung und Neugestaltung des Welthandelsregimes auch nicht geändert.

kann, wenn es über eine hinreichende Legitimationsgrundlage verfügt (7.).

2. Politikversagen in der Außenwirtschaftspolitik als Ausgangsproblem

Die konstitutionellen Ökonomie des GATT/WTO-Rechts geht mit der klassischen und neoklassischen Außenwirtschaftstheorie davon aus, dass die Teilnahme einer Volkswirtschaft am internationalen Handel grundsätzlich wohlfahrtssteigernd ist. Ebenso werden die Aussagen der Theorie der Handelspolitik über bestimmte binnenwirtschaftliche Auswirkungen von Handelsschranken übernommen. Danach führen zwar alle Handelsschranken zu einer Verteuerung des geschützten Produktes im Inland; von dem höheren Preis profitierten jedoch unterschiedliche Gruppen. Ein Zoll generiere, vergleichbar einer Steuer, staatliches Einkommen und wirke sich im Übrigen als Einkommenstransfer von Konsumenten zu Produzenten aus. Importquoten, d. h. Lizenzen für einheimische Importeure, generierten kein staatliches Einkommen. Vielmehr komme der Mehrpreis vollständig den Inhabern der Importlizenzen in Form von Rentengewinnen zu Gute. Der bei Zöllen und Importquoten zu beobachtende Einkommenstransfer hat HAUSER (1986: 173) veranlasst, Außenhandelspolitik als „binnenwirtschaftliche Verteilungspolitik" zu charakterisieren. Sog. freiwillige Exportbeschränkungen, d.h. Selbstverpflichtungen der Exportindustrie eines Landes, nur eine bestimmte Menge an Gütern in ein anderes Land zu exportieren, erzeugen einen Rentengewinn, der nach der Handelspolitiktheorie ausschließlich den Exporteuren zu Gute kommt und somit anders als bei Importquoten nicht im importierenden Land verbleibt.

Entsprechend diesen binnenwirtschaftlichen Auswirkungen der Handelsschranken wird gefordert, dass statt Handelsschranken auf Subventionen zurückgegriffen werden sollte, um negative Auswirkungen des internationalen Handels auf bestimmte Sektoren einer Volkswirtschaft auszugleichen. Subventionen beeinflussten zwar auch den Außenhandel, führten aber nicht zu Einkommensverlusten bei Konsumenten. Würden dennoch Handelsbeschränkungen eingeführt, seien Zölle sinnvoller als Importquoten, da ein Teil des Einkommensverlustes der Konsumenten an den Staat als Einnahme zur Finanzierung öffentlicher Aufgaben transferiert wird. Importquoten seien ihrerseits sinnvoller als freiwillige Exportbeschränkungen, da der Einkommenstransfer im Inland stattfinde.

Vergleicht man diese Forderungen mit der Realität, kann festgestellt werden, dass kein Staat gegenwärtig eine bedingungslose Politik des Freihandels verfolgt und unabhängig von der Politik der anderen Staaten auf jegliche Formen von Handelsbeschränkungen verzichtet. Statt dessen verfolgen alle Staaten wenigstens sektorbezogene Formen des Protektionismus, wobei in der Staatenpraxis eine Präferenz für nicht-tarifäre Handelsbeschränkungen in Form von mengenmäßigen Importbeschränkungen, freiwilligen Exportbeschränkungen oder bestimmter Verwaltungsvorschriften, die den Handel beschränken (sog. „Grauzonenmaßnahmen") besteht (PETERSMANN 1991, STOLL 1997). Die Diskrepanz zwischen ökonomischer Theorie und der Außenhandelspolitik der meisten Staaten wird als das „Paradox des Protektionismus“ beschrieben (VANBERG 1992: 378). Dieses „Paradox“ ist der Ausgangspunkt der konstitutionellen Ökonomie des GATT/WTO-Rechts, die eine protektionistische Politik mit nicht-tarifären Handelsschranken auch als *„Politikversagen“* (*government failure*) bezeichnet (PETERSMANN 1991: 96 und 205).[4] Die zentrale Frage lautet, warum die Regierungen eine protektionistische Politik und damit eine Politik, die der Bevölkerung schade, verfolgten, obwohl Handelsliberalisierungen im nationalen Interesse eines jeden Staates liegen müssten (TUMLIR 1983, HAUSER 1986, PETERSMANN 1991).

3. Erklärung von Protektionismus mit *public choice*

Zur Beantwortung dieser Frage werden Erkenntnisse der *public choice* Theorie aufgegriffen. *Public choice* geht davon aus, dass staatliche Entscheidungsfindung durch die Interessen der individuellen Entscheidungsträger geprägt ist und analysiert die Außenwirtschaftspolitik aus dem Blickwinkel ihrer innenpolitischen Bedeutung. Vor allem die unterschiedlichen Einflussmöglichkeiten von Produzenten und Konsumenten auf die Entscheidungsträger spielen hierbei eine Rolle.

3.1. Der „politische Markt“

Public choice geht von einem „methodologischen Individualismus“ aus, in dem das Individuum als die zentrale Untersuchungseinheit der Entscheidungsfindung begriffen wird. Individuen verhielten sich bei ihren Entscheidungen rational, d. h. sie träfen eine Entscheidung nur dann, wenn der Nutzen der Entscheidung ihre Kosten übersteige. Da die Individuen nur über eine begrenzte Menge an Informationen verfügen könnten und sich folglich - ebenfalls rational - entscheiden müssten, auf welche Informationen sie verzichten wollten, beruhe der Entscheidungsprozeß eines Individuum nicht auf vollständigen und umfassenden Informationen, sondern auf einer „rationalen Ignoranz“. Aus der Sicht von *public choice* lassen sich die Individuen in ihrem öffentlichen Verhalten von den gleichen nutzenmaximierenden Interessen wie im privaten wirtschaftlichen Verhalten (*„private choice“*) leiten, was mit dem Menschenbild des *homo oeconomicus* umschrieben wird. Nach *public choice* werden auch politische Entscheidungsträger von individuellen Nutzenmaximierungsinteressen geleitet, was sich bei gewählten Entscheidungsträgern im Interesse an ihrer (Wieder-)Wahl und bei nicht gewählten Entscheidungsträgern im Interesse an persönlichem Machterhalt oder am Machterhalt ihrer Behörde oder Abteilung äußere. *Public choice* lehnt die Vorstellung von politischen Entscheidungsträgern als „benevolenten Diktatoren“ (BUCHANAN 1990: 6), die über ein umfassendes Wissen verfügen und jede Entscheidung im öffentlichen Interesse fällen, ab. Der politische Entscheidungsprozeß wird als *„politischer Markt“* gedeutet, auf dem Anbieter und Nachfrager von politischen Entscheidungen agieren (BUCHANAN 1990, BRENNAN/BUCHANAN 1985).

[4] In Anlehnung an den Begriff des „Marktversagens“ wird unter Politikversagen eine staatliche Maßnahme verstanden, die zu keinem ökonomisch effizienten Ergebnis führt.

Public choice beschäftigt sich bei der Untersuchung des politischen Marktes in erster Linie mit Entscheidungen, die zu sog. „Rentengewinnen" führen. Dazu zählen direkte Transferzahlungen, wie Subventionen und Zuschüsse, indirekte Unterstützungen, wie bestimmte Privilegien oder Sonderkonditionen (Steuerfreiheit) und wettbewerbsbeschränkende Maßnahmen, wie Zulassungsvoraussetzungen, Niederlassungsbeschränkungen, Lizenzen und Handelsschranken (JOHNSON 1991). Als „Anbieter" auf dem politischen Markt werden die politischen Entscheidungsträger angesehen, da sie die Entscheidung, die zu einem Rentengewinn führt, „anbieten".[5] Als „Nachfrager" auf dem politischen Markt treten organisierte Interessengruppen auf, die an Rentengewinnen interessiert sind und sich dafür einsetzen, dass die hierfür erforderlichen Entscheidungen getroffen werden. Die politischen Entscheidungen, die zu Rentengewinnen führen, können die Folge von gezielter Einflussnahme („Lobbying") sein, die von *public choice* als Streben nach Rentengewinnen („rent seeking") verstanden wird (MITCHELL/MUNGER 1991: 525). Wenn Rentengewinne für ein Unternehmen einfacher zu erzielen sind als Gewinne, die auf wirtschaftlichen Aktivitäten beruhen, ist es für dieses Unternehmen rational, seine Ressourcen (jedenfalls zum Teil) auf die Erzielung von Rentengewinnen zu konzentrieren. Rentengewinne sind aus ökonomischer Sicht nicht notwendigerweise ineffizient, da sie lediglich eine Umverteilung von Einkommen darstellen. Ineffizient sei aber das Streben nach Rentengewinnen.[6] Rentengewinne führten dazu, dass die potentiell Begünstigten sich vermehrt um derartige Gewinne bemühen würden. Die dabei entstehenden Kosten der Lobby-Arbeit stünden nicht mehr zur Steigerung des volkswirtschaftlichen Gesamteinkommens zur Verfügung. Somit würden die Produktionsmittel von Lobby-Arbeit nur zur Verteilung des volkswirtschaftlichen Einkommens, nicht aber zu dessen Erwirtschaftung (bzw. Steigerung) eingesetzt.[7]

Da die Kosten der Lobby-Arbeit geringer seien, wenn sich die potentiellen Rentengewinner zusammenschlössen, würden sich Interessensverbände bilden, deren Ziel es sei, die politischen Entscheidungsträger zu solchen Entscheidungen zu bewegen, die zu Rentengewinnen für die eigene Gruppe führen. Interessensgruppen bilden sich nach Ansicht von *public choice* eher, wenn es sich um kleine Gruppen mit einem bestimmten Ziel handelt. Ihre Bildung sei schwieriger, wenn die Gruppe groß und ihre Interessen weiter gestreut und diffuser seien. Dies hänge damit zusammen, dass Interessensgruppen ihren Mitgliedern bei erfolgreicher Beeinflussung des politischen Prozesses ein „öffentliches Gut" verschafften, das zum „Trittbrettfahren" (*free riding*) verleite. Dieses könne in einer kleinen Gruppe durch Sanktionen besser bekämpft werden als in einer großen Gruppe. Außerdem bestehe für die Mitglieder großer Gruppen ein Anreiz zur rationalen Ignoranz gegenüber Rentengewinnen, da

[5] Eine andere Richtung von *public choice* versteht unter den Anbietern diejenigen Individuen, die den (ökonomischen) Preis einer bestimmten Entscheidung zahlen müssen, d. h. die konkurrierenden Unternehmer und die Konsumenten. Die politischen Entscheidungsträger werden von dieser Richtung nur als Vermittler („broker") angesehen. Zu beiden Ansätzen MITCHELL/MUNGER 1991.

[6] Grundlegend KRUEGER (1974).

[7] Vgl. zur mathematischen Herleitung dieser Aussage KRUEGER (1974: 298ff.).

die Kosten der Information hierüber ihren potentiellen Nutzen überstiegen. Deshalb sei es für bestimmte Industrien leichter sich zu organisieren als für Verbraucher oder Steuerzahler (MITCHELL/MUNGER 1991: 515ff.). In ähnlicher Weise sei die Einflussmöglichkeit von organisierten Interessensgruppen in einem bestimmten Sektor (Landwirtschaft, Montanindustrie, Textilien) größer als die Einflussmöglichkeiten von Industrieverbänden, die die Interessen von unterschiedlichen Branchen koordinieren müssten und so eher ausgleichende und moderate Positionen einnehmen würden.[8]

Die als Anbieter auf dem politischen Markt handelnden Entscheidungsträger erwarteten für die getroffenen Entscheidungen eine Gegenleistung, da sie nach Ansicht von *public choice* aus dem Interesse an der Erhaltung oder Ausdehnung der individuellen Macht und Einflussmöglichkeiten handeln. Als Gegenleistung sehen die Vertreter von *public choice* verschiedene Formen der Unterstützung der Entscheidungsträger durch die Interessensverbände an, wie Wahlkampfhilfe, das Versprechen von Wählerstimmen von Angestellten großer Betriebe und persönliche Vorteile für die Entscheidungsträger (MITCHELL/MUNGER 1991: 520). Nach der *public choice* Theorie handeln Entscheidungsträger somit rational, wenn sie die nachgefragten Entscheidungen treffen und so Rentengewinne ermöglichen würden. Sie seien besonders „offen" für die Interessen von gut organisierten Interessengruppen, da diese ihnen, anders als große unorganisierte Gruppen, entsprechende Gegenleistungen versprechen könnten. Das Politikverständnis von *public choice* kann insofern als „Interessengruppendemokratie" bezeichnet worden.

3. 2. Neigung zu Protektionismus („*protectionist bias*")

Aus Sicht von *public choice* werden im Bereich der Außenhandelspolitik in erster Linie protektionistische Maßnahmen wie Schutzzölle, mengenmäßige Beschränkungen, Anti-Dumping-Zölle, Ausgleichszölle für ausländische Subventionen und andere Handelsbeschränkungen nachgefragt. Der politische Markt im Bereich der Außenwirtschaftspolitik wird als „Markt für Protektionismus" angesehen. Auf diesem Markt würden als Nachfrager organisierte Interessenverbände des produzierenden Gewerbes auftreten, die ihre Produktion vor ausländischer Konkurrenz schützen möchten. Der Grad ihrer Organisiertheit sei regelmäßig besonders hoch, da ihre Gruppeninteressen sehr speziell und homogen seien und ihre Gruppe vergleichsweise klein sei. Diese Interessensverbände würden von den Gewerkschaften in den betroffenen Industriezweigen unterstützt, da sich die Arbeitnehmer der Lohnkonkurrenz aus Importländern mit niedrigeren Löhnen ausgesetzt sähen und so ebenfalls ein Interesse an Handelsschranken hätten (FREY 1984; PETERSMANN 1991: 116ff.).

Der Nachfrage nach Protektionismus stehe aber keine relevante Nachfrage nach Handelsliberalisierung gegenüber. Als Nachfrager nach Handelsliberalisierungen kämen in erster Linie die Verbraucher in Betracht, da Handelsliberalisierungen zu Preissenkungen führten.

---

[8] Siehe dazu HAUSER (1986: 176) und PETERSMANN (1991: 180).

Verbraucherinteressen könnten sich aber wegen ihrer Größe und Heterogenität nur schlecht organisieren, da Handelsliberalisierungen aus Verbrauchersicht ein „öffentliches Gut" seien, so dass eine Einflussnahme zugunsten von Handelsliberalisierungen nicht rational sei (HAUSER 1988: 24ff.). Gleiches gelte für das Informationsproblem, das sich bei großen Gruppen stelle. In den meisten Fällen seien die Verbraucher über mögliche Vorteile infolge von Handelsliberalisierungen nicht informiert. Insofern werde die Nachfrage nach Protektionismus ohne eine dieser entgegenwirkenden Nachfrage nach Handelsliberalisierungen an die politischen Entscheidungsträger herangetragen. Folglich seien diese eher geneigt, den organisierten Interessen der Produzenten nachzugeben als den kaum organisierten Interessen der Konsumenten. Auf diese Weise entstehe bei den Entscheidungsträgern eine tendenziöse bzw. interessengeleitete Bevorzugung von Protektionismus, die als *„protectionist bias"* bezeichnet wird (HAUSER 1986: 175; PETERSMANN 1991: 113ff., 178ff; STOLL 1997: 113ff.).[9]

Aus der Anwendung der *public choice* Theorie auf die Außenpolitik ergibt sich somit folgende Antwort auf die Frage, warum von den meisten Staaten eine protektionistische Außenhandelspolitik verfolgt wird: In der Außenhandelspolitik könnten die gut organisierten Interessenverbände der an Handelsbeschränkungen interessierten Produzenten, die internationaler Konkurrenz ausgesetzt seien, durch Handelsbeschränkungen „Rentengewinne" erzielen. Da sich die Interessen der Produzenten besser organisieren ließen als die Interessen der Konsumenten, könnten sie gezielter auf die politischen Entscheidungsträger einwirken. Auf diese Weise entstehe bei den Entscheidungsträgern eine Neigung zu Protektionismus, die als Hauptgrund für die von den Regierungen verfolgte Politik der Handelsbeschränkungen und die ablehnende Haltung gegenüber Handelsliberalisierungen angesehen wird.

Diese Erklärung unterscheidet sich von der Vorstellung, eine Regierung greife zu Handelsbeschränkungen, um einen bestimmten Wirtschaftssektor zu schützen, da dies in seinem nationalen öffentlichen Interesse liege. Die Frage, welche Handelsschranken erlassen und welche Sektoren geschützt werden, entscheidet sich nach der *public choice*-Theorie allein aufgrund der Einflussmöglichkeiten der entsprechenden Unternehmensverbände und Interessensgruppen auf die individuellen Entscheidungsträger und beruht nicht auf der Vorstellung der Entscheidungsträger, ein bestimmtes öffentliches Interesse zu verfolgen.

4. Reduzierung von Protektionismus mit Hilfe von „Verfassungsregeln"

Da eine protektionistische Außenwirtschaftspolitik angesichts des Einflusses der Produzenten auf rationalem Verhalten der politischen Entscheidungsträger beruhe, müsse ein verfassungsrechtlicher Rahmen geschaffen werden, der es den Entscheidungsträgern ermögliche, eine ökonomisch effiziente Außenwirtschaftspolitik zu verfolgen und gleichzeitig eigennützig und rational zu handeln. Mit diesen Überlegungen wird auf die *„constitutional economics"*

---

[9] Teilweise wird auch von „producer bias" gesprochen, was in diesem Zusammenhang aber das gleiche Phänomen beschreibt.

(Konstitutionenökonomie, konstitutionelle politische Ökonomie) in der von *Buchanan* entwickelten Form zurückgegriffen (PETERSMANN 1991: 210ff.; MOSER 1990: 8ff.).[10] Teilweise werden in der konstitutionellen Ökonomie des GATT/WTO-Rechts auch zentrale Aspekte des Gedankenguts der ordoliberalen Freiburger Schule in der von *von Hayek* vertretenen Form herangezogen (TUMLIR 1983: 7, 17; VANBERG 1992: 375ff.).[11]

4. 1. Verfassungsregeln als Schranke willkürlicher Politik: *Buchanan* und *von Hayek*

BUCHANAN (1990: 2ff.) unterscheidet Entscheidungsfindung auf der operationelle Ebene und auf der Verfassungsebene. Auf der operationellen Ebene würde die Wahl innerhalb einer Regel (*choice within constraints*) und auf der Verfassungsebene zwischen verschiedenen Regeln (*choice among constraints*) getroffen. Unter Verfassung wird ein Regelsystem verstanden, das angibt, wer welche Kompetenzen bei der Entscheidung über die Bereitstellung und Finanzierung öffentlicher Güter hat. Die Verfassung solle aber nicht vorschreiben, welche Entscheidungen zu treffen oder welche materiellen Ergebnisse anzustreben seien. Die Analysen der *constitutional economics* beziehen sich zumeist auf einzelne Prinzipien der Staatsverfassungen, wie horizontale oder vertikale Gewaltenteilung, Wahlrechtsgrundsätze oder Zusammensetzung von Parlamenten. Je nach der Ausrichtung der Konstitutionenökonomie wird entweder nach der Entstehung oder nach der Effizienz von Verfassungsregeln gefragt (positive und normative *constitutional economics*) (VOIGT 1998).

Das normative Verfassungsverständnis der *constitutional economics* wird aus einem vertragstheoretischen Modell über die Entstehung der Verfassung entwickelt. Ähnlich wie die klassischen Vertragstheoretiker geht BUCHANAN (1990: 45) von einem gesellschaftlichen Urzustand aus, in dem ein „Krieg aller gegen alle" herrsche. In diesem Urzustand bestehe eine „natürliche Verteilung" der Güter, die auf Produktion, aber auch auf Diebstahl und Raub beruhe. Da die Verteidigung der eigenen Güter kostspielig sei, würden die Individuen als konstitutionellen Vertrag einen „Abrüstungsvertrag" untereinander schließen.[12] Nach BUCHANAN (1990: 92ff.) begründet dieser Verfassungsvertrag in erster Linie Eigentumsrechte und garantiert einen Rechtsschutzstaat (*protective state*) zu ihrer Durchsetzung. Nach dem Abschluss des konstitutionellen Vertrages werde der Abschluss von sog. postkonstitutionellen Verträgen möglich, in denen dem Staat die Aufgabe zugewiesen werde, öffentliche Güter bereitzustellen (*"Leistungsstaat", productive state)*. Aus Sicht der normativen *constitutional economics* ist nur eine Verfassung, die diesen Anforderungen an den konstitutionellen Vertrag genügt, geeignet, ineffiziente Entscheidungen zu verhindern. Das bedeutet in erster Linie, dass sie den einzelnen Individuen ein Maximum an (ökonomischer) Freiheit garantieren und

[10] Buchanans normative Theorie unterscheidet sich von der neueren Ansätzen der positiven Konstitutionenökonomie, auf die die Theorie der Verfassungsfunktionen des GATT/WTO-Rechts jedoch nicht eingeht.

[11] Zum Unterschied zwischen Hayek und Buchanan siehe ZINTL 1983 und HOPPMANN 1987. Siehe auch die Auseinandersetzung mit Hayek bei BUCHANAN (1984: 237).

[12] Zum ganzen auch LESCHKE (1993: 68ff.).

gleichzeitig die Staatstätigkeit auf die absolut notwendigen Aufgaben reduzieren muss. Alle anderen Entwicklungen sollten der freien Entfaltung der Marktkräfte überlassen werden. Aus diesem Grunde kritisiert *Buchanan* auch die Herausbildung des modernen Sozial- und Leistungsstaates, den er als übermächtigen Leviathan wahrnimmt, dessen Gewalt in Form von Verfassungsregeln eingeschränkt werden müsse (BUCHANAN 1990: 230).[13]

Zu einem ähnlichen Ergebnis gelangt VON HAYEK (1981, 1983), für den die Verfassung den freien Wettbewerb in allen Lebensbereichen ermöglichen muss. Die Funktion des Wettbewerbs bestehe darin, dass für jedes Individuum der Anreiz geschaffen werde, besser zu sein als andere. Im freien Wettbewerb erhielten die Individuen durch Preissignale die notwendigen Informationen, um ihre Zielverwirklichung zu planen und entsprechend ihre eigenen Ziele verwirklichen zu können. Der Wettbewerb sichert auf diese Weise nach VON HAYEKS Ansicht Frieden, Freiheit und Fortschritt. Auf der Basis dieser Überlegungen müsste die Verfassung den Individuen die größtmögliche Freiheit zur Verwirklichung ihre eigenen Ziele garantieren und gleichzeitig die Regierungsgewalt beschränken. Dem Einzelnen dürfe im Privatbereich nur ein Minimum an Restriktionen auferlegt werden, während die staatliche Macht in enge Schranken gewiesen werden müsse. Der Staat solle nur die Durchsetzung der Regeln garantieren, öffentliche Güter bereitstellen, wenn dies von allen gewünscht werde, und denjenigen, die am Wettbewerb nicht teilnehmen könnten, ein Existenzminimum sichern; alle anderen sozialen Sicherungssysteme sollten dem freien Wettbewerb der Unternehmen überlassen werden (VON HAYEK 1983: 382). Der Staat dürfe keinesfalls eine „soziale Gerechtigkeit" herstellen, da soziale Gerechtigkeit die Grundlagen einer freien Gesellschaft zerstöre.[14] VON HAYEK (1981: 188) spitzt dies dahingehend zu, dass eine umfassende Sozial- und Verteilungspolitik nicht erforderlich sei, denn „niemand, der zu nützlicher Tätigkeit imstande ist, braucht heutzutage in den fortgeschrittenen Ländern Mangel an Nahrung und Unterkunft zu leiden".

4. 2. Verfassungsschranken der Außenwirtschaftspolitik: Das GATT/WTO-Recht

Die Übertragung der Gedanken der *constitutional economics* und des Ordoliberalismus auf die Außenhandelspolitik und die damit verbundene Bewertung bestimmter Funktionen des GATT/WTO-Rechts ist zuerst von TUMLIR (1983) vorgenommen worden.[15] In dieser Übertragung ist der eigenständige theoretische Beitrag der konstitutionellen Ökonomie des GATT/WTO-Rechts und ihr Unterschied zur allgemeinen *constitutional economics* zu sehen.

Von zentraler Bedeutung für die konstitutionelle Ökonomie des GATT/WTO-Rechts ist die Grundannahme des Wettbewerbs als Ordnungsprinzip für nationale und internationale

[13] Der Untertitel des Buches lautet daher auch : „Zwischen Anarchie und Leviathan". Vgl. auch BRENNAN/BUCHANAN (1985: 150). Zu Buchanans Kritik an bestehenden demokratischen Systemen und ihren Grundordnungen vgl. LESCHKE (1993: 97ff.).

[14] Siehe VON HAYEK 1981 (Titel: „Die Illusion der sozialen Gerechtigkeit"), insbes. S. 93ff und S. 185ff und VON HAYEK (1983: 361ff.).

[15] Vgl. die Überblicke über Tumlirs Gedanken bei HAUSER ET AL. (1988: 219ff.).

Ordnungen. Bei der Beschreibung der gegenwärtigen politischen Ordnungen der modernen Verfassungsstaaten gehen die Vertreter der konstitutionellen Ökonomie des GATT/WTO-Rechts ähnlich wie *public choice* davon aus, dass der politische Prozess durch den Lobbyismus von organisierten Interessengruppen geprägt ist. Dies führe zu einer „Tyrannei zahlloser Minderheiten" und mache eine Rückkehr zum wirklichen „Mehrheitsprinzip" erforderlich (TUMLIR 1984: 20). Die konstitutionelle Ökonomie des GATT/WTO-Rechts hat die kritische Einstellung gegenüber staatlicher Sozial- und Wirtschaftspolitik übernommen. Unter Wirtschaftspolitik werden dabei eine Fülle von sozialpolitischen, wirtschaftsordnenden und wirtschaftslenkenden Maßnahmen, wie staatliche Lohn- und Preispolitik, Subventionen oder Produktionsvorschriften verstanden. Dieser Politik wird vorgeworfen, dass sie private Eigentumsrechte „vermindern, umverteilen oder in ihrem Wert verändern" würde (TUMLIR 1983: 75). Sie eigne sich nicht zur Lösung sozialer Probleme, von denen TUMLIR (1983: 77) im Übrigen behauptet, dass sie in Wirklichkeit gar keine Probleme seien, sondern nur Meinungsverschiedenheiten zwischen verschiedenen sozialen Gruppen. TUMLIR (1983: 79) geht auch davon aus, dass das öffentliche Interesse nicht anhand materieller Werte, sondern nur „prozedural" definiert werden könne. Auf der Basis dieser Annahmen und Überlegungen werden die Außenhandelspolitik bewertet und die Funktionen des GATT/WTO-Rechts analysiert.

Nach der Grundannahme der konstitutionellen Ökonomie des GATT/WTO-Rechts hat die Außenhandelspolitik neben ihrer internationalen auch eine nationale Dimension und ist somit zugleich Binnenwirtschaftspolitik (HAUSER 1986: 171). Eine protektionistische Politik habe die gleichen Wirkungen wie die kritisierten binnenwirtschaftspolitischen Verteilungspolitiken (TUMLIR 1983: 74f.; VANBERG 1992: 380) und sei eine „durch eine nationalistische und fremdenfeindliche Rhetorik" maskierte Verteilungspolitik (TUMLIR 1984: 8). Deshalb beruhten internationale Handelskonflikte auch weniger auf Gegensätzen zwischen verschiedenen Nationen, sondern zwischen verschiedenen Gruppen innerhalb eines Landes (Produzenten und Konsumenten).

Um diese Konflikte zu lösen, würden die Regierungen internationale Liberalisierungsvereinbarungen, wie die GATT/WTO-Verträge abschließen, in denen sie sich verpflichteten, auf eine protektionistische Politik zu verzichten. In der politischen Auseinandersetzung erhielten die Regierungen durch diese Selbstbeschränkungen ein Instrument, mit dem sie sich gegen die protektionistischen Ansprüche der organisierten Interessenverbände zur Wehr setzen könnten. Die internationalen Abkommen würden so einen „liberalisierenden Druck" entfalten, der dem „protektionistischen Druck" der Produzenten-Lobby entgegenwirke. Dadurch werde der Gegendruck, der von den schlecht organisierten Konsumenten nicht ausreichend ausgeübt werden könne, mit Hilfe der GATT/WTO-Regeln erzeugt. Diese Wirkung der internationalen Handelsordnung wird als binnenwirtschaftliche oder innenpolitische Funktion (*domestic policy function*) beschrieben (HAUSER 1986; HAUSER ET AL. 1988; HAUSER 1988).

Dieser funktionale Zusammenhang wird von der konstitutionellen Ökonomie des GATT/WTO-Rechts aus einer normativen Perspektive betrachtet. Dazu wird zunächst eine Parallelität zwischen der binnenwirtschaftlichen Verteilungspolitik und der Außenwirtschaftspolitik konstatiert: Beide beruhten auf einer „Erosion" der Verfassungsordnung, da es die Hauptfunktion einer Verfassung sei, Regierungsgewalt dahingehend zu beschränken, dass sie auf Maßnahmen mit ineffizienten Ergebnissen verzichte (HAUSER 1986: 178). Die Verfassung sei ein Instrument, mit dem willkürliche Politik beschränkt werden solle.[16] Vor dem Hintergrund dieser Argumentation erscheint Protektionismus nicht nur als Politikversagen, sondern als „Verfassungsversagen".[17] In einem nächsten Schritt geht die konstitutionelle Ökonomie des GATT/WTO-Rechts davon aus, dass die internationale Wirtschaftsordnung eine vergleichbare Funktion habe wie eine nationale Verfassung, da auch diese die Regierungen in ihrer Außenwirtschaftspolitik beschränken solle. Entsprechend wird weiter argumentiert, dass sich die Regierungen durch internationale Handelsverträge gegenüber ihren Bürgern verpflichteten, auf staatliche Eingriffe in Eigentumsrechte zu verzichten (HAUSER 1988: 228). Aus diesem Grund stehe bei den internationalen Handelsregeln der Schutz von Eigentumsrechten im Vordergrund. So sieht TUMLIR (1983: 80) die internationale Wirtschaftsordnung als „zweite Verteidigungslinie nationaler Verfassungsgarantien".[18] In den Regeln des GATT/WTO-Rechts werde das nationale Interesse eines jeden Landes zutreffender beschreiben als durch die nationale Gesetzgebung.[19] Diese Wirkung der GATT wird als Verfassungsfunktion (*constitutional function)* beschrieben.

Allerdings müsse bezüglich der Qualität der Normen der internationalen Wirtschaftsordnung darauf geachtet werden, dass sie allgemein seien und nur Rahmenregeln enthielten. Im Geltungsbereich des GATT 1947/1994 seien dies vor allem die Grundnormen, insbesondere die Meistbegünstigungsklausel des Art. I GATT oder das Verbot mengenmäßiger Beschränkungen gem. Art. XI GATT. Freiwillige Exportbeschränkungen seien dagegen nicht allgemeiner Natur und könnten daher keine Verfassungsfunktionen erfüllen. Das gleiche gelte für diejenigen Normen des GATT, die den Industrieländern bestimmte Begünstigungen für die Entwicklungsländer abverlangten oder Ausnahmen von den GATT-Pflichten gestatteten, wie z. B. die Bestimmungen über Schutzklauseln (HAUSER 1988: 29).

Eine besondere Rolle in der Argumentation der konstitutionellen Ökonomie des GATT/WTO-Rechts spielt die *Durchsetzbarkeit* der internationalen Wirtschaftsordnung. Zumeist wird dabei gefordert, dass die entsprechenden Regeln von nationalen Gerichten angewandt werden müssten und zur Kontrolle von staatlichen Entscheidungen herangezogen werden sollten. Auf eine Durchsetzung der Regeln auf internationaler Ebene wird nicht

---

[16] PETERSMANN (1991: 131) bleibt im Bild der constitutional economics, wenn er von der Notwendigkeit, den „Mercantilist Leviathan" mit Hilfe von Verfassungsregeln zähmen zu müssen, spricht.

[17] Tumlir zitiert nach HUDEC (1993: 503).

[18] „The international economic order can be seen as the second line of national constitutional entrenchment.".

[19] Tumlir meint „that the (...) international rules represent a truer expression of the national interest of all countries concerned than the mass of national (economic) legislation", zitiert nach ROESSLER (1986: 473).

vertraut. Die Bevorzugung der Rechtsdurchsetzung auf nationaler Ebene ist insofern konsequent, da die GATT-Regeln aus Sicht der konstitutionellen Ökonomie des GATT in erster Linie nationale Funktionen haben (HAUSER 1988; HAUSER ET AL. 1988).

Die konstitutionellen Ökonomie des GATT befasst sich hauptsächlich mit der Funktion internationaler Handelsabkommen, nachdem sie abgeschlossen wurden. Damit ist allerdings noch nicht beantwortet, wie diese Abkommen zustande kommen. So hat HAUSER (1986: 180ff.) darauf hingewiesen, dass die Entstehung der GATT-Abkommen mit einer strikten *public choice* Analyse nicht einfach zu erklären sei. Es müsse geklärt werden, warum diejenigen Interessengruppen, die im nationalen Prozess einen „protektionistischen Druck" auf die Entscheidungsträger ausübten, keinen Druck gegen internationale Handelsabkommen ausübten. Zur Beantwortung dieser Frage wird auf die besondere Konstellation der Entscheidungsfindung auf internationaler Ebene hingewiesen. Multilaterale Verhandlungen mobilisierten neben den an Protektionismus interessierten Produzenten auch die an Marktöffnung in anderen Ländern interessierten Produzenten. Diese versuchten, die Entscheidungsträger ihrer jeweiligen Regierung zu beeinflussen, die ihrerseits an der politischen Unterstützung durch diese Gruppen interessiert sei. Marktöffnungen in anderen Ländern könnten von den jeweiligen Regierungen jedoch nicht im nationalen Alleingang, sondern nur im Rahmen von Verhandlungen erreicht werden. Hierzu seien gegenseitige Zugeständnisse erforderlich, die sich in den Vereinbarungen als Reziprozitätselement ausdrückten. Wenn Handelsliberalisierungen auf der Basis eines Gegenseitigkeitsprinzips vorgenommen würden, träfe das protektionistische Interesse der importkonkurrierenden Produzenten auf das Marktöffnungsinteresse der exportorientierten Produzenten. Insofern bestehe auf internationaler Ebene für die einzelnen Regierungen ein ausgeglicheneres Interessenverhältnis und eine Neigung zu Protektionismus könne weniger entstehen. (HAUSER 1986; HAUSER 1988; ROESSLER 1986). Verhandlungen über Marktzugang seien in diesem Sinne gleichzeitig „Verhandlungen über die binnenwirtschaftliche Unterstützung der beteiligten Regierungen" (HAUSER 1996: 87).

Neben den sich gegenseitig neutralisierenden Interessen an Protektionismus und Marktzugängen wird ergänzend darauf hingewiesen, dass die Verhandlungssituation auf internationaler Ebene durch ihre Geheimhaltung und Entfernung vom nationalen Entscheidungsprozeß die Regierungen in die Lage versetze, dem protektionistischen Druck zu entkommen. Die besondere Situation der internationalen Verhandlungen erlaube es den Regierungen, ein „Kartell zugunsten von Handelsliberalisierung" zu bilden. Nach dieser Argumentation bedarf es des Drucks seitens der exportorientierten Industrie auf die Regierungen nicht unbedingt, um Handelsliberalisierungen zu erreichen. Vielmehr genüge es, wenn sich die Regierungen in einem Zusammenhang treffen, der aufgrund seiner Abgeschlossenheit dem Druck von außen nicht zugänglich sei (PETERSMANN 1991).

Nach beiden Sichtweisen der konstitutionellen Ökonomie des GATT/WTO-Rechts führt die Verhandlungssituation auf internationaler Ebene dazu, dass der auf nationaler Ebene bestehende protektionistische Druck die Entscheidungsträger nicht mehr erreicht. Insofern würden Abkommen von GATT und WTO aus ökonomischer Sicht faktisch und normativ dazu beitragen, die als Fehlentwicklungen der nationalen Wirtschaftsordnungen empfundenen Wirtschaftspolitiken zu überwinden.

4. 3. Verfassungsfunktionen des GATT/WTO-Rechts

Die theoretischen Ansätze der konstitutionellen Ökonomie des GATT/WTO-Rechts sind in der Rechtswissenschaft aufgegriffen worden und in der maßgeblich von PETERSMANN (1989; 1991) entwickelte *Theorie der Verfassungsfunktionen des GATT/WTO-Rechts* weitergeführt worden, die die Funktion des GATT/WTO-Rechts aus verfassungsrechtlicher Sicht analysiert. Sie argumentiert, dass eine protektionistische Außenhandelspolitik gegen grundsätzliche Verfassungsprinzipien westlicher Demokratien verstoße und nicht nur aus ökonomischer, sondern auch aus rechtlicher Sicht um ein *Verfassungsversagen* (*constitutional failure*) darstelle. Eine protektionistische Außenhandelspolitik sei ein Eingriff in Individualrechte, insbesondere verletze Protektionismus das *Grundrecht auf Außenhandelsfreiheit.* Dieser Eingriff werde durch die begrenzte *(verfassungs)gerichtliche Kontrolle* der Außenwirtschaftspolitik begünstigt. Anders als bei Verletzungen von Verfassungsprinzipien durch innenpolitische und binnenwirtschaftliche Maßnahmen, überprüften die Gerichte die Außenwirtschaftspolitik besonders zurückhaltend. Die Theorie der Verfassungsfunktionen sieht in den Regeln von GATT und WTO daher nicht nur in ökonomischer, sondern auch in verfassungsrechtlicher Hinsicht eine „zweiten Verteidigungslinie von Verfassungsprinzipien". Da die Regeln von GATT und WTO staatlichem Handeln eine Grenze setzten, kämen ihnen Verfassungsfunktionen zu und sie könnten könne als „völkerrechtliche Nebenverfassung" bezeichnet werden (PETERSMANN 1989: 55).[20] Die GATT/WTO-Rechtsordnung bezöge sich nicht nur auf das Verhalten der Staaten in den internationalen Beziehungen, sondern entfalte auch Rechtswirkungen in den innerstaatlichen Rechtsordnungen. Aus der Qualifikation des GATT/WTO-Rechts als Verfassungsrecht werden bestimmte Rechtsfolgen abgeleitet, in deren Zentrum die unmittelbare Anwendbarkeit des GATT/WTO-Rechts steht (PETERSMANN 1991). Auf eine umfassende Kritik dieser Fortentwicklung der konstitutionellen Ökonomie im rechtswissenschaftlichen Raum, muss hier verzichtet werden.[21] Die im folgenden vorgetragenen Einwände gegen die konstitutionelle Ökonomie des GATT/WTO-Rechts gelten jedoch auch bei deren Übertragung in die Rechtswissenschaft.

[20] Der Begriff wurde bereits von TOMUSCHAT (1978: 52) für die UN-Charta und die internationalen Menschenrechtspakte benutzt.

[21] Dazu ausführlicher KRAJEWSKI 2001 (161-208).

5. Kritische Bewertung der konstitutionellen Ökonomie des GATT/WTO-Rechts

Die folgende kritische Bewertung der konstitutionellen Ökonomie des GATT/WTO-Rechts spaltet sich in zwei Ansatzpunkte: Zunächst wird der Erklärungsansatz der Außenhandelspolitik durch public choice und danach die vermeintlichen Verfassungsfunktionen des GATT/WTO-Rechts kritisch beleuchtet.

5. 1. Kritik der *public choice* Analyse von Handelspolitik

Im Rahmen einer kritischen Würdigung, die die Grundannahmen von *public choice* (methodologischer Individualismus und nutzenmaximierendes Verhalten) zunächst akzeptiert[22], ist zu fragen, inwieweit das Modell die Realität beschreiben und erklären kann. Hierzu wäre der Nachweis einer deutlichen Korrelation zwischen den Aktivitäten der Interessenverbände zur Beeinflussung der politischen Entscheidungsträger und der tatsächlichen Höhe des Protektionismus erforderlich. Ein derartiger Nachweis ist in empirisch befriedigender Weise bisher noch nicht gelungen.[23] Daher spricht viel dafür, dass da die „Nachfrage" nach Protektionismus nicht der einzige und auch nicht der Hauptbeweggrund der Entscheidungsträger in der Außenwirtschaftspolitik ist. Dass diese Nachfrage vorhanden ist und auch in einzelnen Fällen die Entscheidungsträger beeinflusst, ist unbestreitbar.

Politische Entscheidungsträger können sich bei ihrer Entscheidung jedoch von einer Vielzahl von Motiven leiten lassen. Ideelle Werte oder eine konkrete politische Überzeugung dürften oft eine entscheidende Rolle spielen (ABBOTT 1985: 516). So hat VERDIER (1994) den Einfluss des Wählerverhaltens auf die Außenwirtschaftspolitik untersucht und gezeigt, dass der Einfluss von Interessengruppen dann besonders groß ist, wenn Handelsfragen für die Entscheidung der Wähler keine wichtige Rolle spielen. Wenn das Interesse der Wählerschaft an Handelsfragen groß ist und die zur Wahl stehenden Parteien deutlich unterscheidbare Positionen zu diesen Fragen vertreten, bestünde nur eine geringe Einflussmöglichkeit der Einflussnahme durch Lobbying. Die Wähler kontrollierten insofern die Außenwirtschaftspolitik, da auch von ihren Präferenzen abhänge, ob sich die Politiker dem Druck der Lobbygruppen beugten oder nicht. Von Kritikern ist deshalb zu Recht eingewandt worden, dass das mit Hilfe von *public choice* gezeichnete Bild des Entscheidungsprozesses in der Außenwirtschaftspolitik kein realistisches Bild ist: Politische Entscheidungsträger erscheinen im wesentlichen als „prinzipienlose politische Maschinen" (ABBOTT 1985: 516).

Die Ausblendung anderer Motive als der Reaktion auf protektionistischen Druck ist nicht durch die Grundannahmen von *public choice* bedingt, da die Einbeziehung anderer Motive mit den Annahmen des Individualismus und der Eigennutzenmaximierung grundsätzlich

[22] Für eine Kritik an den Grundannahmen siehe KELMAN (1988: 199ff.).
[23] Vgl. die Zusammenfassungen verschiedener Studien bei FREY (1984: 211ff.) und bei LINDERT (1986: 302ff.).

kompatibel wäre. Die Reduktion der Betrachtung auf den protektionistischen Druck beruht folglich nicht auf einem methodischen Vorverständnis oder einer Methodenwahl, sondern scheint eine willkürliche Wertentscheidung zu sein, was die Anwendung von *public choice* in der Außenwirtschaftspolitik dem Ideologie-Vorwurf aussetzt.

Ein weiterer Kritikpunkt an der Bewertung der Außenwirtschaftspolitik durch *public choice* ist, dass Produzenten lediglich als Nachfrager von Protektionismus und Konsumenten lediglich als Nachfrager von Handelsliberalisierung wahrgenommen werden. Die Realität ist dagegen komplexer, denn Produzenten können Handelsliberalisierungen und Konsumenten auch Handelsschranken nachfragen. *Produzenten* haben insbesondere dann ein Interesse an Handelsliberalisierungen, wenn sie nicht nur für den Binnen- sondern für den Weltmarkt produzieren. Sie treten auch als Nachfrager von Handelsliberalisierungen auf, wenn sie für ihre Produktion Rohstoffe, Zwischenprodukte, andere Warenlieferungen, Dienstleistungen oder Technologien aus dem Ausland benötigen. Als Gruppe dürften Produzenten somit eher eine gemischte Präferenzstruktur haben und nicht nur an Protektionismus interessiert sein. Auch die Analyse der Präferenzstrukturen von *Konsumenten* gerät zu einseitig, da Konsumenten aus Sicht von *public choice* nur an Preissenkungen und Qualitätsverbesserungen in Folge von Liberalisierungen interessiert sind. Konsumenten können jedoch auch als Nachfrager von Protektionismus auftreten, wie die Auseinandersetzungen um den Import von hormonbehandeltem Rindfleisch und gen-manipulierten Nahrungsmitteln in die EG gezeigt haben.

Schließlich muss gefragt werden, warum die an Freihandel interessierten Importeure ihre Interessen scheinbar nicht so effektiv organisieren können wie die an Protektionismus interessierten Produzenten. In der Literatur wird nur darauf hingewiesen, dass die Interessen der Importeure nicht organisiert sind und somit kein Gegengewicht zu den an Protektionismus interessierten Gruppen darstellen können.[24] Nach den von der Theorie der *public choice* entwickelten Voraussetzungen für eine erfolgreiche Organisation von Interessengruppen müssten die Interessen von Importeuren allerdings besonders gut zu organisieren sein, da es sich um kleine Gruppen handelt, die je nach Sektor auch homogene Interessen haben. Hier dürfte das „Trittbrettfahrer"- und das Informationsproblem deutlich geringer sein als bei den Verbrauchern. Dass es in der Literatur keine Erklärungen gibt, warum sich die Importeure nicht organisieren und kein Gegengewicht zu den Interessen der Produzenten bilden, stellt eine weitere Schwachstelle von *public choice* dar. Es ist nicht einleuchtend, warum neben einem „Markt für Protektionismus" nicht auch ein „Markt für Handelsliberalisierungen" denkbar sein soll.

Zudem produzieren viele und gerade die großen Unternehmen sowohl für die nationalen als auch für den internationalen Markt und sind von daher an Handelsliberalisierungen in anderen Ländern interessiert. Die Bewertung der Außenwirtschaftspolitik durch *public choice* vernachlässigt den Einfluss von Unternehmen auf den politischen Entscheidungsprozeß im

---

[24] Siehe PETERSMANN (1991: 180); STOLL (1997: 101). FREY (1984: 214) berichtet zwar von einer Studie, die das Interesse der multinationalen Firmen an Freihandel und deren Einfluss auf handelspolitische Entscheidungen gezeigt hat, verfolgt dies jedoch nicht weiter.

Ausland. Zwar dürfte richtig sein, dass die Beeinflussung der *eigenen* Regierungen in den meisten Fällen einfacher und erfolgreicher ist. Dennoch ist die Lobby-Tätigkeit gegenüber *fremden* Regierungen ein Phänomen, das gerade bei multilateralen Handelsverhandlungen beobachtet werden kann. Inwieweit derartige Versuche der Einflussnahme einem eventuell vorhandenen „*protectionist bias*" bei den jeweiligen Entscheidungsträgern entgegenwirken, müsste untersucht werden, um ein vollständiges Bild der Entscheidungsfindung im Bereich der Außenwirtschaftspolitik zu erhalten.

5. 2. Kritik der konstitutionenökonomischen Bewertung des GATT/WTO-Rechts

Eine Kritik der konstitutionellen Ökonomie des GATT/WTO-Rechts muss zwischen den *positiven* und den *normativen* Aussagen der Theorien unterscheiden. Die konstitutionelle Ökonomie des GATT geht bei ihren Ausführungen zur Wirkung der internationalen Handelsordnung auf die nationalen Wirtschaftspolitiken von real beobachtbaren Zusammenhängen und Vorgängen aus. Der Lobbyismus der Industrie- und Produzentenverbände kann eine wesentliche Ursache für protektionistische Politik sein und es ist plausibel, dass sich die Regierungen diesem Druck im Rahmen internationaler Verhandlungen besser entziehen können oder in diesen Verhandlungen jedenfalls einen Gegendruck aufgebaut werden kann. Auch der Beobachtung, dass internationale Handelsregeln eine ähnliche Funktion erfüllen können wie bestimmte in der Verfassung festgelegte Rahmenbedingungen für die Politikgestaltung, wird man zustimmen können. Insoweit hat die konstitutionelle Ökonomie des GATT wichtige Hinweise über die Bedeutung internationaler Verhandlungen für die Gestaltung nationaler Wirtschaftspolitik gegeben.

Gleichwohl können internationale Verhandlungen auch von ökonomisch starken Industrien beeinflusst werden: Dies zeigen z. B. die Verhandlungen um das Abkommen über handelsbezogene Aspekte des geistigen Eigentums (TRIPS) während der GATT-Uruguay Runde. Mitte der 1980er Jahre verschiedene Industrieverbände und Unternehmenszusammenschlüsse in den USA eine aktive Lobby-Arbeit für den Schutz geistiger Eigentumsrechte im internationalen Wirtschaftsrecht. Ähnlich wurden die Verhandlungen über Finanzdienstleistungen von umfangreichen Lobbybemühungen der Unternehmen begleitet (KRAJEWSKI 2001: 113-115).

Weiterhin ist zu sehen, dass internationale Verhandlungen auf internationaler Ebene nicht immer zu Handelsliberalisierungen führen, sondern auch protektionistische Vereinbarungen zur Folge haben können. Das gilt vor allem dann, wenn die verhandelnden Staaten über ungleiche Interessensverfolgungspotentiale verfügen und ihre Interessen konträr ausgerichtet sind. Ein bekanntes Beispiele für diese Konstellation sind die Verhandlungen im Textilsektor, wo die protektionistischen Interessen der Wirtschaft in den Industrieländern sich gegen die marktzugangsorientierten Wirtschaftsinteressen der Entwicklungsländer durchsetzen konnten und im Multifaserabkommen freiwillige Exportbeschränkungen der Entwicklungsländer erzwangen. Die Verhandlungssituation führte insofern nicht zu einem „Kartell zugunsten von

Handelsliberalisierungen", sondern eher zu einem „Kartell zugunsten von Protektionismus". Damit zeigt sich, dass die Entscheidungsfindung auf internationaler Ebene auf einer Gemengelage von unterschiedlichen Interessen beruht, die sich jeweils unterschiedlich gut artikulieren und den Prozess beeinflussen können.[25] Die Annahme, auf internationaler Ebene sei eine handelsliberalisierende Politik eher zu erreichen als auf nationaler Ebene, trifft daher nicht immer zu.

Problematischer als die Einschränkungen der Realanalyse der konstitutionellen Ökonomie des GATT ist die *normative* Bewertung des von ihr analysierten funktionalen Zusammenhangs zwischen internationalen Verhandlungen und nationaler Politik. Wie eine Betrachtung der Vorstellungen BUCHANANS, VON HAYEKS und TUMLIRS über die richtige Verfassungsordnung zeigt, liegt der konstitutionellen Ökonomie des GATT/WTO-Rechts eine Ablehnung staatlicher Regulierungs- und Verteilungspolitik zu Grunde. Die Verfestigung einer liberalen Außenhandelspolitik durch die internationale Handelsordnung von GATT und WTO wird aus diesem Grunde positiv bewertet, ohne zu hinterfragen, ob hierdurch nicht die Verfolgung anderer legitimer Ziele ausgeschlossen wird. Geht man mit der konservativen Wohlfahrtsfunktion oder den neueren Außenhandelstheorien davon aus, dass Handelsschranken in bestimmten Fällen sinnvoll sein können, relativiert sich die positive Wirkung internationale Handelsliberalisierungen.

Festzuhalten bleibt, dass sich die Ablehnung von Regulierungs- und Verteilungspolitik weder aus den methodischen Grundannahmen noch aus den empirischen Beobachtungen der konstitutionellen Ökonomie des GATT notwendig ergeben. Es handelt sich vielmehr um Bewertungen, die ähnlich der dem demokratischen Meinungsbildungsprozess gegenüber skeptisch eingestellten *public choice* auf dem Vorverständnis beruhen, dass sich die Legitimation einer Wirtschaftspolitik allein durch ihre Effizienz bestimmt. Dieses Vorverständnis widerspricht den Grundsätzen einer freiheitlich-demokratischen Grundordnung, nach der sich Politik durch ihre demokratische Akzeptanz und ihre Übereinstimmung mit den fundamentalen Werten der politischen Gemeinschaft legitimiert. Es verwundert insofern nicht, dass sich die neueren Richtungen der *constitutional economics* von den normativen Vorstellungen BUCHANANS distanzieren und ihr Forschungsprogramm in erster Linie empirisch-positiv begreifen.[26]

6. Ökonomische Theorien als Grundlagen einer Verfassungstheorie?

Ökonomische Theorien können für die Analyse rechtlicher Zusammenhänge gewinnbringend sein, soweit sie zu Erkenntnissen über die Entstehung und die Wirkung von Rechtsnormen in der gesellschaftlichen Realität beitragen. Dabei sollten die Erkenntnisse der Ökonomie in einer rechtswissenschaftlichen Argumentation vollständig und nicht nur selektiv zur Kenntnis

[25] Dazu ausführlicher VAUBEL (1986: 39ff.).
[26] Dazu vor allem VOIGT (1998: 285ff.).

genommen werden.[27] Daneben ist grundsätzlich zu fragen, ob und in wie weit ökonomische und rechtswissenschaftliche Methoden und normativen Grundlagen übereinstimmen. Dies betrifft im vorliegenden Zusammenhang vor allem die Methodik von *public choice* und *constitutional economics.* Widersprechen die Annahmen des methodologischen Individualismus bzw. des nutzenmaximierenden *homo oeconomicus* den Prämissen rechtswissenschaftlicher Verfassungstheorien freiheitlich-demokratischer Verfassungen?

Die Annahme des methodologischen Individualismus stellt die individuellen Bedürfnisse des Menschen ohne sie zu bewerten in den Mittelpunkt der Analyse. In der Literatur wird ebenfalls davon ausgegangen, dass der *homo oeconomicus* mit dem Menschenbild der juristischen Verfassungstheorien vereinbar sei (KIRCHGÄSSNER 1998; GRÖSCHNER 1998). Die Annahme, der Mensch treffe seine Entscheidungen nutzenmaximierend und verhalte sich damit in wirtschaftlichen Zusammenhängen grundsätzlich nicht anders als in nichtwirtschaftlichen, widerspricht dem Menschenbild der juristischen Verfassungstheorien nicht grundsätzlich, da freiheitlich-demokratische Verfassungen gegenüber den Motiven für ein bestimmtes menschliches Verhalten neutral sind. Sie machen keine Aussagen darüber, ob öffentliche und private Entscheidungen von unterschiedlicher Qualität sind. Zu berücksichtigen ist aber, dass das verfassungsrechtliche Menschenbild und der *homo oeconomicus* nicht deckungsgleich sind. So beschränkt sich der politische Entscheidungsprozeß aus verfassungstheoretischer Sicht nicht auf rationale Entscheidungen, sondern hält irrationale Entscheidungen des Einzelnen für möglich und zulässig. Es würde generell dem Menschenbild einer freiheitlich-demokratischen Grundordnung widersprechen, wenn politische Entscheidungen in einer bestimmten Weise qualifiziert würden.

Zudem ist anzumerken, dass die rechtliche Verfassungstheorie neben den individuellen Interessen auch öffentliche und kollektive Interessen akzeptiert. Das Spannungsverhältnis zwischen individuellen und kollektiven Interessen, sowie die Fähigkeit das öffentliche Interesse zu erkennen und danach zu handeln, prägt das Verfassungsrecht. Damit widerspricht der methodologische Individualismus zwar nicht den Annahmen einer freiheitlichen Verfassungstheorie, korrespondiert aber auch nicht vollständig mit ihnen.

Bei der Übernahme ökonomischer Theorien in die rechtswissenschaftliche Argumentation ist auch darauf zu achten, ob positive oder normative Aussagen übernommen werden. Gegen eine Übernahme positiver Erkenntnisse ist nichts einzuwenden, wenn - wie soeben dargelegt - diese vollständig und kritisch rezipiert werden. Die Übernahme normativer Aussagen kann dagegen in Widerspruch zu den normativen Grundlagen des Rechts geraten. Aus diesem Grunde ist bei normativen ökonomischer Aussagen genau zu prüfen, ob die Prämissen der normativen Grundlagen von Recht und Ökonomie übereinstimmen. Dies mag bei der ökonomischen Bewertung zivilrechtlicher Haftungsnormen, die eine Zuschreibung der Schadens-

[27] Gerade in wirtschaftsvölkerrechtlichen Schrifttum besteht eine Tendenz nur auf die einfachen und klassischen Modelle der Theorie der komparativen Kostenvorteile abzustellen, ohne die Erkenntnisse der neuen Außenwirtschaftstheorie zu berücksichtigen.

ersatzpflicht vornehmen, eher möglich sein als bei der Bewertung politischer und verfassungsrechtlicher Zusammenhänge.

Der entscheidende Unterschied zwischen ökonomischen und juristischen Verfassungstheorien besteht in der Bewertung der verschiedenen staatlichen Maßnahmen zur Beeinflussung des Wirtschaftslebens. Während aus ökonomischer Sicht die Politik an Effizienzgesichtspunkten gemessen wird und sozialpolitische, verteilungs- oder wirtschaftspolitische Steuerungsmaßnahmen skeptisch bewertet werden, ist aus Sicht einer rechtswissenschaftlichen freiheitlich-demokratischen Verfassungstheorie die demokratische Legitimation der Politik sowie ihre Orientierung an den Grundrechten entscheidend. Dieser Unterschied der normativen Grundlagen beschränkt die Übertragung ökonomischer Erkenntnisse auf juristische Argumentationszusammenhänge. Auch die rechtswissenschaftliche Theorie der Verfassungsfunktionen des GATT/WTO-Rechts berücksichtigt diese Beschränkung nicht ausreichend und gelangt so zu einer Bewertung des GATT/WTO-Rechts, die mit den Grundlagen eines demokratischen Verfassungsstaates nur teilweise vereinbar sind.

7. Legitimation des GATT/WTO-Rechts als zentrales konstitutionellen Problem

Im folgenden Abschnitt soll versucht werden, die konstitutionelle Ökonomie des GATT/WTO-Rechts einer spezifisch verfassungsrechtlichen Kritik zu unterziehen. Dabei ist Vorsicht geboten: Da sich Methodik und Bezugsrahmen der Ökonomie und der Rechtswissenschaft unterscheiden, kann das Ergebnis einer solchen Kritik keine Bestätigung oder Widerlegung der konstitutionellen Ökonomie anhand verfassungsrechtlicher Prinzipien sein. BUCHANAN (1990: 17) hat in diesem Zusammenhang darauf verwiesen, dass die konstitutionelle Ökonomie die Welt aus einem bestimmten Fenster betrachte, während andere wissenschaftliche Ansätze andere Fenster benutzen würden. Wenn hier gleichwohl der Versuch unternommen wird, ökonomische und rechtliche Ansätze einander gegenüber zu stellen, so rechtfertigt sich dieser interdisziplinäre Ansatz einerseits dadurch, dass die konstitutionellen Ökonomie und rechtswissenschaftlicher Verfassungstheorie den gleichen Untersuchungsgegenstand haben und andererseits daraus, dass die konstitutionelle Ökonomie ebenso wie die Verfassungstheorie normative Aussagen vornimmt.

7. 1. Legitimation und Herrschaftsbegrenzung als Verfassungsfunktionen

Unter dem Begriff der „Verfassung" wird meist die grundlegende Rechtsordnung eines Staates bezeichnet. In ideen- und institutsgeschichtlicher Perspektive zeigt sich aber, dass sowohl der Begriff als auch die Funktionen der Verfassung einem Wandel unterworfen sind (STERN 1984: 61ff.). Löst man sich von dem in der deutschen Staatsrechtslehre vorherrschenden Staatsbezug des Verfassungsbegriffs, können auch supra- oder internationalen Strukturen mit verfassungsrechtlichen Begriffen beschrieben werden. Aus den verschiedenen Verfassungsbegriffen können gemeinsame Elemente abgeleitet werden, die als

Referenzrahmen für die verfassungsrechtliche Bewertung der konstitutionellen Ökonomie des GATT/WTO-Rechts benutzt werden können. Da die verschiedenen Verfassungsbegriffe in mehr oder weniger deutlicher Analogie zum Begriff der Staatsverfassung gebildet wurden, ist ihnen gemeinsam, dass sie sich auf einen politischen Verband beziehen, in dem Herrschaft ausgeübt wird. Aufgabe der jeweiligen Verfassung ist die rechtliche Grundordnung dieser Herrschaftsausübung, so dass sich das Gemeinwesen als politische Ordnung konstituiert (HESSE 1991; PREUSS 1994). Eine Verfassung beschreibt, wie und unter welchen Bedingungen Herrschaft ausgeübt werden soll und hält Regeln für das Verhalten der Organe der verfassten Gemeinschaft bereit, an denen sich diese bei der Herrschaftsausübung orientieren sollen.

Die rechtliche Ordnung von Herrschaftsausübung durch eine Verfassung ist Ausdruck des politischen Grundkonsenses des Gemeinwesens über deren Inhalte: Verfassungsregeln erfüllen daher die Funktion, Herrschaft zu begründen und zu begrenzen. Die Funktion der Herrschaftsbegrenzung wird durch den vorrangigen normativen Geltungsanspruch und die erschwerte Abänderbarkeit einer Verfassung gewährleistet. Herrschaftsbegrenzung durch die Verfassung ist jedoch kein Selbstzweck, sondern soll die Konstituierung einer als „richtig empfundenen", d. h. legitimen Rechtsordnung ermöglichen (HESSE 1991). Insofern erfüllt nicht jede, sondern nur die legitime Begrenzung von Herrschaft eine Verfassungsfunktion. Maßstab für die Richtigkeit und Legitimität der Ordnung sind die fundamentalen Grundüberzeugungen der durch die Rechtsordnung verfassten Gemeinschaft, die als Legitimationsgrundlagen dienen.

Herrschaftsausübung wird in einer Verfassungsordnung nicht nur durch bestimmte fundamentale Wertvorstellungen begrenzt, sondern auch mit diesen Grundsätzen begründet. Während Herrschaftsausübung in einer auf willkürlicher Machtanwendung beruhenden Ordnung auch ohne Legitimation auskommt, bedarf Herrschaftsausübung in einer Rechtsordnung stets der Legitimation und muss auf den als Legitimationsgrundlagen dienenden Grundwerten der verfassten Gemeinschaft beruhen. Herrschaftsausübung in einer Rechtsordnung hat nur dann die Chance von den Subjekten dieser Rechtsordnung anerkannt und akzeptiert zu werden, wenn sie sich an den Grundwerten der Gemeinschaft orientiert und deren Gewährleistung in größtmöglichen Umfang ermöglicht. Herrschaftsbegrenzung und Legitimation von Herrschaft stehen zueinander in einem sich wechselseitig ergänzenden und einander bedingenden Verhältnis. Einerseits kann legitime Herrschaftsausübung in einer Verfassungsordnung stets nur begrenzte Herrschaftsausübung sein, da nur die begrenzte Herrschaft akzeptiert wird. Andererseits begrenzen die Legitimationsgrundlagen ihrerseits die Herrschaftsausübung, indem sie Werte und Verfahren vorgeben, an denen sich die Herrschaftsausübung orientieren soll.

Aus den vorstehenden Erörterungen ergibt sich, dass im Rahmen einer konstitutionellen Perspektive der Rechtsordnung der WTO können die herrschaftsbegrenzenden Funktionen des GATT/WTO-Rechts nicht untersucht werden können, ohne dass gleichzeitig sowohl nach der Legitimation dieser Begrenzung, als auch nach der Legitimation der Herrschaftsausübung in der WTO gefragt wird. Wird in einer konstitutionellen Perspektive die herrschaftsbegrenzende Funktion einer Verfassung nur funktional untersucht und werden Legitimationsgesichtspunkte nicht miteinbezogen, bleibt die Perspektive unvollständig und kann zu Ergebnissen führen, die einem konstitutionellen Anspruch widersprechen.

7. 2. Legitimationsdefizit des GATT/WTO-Rechts

Eine Rechtsordnung kann ihre Legitimation durch die Ausgestaltung der Rechtssetzung (*input legitimacy)* und durch die materiellen Ergebnisse ihrer Rechtssetzung (*output legitimacy)* erfahren. Da auf eine vertiefte Auseinandersetzung mit der Frage nach der Legitimation des WTO-Rechts an dieser Stelle nicht geleistet werden kann, soll nur auf einige wenige Aspekte beschränkt werden.

Nach traditioneller Auffassung werden völkerrechtliche Verträge durch die Zustimmung des Parlaments zu einem Vertrag und die parlamentarische Kontrolle der Außenpolitik legitimiert. Diese Legitimation weißt jedoch aus demokratietheoretischer Sicht strukturelle Defizit auf. Die Parlamente können an dem Vertragsentwurf regelmäßig nichts mehr ändern; sie sehen sich einem außenpolitischen „fait accompli" gegenüber (TOMUSCHAT 1978: 28ff.). Die einmal getroffene Zustimmung kann - anders als ein innerstaatliches Gesetz - kaum wieder rückgängig gemacht werden, da die Kündigung eines multilateralen Vertrages mit hohen Hürden versehen ist. Auch die Kontrolle der Regierung durch das Parlament ist in internationalen Entscheidungen nur eingeschränkt möglich. Zu diesen grundsätzlich bestehenden Hürden kommt in tatsächlicher Hinsicht hinzu, dass den Parlamenten die Bedeutung ihrer Zustimmung oft nicht bewusst ist, was sich deutlich an den Zustimmungsentscheidungen der nationalen Parlamente zu den WTO-Verträgen zeigte.

Auch in der WTO-Entscheidungsfindung selbst werden Defizite deutlich. Am augenfälligstes ist die Diskrepanz zwischen dem formal in der WTO geltenden Prinzip der Konsensentscheidung und der tatsächlichen Praxis. Nach dem Konsensprinzip gilt eine Entscheidung dann als angenommen, wenn ihr niemand formell widerspricht. Dieses auf den egalitäre Prinzip, das auf den ersten Blick jedem Staat ein formales Veto-Recht einzuräumen scheint wird jedoch zur Farce, wenn einem Staat schlicht die materiellen Ressourcen fehlen, um zum Zeitpunkt der Entscheidung anwesend zu sein und die entsprechende Entscheidung aktiv mitgestalten zu können. Die WTO-Entscheidungsfindung zeichnet sich zudem durch ein hohes Maß an Informalität und Intransparenz aus (KRAJEWSKI 2001: 80-88).

Unter dem Gesichtspunkt der *„output-legitimacy"* ist darauf hinzuweisen, dass die Zielsetzung und Politik der WTO einseitig auf die Liberalisierung des Handels ausgerichtet sind. Andere Ziele der internationalen Gemeinschaft wie eine nachhaltige Entwicklung, Umweltschutz oder die Verfolgung von nationalen Wirtschafts- und Sozialpolitiken werden in der Präambel zur WTO-Satzung zwar erwähnt, nehmen aber neben der Reduzierung von Handelshemmnissen nur einen untergeordneten Platz ein. So zeigt z. B. die bisherige Entscheidungspraxis der WTO-Streitschlichtungsorgane dass die Umweltausnahme des Art.

XX lit. b) und g) GATT als enge und begrenzte Ausnahme von den GATT-Verpflichtungen verstanden wird. Dies gilt dem Grunde nach auch noch nach der Entscheidung des Appellate Body im sog. *Asbest*-Fall, in der das französische Verbot von asbesthaltigen Produkten zwar als WTO-konform angesehen wurde.[28] Umweltschutz wird in WTO-Praxis aber weiterhin allein als Eingriff in die Handelsfreiheit angesehen und nicht als gleichgewichtiges Gut (HOHMANN 2000: 95). Als Teilordnung der Verfassung der Staatengemeinschaft müsste die WTO zwar nicht in eine Organisation mit Kompetenzen zur Regulierung von Umwelt- und Sozialfragen umgestaltetet werden. Sie darf aber die Verwirklichung dieser Politiken durch andere internationale Organisationen und Verträge nicht behindern, sondern muss einen Ausgleich zwischen unterschiedlichen Zielvorstellungen zulassen.

Die Ausrichtung der WTO auf eine Politik der Handelsliberalisierung offenbart strukturelle Lücken in der WTO-Rechtsordnung, die sich bei den entwicklungspolitischen, sozialen und ökologischen Auswirkungen des internationalen Handels besonders deutlich zeigen. Aufgrund dieser Lückenhaftigkeit kann die Rechtsordnung der WTO nicht als Teilordnung der Verfassung der internationalen Gemeinschaft angesehen werden. Zutreffend betont COTTIER (1998: 56), dass die auf einen Ausgleich unterschiedlicher Interessen gerichteten konstitutionellen Funktionen der Rechtsordnung der WTO erst noch entwickelt werden müssten. Solange diese Funktionen nicht bestehen, stellt sich die WTO-Rechtsordnung in Bezug auf nationale Verfassungen weniger als „Verteidigungslinie" denn als „Angriff" dar. Aufgrund der bindenden Entscheidungen des WTO-Streitschlichtungsgremien einerseits und dem bestehenden Legitimationsdefizit andererseits, besteht die Gefahr legitimes nationales Recht an weniger legitimen internationalen Regeln zu messen. Wenn dadurch verfassungsrechtlich legitime Normen außer Kraft gesetzt werden, verfügt das WTO-Recht nicht nur über keine verfassungsrechtlichen Funktionen, sondern wirkt gerade in die gegenteilige Richtung. Nicht zuletzt daher ist eine Überwindung des Legitimationsdefizits des WTO-Rechts dringend geboten.

[28] *European Communities - Measures Affecting Asbestos and Asbestos-Containing Products,* Entscheidung des Appellate Body vom 12. März 2001, WT/DS135/AB/R.

Literatur

Abbott, K. W. (1985), The Trading Nation's Dilemma: The Functions of the Law of International Trade, Harvard International Law Review: 501-532.

Brennan, G. und J. M. Buchanan (1985): The Reason of Rules, Constitutional Political Economy, Cambridge.

Buchanan, J. M. (1984): Die Grenzen der Freiheit - Zwischen Anarchie und Leviathan. Tübingen. Buchanan, J. M. (1987), The Constitution of Economic Policy, American Economic Review 77: 243-250.

Buchanan, J. M. (1990), The Domain of Constitutional Economics, Constitutional Political Economy 1: 1-18.

Cottier, T. (1998), The WTO and Environmental Law, in: A. Fijalkowski/J. Cameron (eds.), Trade and the Environment: Bridging the Gap, The Hague 1998: 56 ff.

Frey, B. S. (1984), The Public Choice View of International Political Economy, International Organization 38: 199-223.

Gröschner, G. (1998), Der homo oeconomics und das Menschenbild des Grundgesetzes, in: C. Engel/M. Morlok (Hrsg.), Öffentliches Recht als Gegenstand ökonomischer Forschung, Tübingen: 31-48.

Haslinger, Franz (1998), Theoriekonstruktion und Realpolitik - Anmerkungen zur konstitutionellen Ökonomie, in: G. Grözinger/S. Panther (Hrsg.), Konstitutionelle Politisch Ökonomie, Marburg: 321-342.

Hauser, Heinz (1986), Domestic Policy Foundation and Domestic Policy Functions of International Trade Rules, Aussenwirtschaft: 171-184.

Hauser, Heinz (1988), Foreign Trade Police and the Function of Rules for Trade Policy Making, in: D.-C. Dicke und E.-U. Petersmann (eds)., Foreign Trade in the Present and the New International Economic Order, Fribourg 1988: 18-38.

Hauser, Heinz (1996), Weshalb brauchen die Regierungen die WTO?, in: D. Thürer/S. Kux (Hrsg.), GATT 94 und die Welthandelsorganisation, Zürich und Basel: 81-92.

Hauser, H./ P. Moser/R. Plata/R. Schmid (1988), Der Beitrag Jan Tumlirs zur Entwicklung einer ökonomischen Verfassungstheorie internationaler Handelsregeln, ORDO 39: 219-237.

Hayek, F. A. von (1981), Recht, Gesetzgebung und Freiheit, Drei Bände, München und Landsberg am Lech.

Hayek, F. A. von (1983), Die Verfassung der Freiheit, 2. Aufl., Tübingen.

Hesse, K. (1991), Grundzüge des Verfassungsrechts der Bundesrepublik Deutschland, 18. Aufl., Heidelberg.

Hohmann, H. (2000), Der Konflikt zwischen freiem Handel und Umweltschutz in WTO und EG, RIW: 88-99.

Hoppmann, E. (1987), Ökonomische Theorie der Verfassung, ORDO 38: 31 ff.

Hudec, R. E. (1993), The Role of Judicial Review in Preserving Liberal Foreign Trade Policies, in: M. Hilf/E.-U. Petersmann (eds.), National Constitutions and International Economic Law, Deventer und Boston: 503-518.

Kelman, M. (1988), On Democracy-Bashing: A Skeptical Look at the Theoretical and „Empirical" Practice of the Public Choice Movement, Virginia Law Review 74: 199-273.

Kirchgässner, G. (1998), Es gibt keinen Gegensatz zwischen dem Menschenbild des Grundgesetzes und dem homo oeconomicus! in: C. Engel/M. Morlok (Hrsg.), Öffentliches Recht als Gegenstand ökonomischer Forschung, Tübingen: 49-60.

Krajewski, M. (2001), Verfassungsperspektiven und Legitimation des Rechts der Welthandelsorganisation (WTO), Berlin.

Krueger, A. O. (1974), The Political Economy of the Rent-Seeking Society, American Economic Review 64: 291-303.

Leschke, M. (1993), Ökonomische Verfassungstheorie und Demokratie, Das Forschungsprogramm der Constitutional Economics und seine Anwendung auf die Grundordnung der Bundesrepublik Deutschland, Berlin.

Lindert, P. H. (1986), International Economics, Eight Edition, Homewood.

Mitchell, W. C./M. C. Munger (1991), Economic Models of Interest Groups: An Introductory Survey, American Journal of Political Science 35: 512-546.

Moser, P. (1990), The Political Economy of the GATT, Diss. St. Gallen.

Petersmann, E.-U. (1989), Wie kann Handelspolitik konstitutionalisiert werden?, EuropaArchiv: 55-64.

Petersmann, E.-U. (1991), Constitutional Functions and Constitutional Problems of International Economic Law, Fribourg.

Preuß, U. K. (1994), Einleitung: Der Begriff der Verfassung und ihre Beziehung zur Politik, in: ders. (Hrsg.), Zum Begriff der Verfassung, Frankfurt am Main: 7-33.

Roessler, F. (1986), The Constitutional Functions of International Economic Law, Aussenwirtschaft 41: 467-474.

Stern, K. (1984), Das Staatsrecht der Bundesrepublik Deutschland, Band I, 2. Aufl., München.

Stoll, P.-T. (1997), Freihandel und Verfassung. Einzelstaatliche Gewährleistung und die konstitutionelle Funktion der Welthandelsordnung (WTO/GATT), ZaöRV 57: 82-146.

Tomuschat, C. (1978): Der Verfassungsstaat im Geflecht der internationalen Beziehungen, VVDStRL 36: 7-63.

Tumlir, J (1983), International Economic Order and Democratic Constitutionalism, ORDO 34: 71-83.

Tumlir, J. (1984), Economic Policy as a Constitutional Problem, London.

Vanberg, V. (1992), A Constitutional Political Economy Perspective on International Trade, ORDO 43: 375-394.

Vaubel, R. (1986), A public choice approach to international organization, Public Choice 51: 39-57.

Verdier, D (1994), Democracy and International Trade, Britain, France, and the United States, 1860-1990, Princeton.

Voigt, S. (1998), Das Forschungsprogramm der Positiven Konstitutionenökonomik, in: G. Grözinger/S. Panther (Hrsg.), Konstitutionelle Politische Ökonomie, Marburg: 279-319.

Zintl, R. (1983), Individualistische Theorien und die Ordnung der Gesellschaft, Untersuchungen zur politischen Theorie von James M. Buchanan und Friedrich A. von Hayek, Berlin.

Constitutional Economics and the Federal Constitution of the European Union

Stefanie Schmid-Lübbert

1. Introduction

Since the creation of a Political Union with the Maastricht Treaty of 1992, both politicians and legal scholars have often stressed the necessity to create a constitution for the European Union. The debate has recently reached its peak with the "Convention on the Future of Europe" launched in 2002. Among other issues, the Convention is expected to elaborate a proposal for a Constitution of the European Union. For the European Union as an international federal system the constitutional question is different from the analysis of historically grown national constitutions. This paper demonstrates what economics can contribute to the discussion of a constitution for the European Union. Using insights from Constitutional Economics we develop an analytical framework for investigating constitutional rules (Treaty provisions) of the European Union, and apply it to the specific problem of the constitutional assignment of competences between Member States and the European Union. Based on a simple model we show how insights from (Positive) Constitutional Economics can provide arguments for or against the centralization of specific policy fields, and thus a basis for recommendations concerning institutional reform in the EU.

Before the Treaty of Maastricht, economics had remained the master discipline in analyzing European integration, as long as integration primarily meant market integration and the idea of a Political Union had not been in sight. It is often argued that only the codification of a European constitution would lead to the emergence of Europe-wide constitutional values, which would be a necessary precondition for legitimizing the present institutional structure of the EU, as well as provide a necessary basis for further economic and political integration. At first sight, the idea of constitutional values seems to go beyond the scope of economics. However, there are various contributions institutional economics and Constitutional Economics can make when discussing a constitutional system. First, in a primarily normative view, economics may help to identify constitutional principles and clarify conflicts (tradeoffs) between them. Second, institutional economics provides an insight into the consequences of specific constitutional rules (Positive Constitutional Economics), which are an important precondition for drawing constitutional policy recommendations. For the European Union the case for an economic analysis of constitutional rules is even stronger than for national constitutions: Since there are no *common*, Europe-wide constitutional values, this provides additional arguments in favor of employing economic methods and criteria when discussing the constitutional future of Europe starting from different backgrounds of many diverse *national* legal cultures.

2. Constitutionalism and economics

2.1 What is a constitution? The "Constitution" of the European Union from a legal and from an economic perspective

Constitutional law, the highest law of a state, has certain characteristics in which it differs from ordinary (post-constitutional) law[1]: It is more general (*lex fundamentalis*), supreme towards other legal norms, and the procedures for altering or amending the constitution are more difficult (i.e., in economic terms, the transaction costs of constitutional change are higher than for ordinary legislation). Virtually all national constitutions contain the same basic constitutional elements: rules concerning the relation between individual citizens and the state (basic rights), mechanisms for governing (institutions and decision making procedures), and procedural rules for changing the constitution. According to this view, the Treaties of the European Communities and the Treaty of the European Union, combined with the judiciary of the European Court of Justice (ECJ) on human rights, can be considered to be the constitution of the European Union.

For decades, there has been an extensive debate in legal scholarship about the character of European Law and the sovereignty status of the Member States[2]. Since the Maastricht Treaty of 1992 the discussion has focused on the question whether the notion of a constitution is appropriate for European (Treaty) Law. Two sets of questions are central in the debate: First, *does* the EU have a constitution? *Can* the EU have a constitution at all ("Verfassungsfähigkeit")[3]? Second, *should* the EU have a constitution at all ("Verfassungsbedarf")?[4].

Constitutional Economics adopts an even broader notion when defining a constitution as a system of rules which governs the allocation of resources used for the provision of public goods[5]. In a vertically structured state (federation)[6], the constitutional definition of the institu-

---

1 For the characteristics of constitutional law, see any textbook in Constitutional Law of any legal system. For a summary see e.g. COOTER (2000); ELSTER (1994).

2 In German constitutional and European legal scholarship, three positions concerning the legal status ("Rechtsnatur") of the European Communities are predominant: the federalist, supranational, and *sui generis* view.

3 There are two major positions to the first question: On the one hand, it is argued that the Treaties *are* the Constitution (European Court of Justice). The other position argues that the EU lacks a Constitution, since the basic preconditions for a constitutional state are not met (e.g. European Parliament, European Constitutional Group). Both positions maintain that the EU basically *could* have a constitution ("Verfassungsfähigkeit").

4 This leads to two distinct questions. First, is a functioning democracy *possible*? Second, is further integration towards a European federal state *desirable*? See GRIMM (1995).

5 BRENNAN AND BUCHANAN (1985); VOIGT (1998).

6 Throughout the paper, the general terms "federation" and "federalism" are used in a technical sense, referring to a vertically structured political organization. A federation is defined to be a form of political organization which is characterized by a division of responsibilities between a central authority and component parts - (member) states, regions, or local communities - which enjoy autonomy in certain fields. Thus, there is no doubt that the European Union is a federation in this technical sense. For the (Positive) Constitutional Economics analysis in section 4 below, two organizational forms of a federation are distinguished: the confederation (or confederate state) and the federal state (or compound republic). The terminology used here is purely analytical, and has to be distinguished from the normative meaning which is often associated with the term "federalism" in a positive or negative way, and which significantly differs between cultures..

tions includes provisions about the vertical separation of powers, i.e. the definition of the levels of government, their powers and responsibilities. While the discussion in doctrinal legal scholarship mainly refers to the *meanings* of the term of a constitution, Constitutional Economics is primarily interested in the *legitimacy* and the *consequences* of constitutional rules[7].

2.2 The methods of Constitutional Economics

While traditional economic theory discusses human behavior for a given set of rules, Constitutional Economics applies the analytical framework of economics to the choice of rules. The literature on Constitutional Economics has grown exponentially, but its research agenda has been applied to the European Union by only few authors. However, this is a growing field of research[8]. This section first gives an overview of traditional Constitutional Economics (i.e. contractarian, or "à la BUCHANAN") and its applicability to the European Union. Then we show how an extended analytical framework which includes findings from positive economics may add further economic insight to the debate about constitutional reform in the European Union. An analytical framework in the Positive Constitutional Economics tradition will be presented in Section 4 below for the specific problem of the vertical assignment of competences in the European Union. In brief, *Contractarian* Constitutional Economics (*Normative* Constitutional Economics) views the constitution as a social contract which all individuals unanimously agree upon[9]. In contrast, the more recent branch of *Positive* Constitutional Economics investigates in a more general way the emergence of constitutional rules (constitution as explanandum), or, alternatively, the consequences of alternative constitutional rules using microeconomic theory (constitution as explanans)[10].

Contractarian Constitutional Economics does not give explicit recommendations about certain constitutional rules, but gives criteria for the constitution making process to yield a

[7] COOTER (2000); VOIGT (1998).

[8] BUCHANAN (1991b) for example stresses the parallels between European integration and the evolution of the US constitution, based on normative individualism. Contractarian Constitutional Economic for the European Union are also discussed by e.g. KIRCHGÄSSNER (1994); LESCHKE (1996); MUELLER (1997); PIES (1996b); VIBERT (1995); VOIGT (1994, 2001). Recent studies which analyze specific EC institutions using contractarian Constitutional Economics are WECHSLER (1995) for the European Court of Justice, and BOHNET-JOSCHKO (1996) for the fiscal constitution of the EC. KIRCHNER (1997) analyzes the subsidiarity principle and alternative mechanisms for the assignment of mixed Community competences in a Constitutional Economics Perspective based on normative and methodological individualism. *Institutional economic* approaches to the European Union (STREIT/VOIGT (eds., 1996); SCHMIDTCHEN/COOTER (eds., 1997)) are more common than explicit applications of Constitutional Economics (for a survey of the latter: VOIGT 2001).

[9] BUCHANAN AND TULLOCK (1962); BRENNAN AND BUCHANAN (1985); MUELLER (1996).

[10] The most prominent scholar in Positive Constitutional Economics is VOIGT (1999). For an overview see VOIGT (1998); MUELLER (1996); COOTER (2000). Important fields of research in Positive Constitutional Economics are for example the explanation of the generation of constitutional rules (ELSTER 1994), or the impact of institutional arrangements of constitutional state powers on the transaction costs of government (COOTER 2000). Here the determinants can be the organization of the separation of powers (POSNER 1987), the number of chambers in Parliament (COOTER AND GINSBURG 1997), the federal organization of the state, or the constitutional protection of economic freedom.

legitimate and therefore "efficient" constitution. Constitutional rules, i.e. the rules which limit political decisions, are considered to be legitimate if they *could have* been agreed upon by unanimous decision of all individuals concerned (constitutional contract)[11]. BUCHANAN AND TULLOCK (1962) use the conceptual idea of individual citizens concluding the social contract under a "veil of ignorance", under which individuals are ignorant about their future socio-economic position[12]. They argue that using this concept of *hypothetical consent*, constitutional procedural rules can be derived for a society. This procedural notion of a constitution is in strong contrast to welfare theory, which is looking for a *social optimum* - a notion whose existence is strictly denied by contractarians.

From a methodological point of view, Contractarian Constitutional Economics has been criticized for being able to legitimize many different rules - depending on the assumptions concerning the process of constitution making[13]. Furthermore, if one adheres to normative individualism, hypothetical consent to a constitution is an attractive concept for identifying an efficient, or legitimate, constitution. In reality, however, unanimous consent about a state constitution cannot be achieved. If a situation occurs in which the postulated hypothetical consent cannot be translated into a factual majority (thus leading to constitutional amendment), a - possibly non-legitimate - status quo would dominate the legitimate constitutional rule.

There is a controversial debate about the adequacy and relevance of contractarian Constitutional Economics for addressing European integration[14]. First, one has to identify the contracting parties. European Treaties have so far been negotiated and agreed upon by the governments of the Member States. This is in line with the *methodologically* individualist view of contractarian Constitutional Economics, since from a microeconomic perspective states can be perceived as (collective) actors[15]. The second underlying concept of *normative* individualism, however, requires unanimous consent of all individuals concerned, which is not a realistic precondition for European constitution making. Even if a referendum involved all citizens, the criterion of unanimity, which is the central assumption in Contractarian Constitutional Economics, could not be met, and the problems involved with majority decisions (possible oppression of minorities) would become relevant. These considerations may support the position that the explanatory and normative power of the unanimity principle may remain purely methodological. However, it is also argued that, as compared to national lawmaking, European Treaty amendments come closer to the situation of the ideal constitutional contract concluded under a veil of ignorance. For example, European treaties

---

[11] This contractarian approach is based on both normative and methodological individualism. The "classic" exposition is BUCHANAN/TULLOCK (1962). For reviews of the approach see BRENNAN AND HAMLIN (1998); MUELLER (1996); VOIGT (1994).

[12] See also RAWLS (1971).

[13] Such assumptions are e.g. the actors' rationality and capability to process information, attitude towards risk, or strategic behavior under the veil of ignorance.

[14] An strong supporter of this is BUCHANAN (1991b), who takes a view strictly rejected by VOIGT (1994).

[15] Of course, this view neglects all problems of collective decision making *within* the state.

usually contain very general rules and usually become effective only in the distant future (KIRCHGÄSSNER 1994).

We have seen that Contractarian Constitutional Economics may help when discussing problems of *procedural legitimacy* of a European Constitution. However, in reality European constitutional decisions will never be taken by unanimous consent of all individuals involved and will therefore not strictly meet the hypothetical criterion of Normative Constitutional Economics. For the concrete choice between alternative constitutional rules which constitution making or amending parties (i.e. chiefs of government in the process of negotiating new Treaties and Treaty amendments) have to make in reality, information about *outcomes,* i.e. the *consequences* of alternative constitutional rules, are crucially important. Thus, findings from Positive Constitutional Economics are most relevant as an informational basis for political decisions. Also, from an analytical point of view, findings from Positive Constitutional Economics can be an important basis for identifying constitutional rules for which there is evidence for a social *consensus*[16].

In a more comprehensive approach, which integrates Normative and Positive Constitutional Economics, three steps of a Constitutional Economic analysis can be identified[17]. The first, normative, step consists of deriving fundamental principles, based on values such as legitimacy, justice, or fairness. In a second step, cause-effect-conjectures are identified, which have ideally been empirically tested. This is the research program of Positive Constitutional Economics, where either the determinants or the causes of basic rules are the subject of inquiry[18]. In a third step, concrete proposals for (constitutional) reform should be made only based on the findings of the first two steps.

3. Normative basis: Constitutional principles in a federal system

While the number of analyses in Positive Constitutional Economics has been growing recently[19], the normative basis and thus the criteria with respect to which the consequences of alternative constitutional arrangements are evaluated, have not always been questioned[20]. In many cases, efficiency is implicitly assumed to be the only constitutional goal. Therefore, this section goes into normative issues in order to identify alternative - and often competing - constitutional goals. This is based on the observation that constitutional goals for a changing European Union are not (not longer?) necessarily purely economic, as the literature often

[16] Cf. KIRCHNER (1998). This would be a weaker criterion than unanimous *consent*, but could be more easily operationalized, since preconditions for a solution which will find consensual support in a society can be identified on the basis of positive economic findings.

[17] VOIGT (2001).

[18] VOIGT (1997).

[19] See e.g. APOLTE 1999; COOTER 2000; GERKEN 1995; INMAN AND RUBINFELD 1997B; MUELLER 1996; MUELLER 1997a; VOIGT (1994; 2001).

[20] This is often the case in "positive" institutional or constitutional analyses, despite of the fact that Constitutional Economics as an academic discipline has developed from an originally purely normative research agenda (Contractarian Constitutional Economics; BRENNAN AND BUCHANAN 1985; BUCHANAN 1991a; BUCHANAN AND TULLOCK 1962).

assumes and as it may have been plausible for pre-Maastricht integration, which had come much closer to pure market integration rather than political integration.

This section attempts to "derive", or justify constitutional principles from (normative) economic reasoning[21]. In the interdisciplinary context of this paper three groups of constitutional values are considered: economic efficiency and the tradeoff with redistribution, the protection of individual rights, and political participation of citizens.

The constitutional values which serve as goals for the analysis could either be assumed to be transferred from the disciplines of constitutional law and political philosophy[22]. Or, from a more empirical and comparative point of view, these goals can be thought of as the set of constitutional values which the constitutions of the EU Member States have in common. Such an assumption of constitutional values being exogenous to the economic analysis would be perfectly in line with the interdisciplinary approach taken here. Economic analysis can then serve as a method for determining the consequences of alternative constitutional arrangements, in order to determine in which way the exogenously given goals can best be achieved.

It has to be stressed that this extension of the analytical framework does not mean giving up the methodological individualistic view of (constitutional) economics. The difference to more mainstream economic analysis is that the consequences of alternative constitutional arrangements (positive economics) are evaluated in the light of an extended set of criteria (additional political goals besides allocative efficiency).

3.1 The efficient allocation of resources, and the tradeoff with redistribution

According to New Welfare Economics, the economy should reach a state in which no individual can be made better off without making anyone else worse off (Pareto optimum). Resources are efficiently allocated if no more Pareto improvement is possible. Under the assumption of perfect competition[23], the market mechanism will lead to a Pareto optimal situation. However, market failure may occur if public goods, externalities, increasing returns to scale in production, or asymmetric information are present. In these cases an omniscient government could theoretically correct market failure by providing the right amount of public goods and thus achieve allocative efficiency (Second-Best public finance). When trying to determine the optimal amount of a public good, the government faces the problem of true preference revelation by citizens. Alternative approaches of dealing with the problem of revealing preferences in a federal system are a system of competing decentralized

[21] The traditional way of justifying and legitimizing constitutional principles is the notion of a social contract (BUCHANAN AND TULLOCK 1962, RAWLS 1971). Classic normative economic approaches to - at first sight - non-economic values are RAWLS (1971); SEN (1982). More recent approaches to individual rights are overviewed by COOTER (2000). Economic analyses of political participation rights are FREY (1994, 1997); INMAN AND RUBINFELD (1997a); for an overview see COOTER (2000).

[22] COOTER (2000) gives an example for a catalogue of "constitutional values related to economics": efficiency, distribution, liberty; limitation of the state, prosperity, and justice.

[23] In a stricter view, some additional, more technical assumptions have to be met (First Theorem of Welfare Economics).

governments, or a democratically elected central government. An attempt to find an "optimal" mixture of elements of these two alternative approaches for the European Union will be discussed below.

In addition to the efficiency goal, the question of the "classic" tradeoff between efficiency and - interjurisdictional - justice needs to be raised when discussing a federal system.

3.2 Enhancing political participation

Political participation can be defined to be any act by which citizens influence or try to influence policy outcomes. From an economic perspective, the benefits of participating in the political process are at least threefold[24]. First, the benefits from participation can be *instrumental.* According to this utilitarian view, participation increases the probability for an individual to get the policy outcome as close as possible to his or her individual preferences. This may also contribute to protecting individual economic (and civil) freedom. Moreover, political participation reveals individual preferences, which helps the government to maximize aggregate welfare and thus enhances economic efficiency (if one realistically assumes that a real government is unlikely to be the omniscient central decision maker often postulated in welfare economics). Second, political participation may have an educating function and enhances *civic virtue*[25]. Taking part in the political process promotes communitarian values by making the individual learn that neglecting personal interests may improve the quality of public and private decisions and facilitates compromise. In cases of prisoner dilemma situations or free-rider problems, this can then make cooperative solutions more likely to be achieved. Third, the benefits of political participation can be considered to be *intrinsic* or *consumptive*, if the individual derives pleasure or benefit just from participating in the political process.

3.3 The protection of rights

Basic rights can be personal, political, or economic rights (liberties and freedoms). One has to distinguish negative freedoms ("free from"), i.e. the freedom from other people intervening in a persons actions, and positive freedoms ("free to"), i.e. the freedom to take certain decisions[26]. From an economic point of view, this is a crucial distinction, since the guaranteeing of rights of only the second group has major direct redistributional consequences. Both doctrinal constitutional theory and contractarian theory of Constitutional Economics derive a duty of government to protect rights and liberties; the constitution contains rules about the way and degree to which this has to be done. Possible constitutional provisions, or instruments, to protect rights are e.g. catalogues of basic rights and a credible

[24] For an overview of the benefits of political participation see FREY (1996a), or INMAN AND RUBINFELD (1997a).

[25] FREY (1997) argues that elements of direct democracy as a form of political participation enhances civic virtues.

[26] Examples for negative freedoms are the freedom of religion, the right to vote, freedom of opinion. Examples for positive freedoms are the right to a subsistence level of income, education, health care.

legal system, the separation of powers and constitutional safeguards to protect checks and balances. Federalism, as an additional dimension of vertical separation of powers, is generally expected to enhance the protection of rights.

In economics, the discussion of individual rights has some tradition in Social Choice theory[27]. However, not many attempts have been made to incorporate rights into (positive) economic modeling[28]. In this paper, rights are "used" as exogenous, normative goals or criteria for the evaluation of alternative federal competence assignments with respect to their potential to protect individual rights.

3.4 Constitutional tradeoffs

After three groups of constitutional principles have been proposed, the analytical concept in Constitutional Economics can only be the optimization - as opposed to maximization - of constitutional arrangements with respect to goals. This concept can be found in both institutional economics and constitutional legal philosophy[29]. This discussion does not aim at making normative statements about which concepts and principles are better, but asks what constitutional rules should look like if collective choices according to citizens' preferences are to be made. An "optimal" constitutional arrangement in that sense cannot be expected to be a permanent optimum, but a solution which somehow succeeds in balancing alternative goals at a specific point of time for given citizens' preferences. The aim of the following analysis is not to draw conclusions about an "optimal" combination of constitutional values, but to identify tradeoffs between constitutional principles. This can also help to detect normative arguments in Constitutional Economics reasoning, and to clarify the foundations of recommendations of constitutional rules.

4. The federal constitution of the European Union in the light of economics

As an example for the application of Positive Constitutional Economics for discussing constitutional reform in the European Union, this section addresses the specific problem of the constitutional assignment of policy responsibilities between Member States and the Union.

Traditionally, two extreme positions are taken in the political or academic debate. On the one hand, European integration as such is praised as an important goal; thus, functional integration in a large number of policy fields is justified. This position is typically taken by legal scholars in the field of European Law. On the other hand, there is an increasing fear of "overcentralization" in Brussels, a position based on an inherent skepticism about the performance of any type of central government, and taken by the majority of economists. This

[27] See e.g. SEN (1982).

[28] E.g. COOTER (2000) outlines several ways in which individual rights can be incorporated in economic models: as private goods, as public goods, as arguments in utility or welfare functions, as merit goods, or as inalienable rights.

[29] For the former see e.g. NORTH (1991). For the latter see ALEXY (1994), who explicitly uses the term "optimization" when discussing constitutional principles in the context of conflicting basis rights.

paper attempts to start from a neutral position in between these two. We present an analytic framework which aims at identifying under what conditions the centralization of functional powers can be beneficial, or not, for a specific policy field. The methods used are taken from Positive Constitutional Economics, i.e. the consequences of alternative constitutional rules are identified. This is done by using stylized models of alternative federal systems: the confederation and the federal state, which can then be evaluated with respect to the constitutional principles outlined above.

4.1 Vertical assignment of policy responsibilities in the European Union. The legal problem and its translation into Constitutional Economics

A schematic description of the Treaty provisions for the distribution of competences between the Union and the Member States includes three classes of competences: First, areas of activity with exclusive Member State competences, where the Community does not act at all; second, areas of autonomous activity of the Community, which is beyond Member States' jurisdiction; and third, large areas of overlapping competences of the Community and the Member States. According to the principle of *enumerated powers* (Article 5 EUT[30]), the Community and Union only have the competences which were explicitly transferred from the Member States by Treaty amendments. However, the Treaties do not provide any detailed assignment of competences, like e.g. the German or the US Constitution, where lists of specific policy fields for central and decentralized levels of government are codified (*competence catalogues*). European Community competences are described as a mixture of policy fields and goals of the EC or EU (*functional definition of competences*). Article 94 ECT[31] empowers the Community to take measures which „directly affect the establishment or functioning of the common market". The interpretation of functional Community competences ultimately lies with the European Court of Justice, whose judicature has traditionally been highly pro-integrationist, rather than emphasizing the protection of Member States' competences. With the Maastricht Treaty, the competences on the Community level have been significantly extended. For example, the redefinition of the goals of the Union (Economic and Monetary Union, Political Union) means an increase in Community and Union power in the field of mixed competences at the expense of the Member States - if the functional definition of competences and ECJ interpretation is maintained.

As mechanisms for policy assignment and adjustment the European Treaties do not provide detailed competence catalogues, but only give rules and procedural guidelines, and define competences functionally with respect to the goals of the Community and the Union[32]. As the

[30] Treaty on European Union (1997).

[31] Treaty establishing the European Community (1997).

[32] Article 5 ECT states that „The Community shall act within the limits of the powers conferred upon it by this Treaty and of the objectives assigned to it therein. In areas which do not fall within its exclusive competence, the Community shall take action, in accordance with the principle of subsidiarity, only if and insofar as the objectives of the proposed action cannot be sufficiently achieved by the Member States and can therefore, by reason of the scale or effects of the proposed action, be better achieved by the Community. Any action by the Community shall not go beyond what is necessary to achieve the objectives of this Treaty."

only explicit mechanism which the Treaties provide for the assignment of policies, the *subsidiarity principle* has a double role for both justifying policy centralization and - at least theoretically - for working in the other direction to „repatriate" policy responsibilities back to the national level[33]. However, the subsidiarity principle is confined to the field of mixed competences. In the field of exclusive Community competences there is no legal instrument for the repatriation of functions. Also, the ultimate interpretation of the subsidiarity principle (i.e. interpretation of the meaning of „better" in Art. 5 ECT) is the task of the European Court of Justice, which, as a Community institution, has been biased towards integration and therefore towards centralization.

4.2 The economics of federalism

In economics, federal systems have been investigated in the fiscal federalism literature, which takes economic efficiency as the guideline to find an optimal allocation of state functions to levels of government. It uses microeconomic methods to investigate the optimal federal division and assignment of government functions, tax income, and government expenditure. Central government politics based on welfare economic recommendations, and institutional competition between governments are two alternative sets of mechanisms, which - under their characteristic assumptions - are expected to eventually lead to the same, efficient allocation of state functions to levels of government[34].

4.2.1 The theory of fiscal federalism and horizontal competition[35]

Welfare economic theory of fiscal federalism (OATES 1972) seeks to find the optimal allocation of policy responsibilities to levels of government in order to efficiently provide public goods. Thus the efficient distribution of competences in a federal system primarily depends on the technical properties of the public goods and services, i.e. whether there are inter-jurisdictional spillovers. In this light, the central government of a federal state should be responsible for macroeconomic stabilization policies, redistribution between individuals, and the provision of nation-wide public goods. The decentralized governments should be responsible for providing local public goods, for which they have an advantage compared to the central government in knowing about the preferences of their citizens, the costs of the provision of these public goods, and other information relevant in their lower-level

---

[33] Cf. KIRCHNER (1997).

[34] More recent institutional economic approaches to federalist systems extend the fiscal federalism framework by investigating the transformation of individual interests into collective decisions on the one hand (*political theory of federalism* based on Social Choice and New Political Economy); on the other hand by no longer neglecting the transaction cost of decision making (*administrative theory of federalism* based on transaction cost economics and principal-agent theory). See e.g. BRETON AND SCOTT (1978) or more recently INMAN AND RUBINFELD (1997b) COOTER (2000) for the *political* theory of federalism; for an overview see OATES (1999). Concerning the *administrative* theory of federalism see WILLIAMSON (1985) for the theoretical foundations of transaction cost economics and principal-agent theory; for an application to public law TIROLE (1994), and to constitutions COOTER (2000).

[35] For a comprehensive and critical overview of the literature on fiscal federalism, which also points to new developments and directions for further research, see OATES (1999).

jurisdictions. Theories of fiscal federalism are often criticized with respect to their informational assumptions. An omniscient central government would be needed in order to create the optimal division of government functions[36].

Theories of *(horizontal) fiscal competition* do not rely on this informational assumption. Like on a market for goods, a competitive market for government services is assumed to lead to efficient policy solutions. Based on the ideas by TIBOUT (1956), the underlying adjustment mechanism is the movement of citizens and factors of production to the jurisdiction with their preferred combination of public goods and taxes[37].

4.2.2 Competitive federalism (vertical competition and the concept of FOCJ)

BRETON (1998) presents a theory of *vertical competition* of governments which works via different mechanisms than horizontal competition. Citizens observe the performance of „benchmark governments" at different levels. Opposition parties can adopt the benchmark governments' policies in their platforms and thus challenge the incumbent government. Citizens can then express their consent to or disapproval of the incumbent government by their votes. In this way governments at different tiers (indirectly) compete with each other. In the model of vertical competition of governments, it is no longer a given constitutional assignment of responsibilities which determines the distribution and flows of goods and services between governments[38]. However, constitutional assignments are still relevant as (initial) constraints on the competition which orders the division of powers. In horizontal jurisdictional competition, the role of the central government is to provide and enforce the rules for competition[39].

Considering the fact that the advantages and disadvantages of functional centralization may vary between government functions, and that even governments at the same level may differ significantly, FREY AND EICHENBERGER (1995) propose a model of differential (de-)centralization: the concept of *Functional, Overlapping, and Competing Jurisdictions (FOCJ)*. Here the functional distribution of government responsibilities can differ between state functions, and the distribution does not need to be along political borders of existing jurisdictions. FOCJ are thus expected to combine the welfare-enhancing properties of TIEBOUT'S (1956) voting by foot, OLSON'S (1969) and OATES' (1972) fiscal equivalence, HIRSCHMAN'S (1970) exit and voice, and BUCHANAN'S (1965) Clubs. Also, FOCJ is praised for enhancing democratic values and participation[40].

---

36 However, if the central government is able to calculate the amount of spillovers, the optimal institutional arrangement would be a single-tier unitary state, since there would be no reason for a division of functions. BRETON (1998: 185) discusses this so-called „Weldon critique".

37 e.g. SIEBERT AND KOOP (1993); STREIT AND MUSSLER (1995); for a more skeptical view SINN (1990; 1997).

38 BRETON (1998: 189).

39 This, however, involves problems if the central government itself is involved in (vertical) competition, since it would then be unlikely to act as an independent rule-making and enforcement agency. BRETON (1998: 190) proposes to mitigate this problem by representation of the competing member states at the central level.

40 FREY AND EICHENBERGER (1995); EICHENBERGER (1998).

4.2.3 Market failure, cooperative failure, and government failure: Towards a general analytical framework

Whether horizontal competition between governments successfully leads to efficient outcomes depends on to what extent the assumptions of the concept (TIBOUT 1956) are fulfilled in reality. Institutional competition is thus more likely to lead to efficient outcomes if households are mobile between jurisdictions, if there is an elastic supply of jurisdictions offering different supplies of public goods, if households are well informed about taxes and the provision of public goods, and if there are no interjurisdictional spillovers[41].

Taking into consideration the virtues and shortcomings of the economic federalism models discussed above, KIRCHNER (1997) proposes a stepwise procedure for determining the assignment of competences in a vertically structured system, according to the following questions: First, are there differences in the *preference structures*, and are these differences in line with existing national borders? Second, could the respective task better be performed by *private* firms? Third, are there *economies of scale* when the government task is performed on a higher level? Fourth, does the assignment of the competence to the Union level save *transaction costs*? Fifth, does the assignment of the activity to a lower level imply positive or negative *externalities*? Sixth, if economies of scale or of scope occur, can a solution be found *beyond* the decision between *European and national level*? Seventh, to what extent does the allocation of competences to the higher level increase *agency costs*? Eighth, what impact does the allocation of the competence on the higher or lower level have on *institutional competition*?

Based on this stepwise test, our analysis is guided by three central questions[42]. First, do decentralized policies on Member State level lead to significant spillovers between Member States? Second, if the first question can be answered in the affirmative, can either the market mechanism or Coasean bargaining between governments remove the possible inefficiencies due to the spillovers? Third, if the answer to the second question is no, can the central government perform the policy functions in a more efficient way than the Member States, if one allows for the assumption that politicians do not exclusively pursue the goal of increasing welfare, i.e. that government failure may occur? A positive answer to the last question would be a necessary condition for recommending central government activity. In order to show how the answer to these questions depends on the constitutional arrangement of a federal system, the following section proposes a simplified model of federal systems, which helps to clarify the impact of alternative degrees of centralization.

---

[41] For a detailed exposition and discussion of the Tiebout-assumptions see TIBOUT (1956) and INMAN AND RUBINFELD (1997b). APOLTE (1999) investigates the preconditions for institutional competition and identifies policy fields in which horizontal competition is less likely to lead to efficient outcomes. He distinguishes policies for the provision of public goods, regulatory policies, and policies in the field of social security, and draws rather skeptical conclusions about the working of institutional competition in any of these fields. However, he does not conclude that policies in which institutional competition does not work should be transferred to the central level, but that there is still scope for the decentralization of policies.

[42] Cf. INMAN AND RUBINFELD (1994).

4.3 A legal-economic framework for the analysis of the vertical assignment of competences in a federal system

This section "translates" the question of alternative rules for competence assignment into the choice between alternative stylized federalist models. Furthermore, in order to account for the constitutional character of the European Union, the traditional efficiency-based approach outlined in the research questions in the previous section is extended by introducing the additional constitutional goals outlined above (political participation and the protection of individual rights) and discussing tradeoffs between them. Three structural models of competence assignment are identified, and their impact is analyzed (Positive Constitutional Economics) and evaluated in the light of the constitutional goals. Since the "optimal" *assignment* of government functions depends on the *representation* of the lower level government at the central level, and vice versa, both assignment and representation are discussed simultaneously. This then allows to show the effects of changes in the assignment rules for different given rules of representation. This analytical procedure is based on contributions by BRETON AND SCOTT (1978) and INMAN AND RUBINFELD (1997b), who use Political Economy reasoning and transaction cost considerations, and is here adopted for the European Union. One of the structural principles, democratic federalism, will be identified as especially relevant for the European Union, and will thus be further analyzed with respect to the efficiency goal (by balancing allocative efficiency against public sector efficiency).

4.3.1 Assignment and representation in a federation

A federal constitution can be seen as the combination of two structural elements of federal systems: first, the assignment of policy responsibilities to given levels of government; and second, the representation of the constituting states at the central level[43]. An efficient federal constitution is thus characterized by an "optimal" combination of these federal dimensions. For analytical simplification, the combination of the constitutional elements yields three basic structural models of federalism: economic federalism (centralized federalism), cooperative federalism (decentralized federalism), and democratic federalism. These structural models of different degrees of centralization of policy responsibilities and decision making power will be outlined and then be evaluated with respect to their power in enhancing the exogenously given constitutional goals.

4.3.2 The confederate versus the federalist model

As the most "centralist" arrangement, the model of *Economic federalism* (or centralized federalism[44]) can serve as an analytical point of reference for the discussion of federal arrangements. It prefers the lowest (most decentralized) level of government which is still capable of internalizing all externalities, subject to the constitutional constraint that all central

[43] The analytic separation of assignment and representation rules is especially important for the European Union, since the representation and decision rules in the EU vary significantly between policy fields.

[44] The corresponding federal concept to economic federalism in political science would be a unitary state.

government policies are to be decided by an elected or appointed *central planner*[45]. This model of federalism is based on classic Fiscal Federalism (OATES 1972). Higher levels of government are capable to exhaust economics of scale in the provision of public goods and to control externalities on a higher level of government, while locally congested public goods are provided by competing lower-tier governments (TIBOUT 1956). This model primarily pursues the goal of economic efficiency, while the typical problems of the central government policy-making process (information problems, government failure) are neglected.

The model of *cooperative federalism* (or decentralized federalism or *confederate model*) prefers the lowest (most decentralized) level of government which is still capable of internalizing all externalities, subject to the constitutional constraint that all central government policies are to be agreed upon with *unanimous consent* of elected representatives from all lower-tier governments[46]. Like economic federalism, this model aims at economic efficiency. However, it is more skeptical about the central government's capabilities to regulate inefficiencies and assumes that a lower level government has more information on individuals' preferences. Therefore, the "default rule" for policy assignment is the lowest level of government. If this leads to interjurisdictional spillovers or prevents from enjoying economies of scale, the lower-level governments can negotiate agreements to cooperate. The model is based on the assumption that political agreements between all governments concerned with a policy issue (inter-state or union-wide externality or public good) are possible through bargaining (COASE 1960), and unanimous decisions will lead to Pareto improvements. If policies are redistributive, compensation is necessary for the policy to be a Pareto improvement.

Negotiation between governments can either take place in a central legislative, or inter-governmental agreements can be negotiated between only subsets of governments. The role of central government is then to encourage negotiations by providing property rights for the states and lowering transaction costs, and to enforce interjurisdictional contracts. A Coasian bargaining process, however, can only successfully lead to an agreement if transaction costs are low. There are several reasons for bargaining failure in a confederation[47]. First, the bargaining governments might not agree on how to divide the economic surplus generated by cooperation[48]. Second, there are problems arising from strategic behavior of the bargaining parties. Governments may take a too hard bargaining position if they do not have sufficient information about other parties' threat point and willingness to accept a compromise. Third, free-rider problems may occur, especially if a high number of governments are involved in the bargaining process[49]. Moreover, the probability of the negotiations to successfully lead to an

---

45 INMAN AND RUBINFELD (1997c).

46 INMAN AND RUBINFELD (1997c).

47 For an overview see COOTER (2000); INMAN AND RUBINFELD (1997c).

48 COOTER (1982)

49 For example, if several governments have equal interest with respect to a specific central government policy measure, each of them has a strong incentive to understate the individual benefits out of that policy, hoping that the other governments will bear the costs.

agreement depends on the costs of enforcing the agreement. This leads to an important role of the central government in enforcing agreements.

The model of *democratic federalism* (or majority-rule federalism or *federalist model*[50]) can be viewed as a compromise between the concepts of centralized economic federalism and decentralized cooperative federalism. Democratic federalism prefers the lowest (most decentralized) level of government which is still capable of internalizing all externalities, subject to the constitutional constraint that all central government policies are to be decided by a *simple majority of elected representatives* from lower-tier governments[51]. This model of federalism does neither, like economic federalism, assume an omniscient and benevolent central government which always provides public goods and regulates interjurisdictional spillovers efficiently. Nor does it neglect the fact that unanimous agreement on central government policy in a confederation is unlikely in reality. Therefore, unlike in the confederate model, not unanimity, but only a majority of the lower-tier government representatives is required for decisions on central government policies. Thus, the federal state model balances the potential efficiency gains of greater centralization if there are local spillovers and pure public goods against the inefficiencies which might arise when a democratic central legislature sets policies.

The central constitutional challenge in a federal state is now to find an appropriate balance between allocative efficiency on the one hand, and transaction costs of central government policies and the potential loss concerning other constitutional goals on the other hand. Both the representation and assignment rules have an impact on this tradeoff.

4.3.3 Constitutional principles in the confederation and the federal state

With respect to the goal of economic efficiency, all three models follow the logic of the Tiebout model in assigning the provision of local (congestible) public goods to lower levels of government. However, they differ in their recommendations about the way pure public goods should be provided and union-wide spillovers be regulated, and in the representation of lower-tier governments at the central level. In the *economic federalism* model (central state), the lower governments elect a central planner, who, in the tradition of second-best public finance, deals with all pure public goods and interjurisdictional spillovers. In the *confederate model* each state sends representatives to the central level who get involved in Coasean bargaining processes and negotiate about regulating inter-state spillovers and public goods. Thus, allocative efficiency depends on the outcome of the bargaining process. In the model of *democratic federalism* (federal state) the outcome depends on the capability of the central government, more specifically on the decision making process, which in return crucially depends on the selection of the Member state representatives (local interests versus community interests) and the voting mechanism used. This may result in a tradeoff between efficiency gains from cen-

[50] The corresponding federal concept to economic federalism in political science is the federal state, such as the German or the United States model.

[51] INMAN AND RUBINFELD (1997c)

tral regulation of interjurisdictional spillovers and public goods on the one hand, and inefficiencies resulting from the decision making process in the central legislative on the other hand.

With respect to the constitutional goal of political participation in a federal state, there is some evidence that citizens can participate in the political process more effectively in smaller communities of lower levels of government. There it is easier to get informed about political issues and procedural rules, and an individual's vote is more likely to have a significant impact. This provides a strong argument in favor of the confederate model, where important policy fields are primarily assigned to the national (state) level. An important element of political participation is direct democracy[52], esp. referenda, which are generally more likely to be possible and effective on lower levels of government.

Individual rights, it is often argued, are more likely to be respected and protected by small state governments than on the central level. In a small state, democratic changes in government are more likely to take place, thus making dictatorial oppression more difficult. Also, military oppression by a small government is less likely. Furthermore, if there is a large number of small governments, an individual may have the chance to leave a political community which does not respect certain rights, and move to a different one (exit-option)[53]. However, there is also some evidence that individual rights are better protected on the central level of a federation, especially in the case of minority rights, such as religious freedom, the prohibition of racial discrimination, or rights concerning individual values (e.g. rules on abortion). In a small state, citizens are more likely to have homogeneous preferences, e.g. with respect to religion or race, than in a large federation consisting of many different member states. Thus extremist positions can find a majority in small states, and laws which oppress the rights of minorities can be made more easily. In a more heterogeneous federation, however, potentially oppressive rules which are in the interest only of regional or special groups, are unlikely to find a majority and thus to become law. In this way, a central government's more liberal constitution would protect the rights of individuals against their own lower-level state. This argument is often put forward when discussing the role of the US federal constitution in protecting civil rights against the law of some States[54]. It has to be investigated to what degree this argument can also apply for the European Union, e.g. for the protection of women's or workers' rights by the European Court of Justice. In conclusion, the protection of rights by different levels of government is expected to crucially depend on two characteristics of the society in the federal state: the homogeneity of the society, and interjurisdictional mobility of citizens. In the European Union, these characteristics may vary significantly with respect to different policies.

[52] See FREY (1994) for an appraisal of the Swiss experience, and Frey (1996a) for the benefits of direct democracy on different levels of government in the European Union.

[53] HIRSCHMAN (1970).

[54] See several US Supreme Court decisions which declared State Laws supporting racial segregation as unconstitutional. EASTERBROOK (1983) studies for the case of property rights, and WEINGAST (1995) for the case of economic freedom, the role of a federalist structure in protecting individual rights.

4.3.4 Balancing economic and political efficiency

In the structural model of the federal state, whose representation rules best depict the present state of the EU, there is a tradeoff between efficiency gains from cooperation and the transaction costs of the political process. This tradeoff concerning the performance of a federal state depends crucially on the specific design of the federal constitution. It cannot be assumed that a central government always works. Thus, the problem of central government failure in a federation needs to be addressed. For example, in order to consider transaction costs (i.e. a loss of efficiency of the political process), we need to study the way central governments work under alternative rules for assignment and representation. When searching for the efficient federation, unlike in the presentation above, not only the benefits from the more efficient (central government) provision of pure public goods and the regulation of interjurisdictional spillovers should be discussed. Based on a Coasian view of the problem, the emphasis needs to be shifted from the externalities (technical characteristics of goods) to the transaction costs of internalizing them[55].

4.4 Conclusions: The impact of institutional design on constitutional goals and tradeoffs

We have presented a stepwise procedure based on balancing the advantages and problems of constitutional assignments with different degrees of policy centralization. Once the technical characteristics of the government services provided require a cooperative or central level solution (i.e. if interstate spillovers are present), possible inefficiencies due to cooperative failure in a Coasean bargaining process have to be balanced against procedural inefficiencies in central government policy making. Also, the model allows for the fact that, when analyzing the assignment of specific policy fields in the EU, alternative representation rules have to be considered - according to the provision for the specific policy in the Treaties. There are for example unanimous versus majority decisions, or different ways of including the European Parliament in the decision making process. Extensive representation of Member States at the central level tends to increase political participation and the protection of individual rights. However, this is likely to counteract both allocative efficiency and the efficiency of central government policy making. Restricted representation of lower-tier governments may lower

[55] For example BRETON AND SCOTT (1978) have proposed a theory of assignment of state powers based on transaction or organizational costs (see also BRETON (1998); INMAN AND RUBINFELD (1997b)). The transaction costs of government are assumed to depend on the degree of centralization (representation of low-tier governments at central level) and on the assignment of powers to the levels of government. The transaction costs of policy in a federation are assumed to be of four different types, and all depend on the assignment of responsibilities and the representation of the Member States at central level: relevation (or signaling) costs, decision (or coordination) costs, monitoring (or administration) costs, and moving costs. These costs add up to the total transaction costs of government; minimization of the sum of the costs will lead to an equilibrium assignment of powers (for a graphic evaluation see INMAN AND RUBINFELD (1997b)). A major shortcoming of the transaction cost model of central government is the fact that the cost functions are very difficult to measure. Also, it has been criticized that whoever should perform the minimization exercise, for example a constitutional assembly, would have to be omniscient (BRETON 1998: 187f). However, such a procedure for assessing the costs involved with a certain policy assignment can still provide important (qualitative) insight into the consequences of constitutional assignment rules and interdependencies, even if the model cannot be expected to provide any quantitative results (OATES 1999: 1138).

transaction costs and thus increase political efficiency, but may not meet basic requirements concerning the participation of citizens in the political process.

A clear recommendation of a "best" federal constitution will not be possible. However, we have shown how the assignment of competences, combined with the representation of lower-tier governments, affects economic efficiency as well as other constitutional principles, and creates tradeoffs between them. Which combination of the constitutional values a federal society prefers remains to be answered in the political process[56].

4.5 One example: The "communitization" of the field of Justice and Home Affairs

One important current problem in the constitutional assignment of policy responsibility between the European Union and Member States is the Cooperation in the Fields of Justice and Home Affairs (CJHA), where the "communitization" of formerly intergovernmental policies is taking place[57]. Since Maastricht, the CJHA is in a continuous process of being transferred from the intergovernmental agenda to the field of Community responsibilities. This "communitization" of policies has further been pushed with the Treaty of Amsterdam. Intergovernmental cooperation (second and third pillar of the Union) can be described using the analytical model of the confederation, in which policy making is characterized by negotiations between lower level governments, and unanimous decisions. In contrast, the sphere of policies which has become subject to Community decision making (first pillar of the EU) comes closer to the analytical model of democratic federalism (federal state), according to which decisions are taken at the central level, while representatives of the lower-tier governments are in different ways involved in the decision making process. The CJHA concerns delicate matters of national sovereignty in fields of core competences traditionally assigned to state monopolies. Therefore, the evaluation of the impact of alternative policy assignments with respect to the tripartite system of constitutional principles set out above can be a more adequate analytical framework than a purely efficiency-based analysis. For example, in the field of border controls or the cooperation in immigration matters, very significant Union-wide spillovers are present (due to the free movement of persons within the EU). This would propose a strong efficiency-based argument in favor of cooperation. However, a concern for the protection of individual rights as well as political participation in decisions concerning

[56] For analytical simplification the analysis has focused on two-level systems of government. For a more realistic account of the problems the view needs to be extended to a multi-level system of governments. This would include not only the Member State and Union levels of government, but regional governments and local communities cannot be neglected. Many of the theoretical results can be expected to apply also to the assignment of responsibilities and interaction between other levels of government than just Member States and the European Union.

[57] Title VI of the Treaty on European Union (1997). The policies in the field of Justice and Home Affairs (CJHA) include asylum policy, controls at the Union's external frontiers, immigration policy, drug addiction, international fraud, judicial cooperation in both civil and criminal matters, customs cooperation, police cooperation and the exchange of information within the Europol office.

traditional core competences of the state might support the case for lower level assignment, or for at least maintaining the unanimity principle in decision making (confederate model)[58].

5. Summary and conclusion

This paper has shown what economic theory may contribute to the discussion of constitutional change for the European Union. First, we discussed how *Normative* Constitutional Economics may contribute to a rational discussion of goals for European Union constitutional rules, and tradeoffs between these goals. Second, we have shown how insights from *Positive* Constitutional Economics provide information about the impact of alternative Constitutional rules (institutional arrangements) in a federal constitution. Such a positive analysis is an important step before – normative – recommendations for constitutional reform can be given. Using this analytical framework of Constitutional Economics we have discussed the vertical constitutional assignment of competences between Member States and the European Union. This has been done by analyzing the impact of two stylized models of a federal system, the confederation as opposed to a federal state, on constitutional principles. We have briefly shown how the findings can be applied to open constitutional questions in the European Union, such as the "communitization" of policies in Justice and Home Affairs.

European constitutional decisions are neither planned in an "optimal" way "from above", nor taken by unanimous *consent* of all individuals involved, as required by the hypothetical criterion of Normative Constitutional Economics. Therefore, findings from Positive Constitutional Economics can provide important information for decisions makers and analysts and help to identify constitutional rules for which *consensus* is likely to be reached.

References

Alexy, R. (1994), Theorie der Grundrechte. 2. Aufl., Frankfurt am Main.

Apolte, T. (1999), Die ökonomische Konstitution eines föderalen Systems, Tübingen.

Bohnet-Joschko, S. (1996), Leviathan Europa? Föderalistische und institutionelle Aspekte der Staatswerdung Europas. Marburg.

Brennan, G., and J.M. Buchanan (1985), The Reason of Rules. Constitutional Political Economy, Cambridge.

Breton, A. (1998), Competitive Governments. An Economic Theory of Politics and Public Finance. Cambridge.

Breton, A., and A. Scott (1978), The Economic Constitution of Federal States. Toronto.

[58] Another field of recent efforts towards further "communitization" for which a Constitutional Economics framework may be relevant is the question of the protection of human rights on the European Union level. It is often argued that a EU catalogue of human rights (such as the EU Convention on Human Rights) is a precondition for the EU to become a Political Union with common values and a constitutional system as known from national constitutions. However, efforts of incorporating a catalogue of human rights in the EU-Treaties are in danger of remaining just declarations without enforcing mechanisms. The question on which level of government human rights should be protected is another field on which the economic framework presented above can be applied, and where potential limits of economic theory become evident.

Buchanan, J.M. (1965), An Economic Theory of Clubs. Economica 32: 1-14.

Buchanan, J.M. (1991a), The Economics and Ethics of Constitutional Order. Michigan.

Buchanan, J.M. (1991b), Möglichkeiten für eine europäische Verfassung: eine amerikanische Sicht. ORDO Jahrbuch für die Ordnung von Wirtschaft und Gesellschaft 42: 127-137.

Buchanan, J.M., and G. Tullock (1962), The Calculus of Consent. Logical Foundations of Constitutional Democracy. Ann Arbor.

Coase, R. (1960), The Problem of Social Cost. Journal of Law and Economics 3: 1-44.

Cooter, R.D. (1982), The Cost of Coase. Journal of Legal Studies 11: 1-33.

Cooter, R.D. (2000), The Strategic Constitution. Princeton.

Cooter, R.D., and J. Drexl (1994), The Logic of Power in the Emerging European Constitution: Game Theory and the Division of Powers. International Review of Law and Economics 14: 307-326.

Cooter, R.D., and T. Ginsburg (1997), Comparative Judicial Discretion: An Empirical Test of Economic Models. In: Constitutional Law and Economics of the European Union, edited by Schmidtchen, D. and R.D. Cooter. Cheltenham: 108-131.

Eichenberger, R. (1998), Der Zentralisierung Zähmung. Die Föderalismusdiskussion aus politisch-ökonomischer Perspektive. In: Öffentliches Recht als Gegenstand ökonomischer Forschung, edited by C. Engel and M. Morlok. Tübingen: 157-171.

Elster, J. (1994), Die Schaffung von Verfassungen: Analyse der allgemeinen Grundlagen. In: Zum Begriff der Verfassung, edited by U.K. Preuß. Frankfurt/M.: 37-57.

Frey, B.S. (1994), Direct Democracy: Politico-Economic Lessons from Swiss Experience. American Economic Review 84(2): 338-348.

Frey, B.S. (1996a), A Directly Democratic and Federal Europe. Constitutional Political Economy 7: 267-279.

Frey, B.S. (1996b), To Harmonize or to Compete? That's not the Question. Journal of Public Economics 60: 335-349.

Frey, B.S. (1997), A Constitution for Knaves Crowds Out Civic Virtues. Economic Journal 107: 1043-1053.

Frey, B.S., and R. Eichenberger (1995), FOCJ: Creating a Single European Market for Governments. In: Constitutional Law and Economics of the European Union, edited by D. Schmidtchen and R. D. Cooter: 195-222.

Gerken, L. (1995), Vertikale Kompetenzverteilung in Wirtschaftsgemeinschaften - Bestimmungsgründe und Probleme. In: Europa zwischen Ordnungswettbewerb und Harmonisierung, edited by L. Gerken. Berlin et al.: 3-33.

Grimm, D. (1995), Braucht Europa eine Verfassung? In: Informationsgesellschaft und Rechtskultur in Europa, edited by M.-T. Tinnefeld, L. Philipps and S. Heil. Baden-Baden: 211-230.

Hirschman, A.O. (1970), Exit, Voice, and Loyalty. Responses to Decline in Firms, Organizations, and States. Cambridge (Mass.).

Inman, R.P., and D.L. Rubinfeld (1994), The EMU and Fiscal Policy in the New European Community: An Issue for Economic Federalism. International Review of Law and Economics 14: 147-161.

Inman, R.P., and D.L. Rubinfeld (1997a), Making Sense of the Antitrust State-Action Doctrine: Balancing Political Participation and Economic Efficiency in Regulatory Federalism. Texas Law Review 75(6): 1203-1299.

Inman, R.P., and D.L. Rubinfeld (1997b), The Political Economy of Federalism. In: Perspectives on Public Choice, edited by D. C. Mueller. Cambridge: 73-105.

Inman, R.P., and D.L. Rubinfeld (1997c), Rethinking Federalism. Journal of Economic Perspectives 11(4): 43-64.

Kirchgässner, G. (1994), Constitutional Economics and Its Relevance for the Evolution of Rules. KYKLOS 47(3): 321-339.

Kirchner, Ch. (1997), Competence Catalogues and the Principle of Subsidiarity in a European Constitution. Constitutional Political Economy 8(1): 71-87.

Kirchner, Ch. (1998), Das Öffentliche Recht als ein Gegenstand ökonomischer Forschung - die Begegnung der deutschen Staatsrechtslehre mit der Konstitutionellen Politischen Ökonomie. Konferenzergebnisse. In: Öffentliches Recht als Gegenstand ökonomischer Forschung, edited by C. Engel and M. Morlok. Tübingen: 315-326.

Leschke, M. (1996), Zur institutionellen Ausgestaltung der Europäischen Union. In: Europa reformieren. Ökonomen und Juristen zur zukünftigen Verfaßtheit Europas, edited by M. E. Streit and S. Voigt. Baden-Baden: 100-112.

Mueller, D.C. (1996), Constitutional Democracy. Oxford.

Mueller, D.C. (1997a), Constitutional Public Choice. In: Perspectives on Public Choice, edited by D. C. Mueller. Cambridge: 124-146.

Mueller, D.C. (1997b), Federalism and the European Union: A Constitutional Perspective. Public Choice 90: 255-280.

North, D.C. (1991), Institutions. Journal of Economic Perspectives 5(1): 97-112.

Oates, W.E. (1972), Fiscal Federalism. New York.

Oates, W.E. (1999), An Essay on Fiscal Federalism. Journal of Economic Literature 37(3): 1120-1149.

Olson, M. (1969), The Principle of "Fiscal Equivalence": The Division of Responsibilities Among Different Levels of Government. American Economic Review 59(2): 479-487.

Pies, I. (1996a), Public Choice versus Constitutional Economics: A Methodological Interpretation of the Buchanan Research Program. Constitutional Political Economy 7: 21-34.

Pies, I. (1996b), Vertrag oder Verfassung? - Institutionenökonomische Perspektiven für die Europäische Union. In: Europa reformieren. Ökonomen und Juristen zur zukünftigen Verfaßtheit Europas, edited by M. E. Streit and S. Voigt. Baden-Baden: 32-47.

Rawls, J. (1971), A Theory of Justice. Oxford.

Schmidtchen, D., and R.D. Cooter, eds. (1997), Constitutional Law and Economics of the European Union. Cheltenham.

Sen, A. (1982), Choice, Welfare and Measurement. Harvard.

Siebert, H., and M.J. Koop (1993), Institutional Competition versus Centralization: Quo Vadis Europe? Oxford Review of Economic Policy 9: 15-30.

Sinn, H.-W. (1990), Die Grenzen des Systemwettbewerbs. Münchner Wirtschaftswissenschaftliche Beiträge 90/06.

Sinn, H.-W. (1997), The Selection Principle and Market Failure in Systems Competition. Journal of Public Economics 66: 247-274.

Streit, M.E. (1996), Systemwettbewerb und Harmonisierung im europäischen Integrationsprozess. In: Entstehung und Wettbewerb von Systemen. Schriften des Vereins für Socialpolitik, n.F. vol. 246, edited by D. Cassel. Berlin: 223-244.

Streit, M.E., and W. Mussler (1995), Wettbewerb der Systeme und das Binnenmarktprogramm der Europäischen Union. In: Europa zwischen Ordnungswettbewerb und Harmonisierung: Europäische Ordnungspolitik im Zeichen der Subsidiarität, (ed.) L. Gerken. Berlin: 75-107.

Streit, M.E., and S. Voigt, eds. (1996), Europa reformieren. Ökonomen und Juristen zur zukünftigen Verfaßtheit Europas. Baden-Baden.

Tibout, Ch.M.(1956), A Pure Theory of Local Expenditures.Journal of Political Economy64: 416-424.

Tirole, J. (1994), The Internal Organization of Government. Oxford Economic Papers 46: 1-29.

Vaubel, R. (1996a), The Constitutional Future of the European Union. Constitutional Political Economy 7: 317-324.

Vaubel, R. (1996b), Constitutional Safeguards Against Centralization in Federal States: An International Cross-Section Analysis. Constitutional Political Economy 7: 70-102.

Vibert, F. (1995), Europe: A Constitution for the Millenium. Aldershot.

Voigt, S. (1994), European Political Union - An Appropriate for Applying Constitutional Economics to Real-Life Problems? A Note on an Article by James M. Buchanan. ORDO Jahrbuch für die Ordnung von Wirtschaft und Gesellschaft 45: 273-286.

Voigt, S. (1996), Pure Eclecticism - The Tool Kit of the Constitutional Economist. Constitutional Political Economy 7(3): 177-196.

Voigt, S. (1997), Positive Constitutional Economics: A Survey. Public Choice 90(90): 11-53.

Voigt, S. (1998), Das Forschungsprogramm der Positiven Konstitutionenökonomik. In: Konstitutionelle Politische Ökonomie. Sind unsere gesellschaftlichen Regelsysteme in Form und guter Verfassung?, edited by G. Grötzinger and S. Panther. Marburg: 279-319.

Voigt, S. (1999), Explaining Constitutional Change. A Positive Economics Approach. Cheltenham.

Voigt, S. (2001), What Constitution for Europe? The Constitutional Question From the Point of View of (Positive Constitutional) Economics. In: Welche Verfassung für Europa? Erstes interdisziplinäres "Schwarzkopf-Kolooquium" zur Verfassungsdebatte in der Europäischen Union, edited by Th. Bruha, J.J. Hesse, and C. Nowak, Baden-Baden.

Wechsler, B. (1995), Der Europäische Gerichtshof in der EG-Verfassungswerdung. Baden-Baden.

Weiler, J.H.H. (1999), The Constitution of Europe. "Do the new clothes have an emperor?" and Other Essays on European Integration. Cambridge.

Weingast, Barry (1995), The Economic Role of Political Institutions: Market-Preserving Federalism and Economic Development. Journal of Law, Economics, and Organization 11: 1-31.

Zum Wandel der Kriterien europäischer Entscheidungsfindung: Vom Binnenmarkt zur politischen Union

Daniel Thym

1. Einleitung

Nachfolgende Überlegungen zur ökonomischen Analyse der Europäischen Verfassung zeichnen in einem ersten Schritt die Entscheidungsstrukturen der Europäischen Union nach und leiten hieraus einen Wandel der maßgeblichen Kriterien europäischer Entscheidungsfindung ab. Die festgestellten Unterschiede zwischen der technisch-bürokratischen Regelungsstruktur des Binnenmarkts und der Demokratie der politischen Union sind ein wichtiger Faktor bei einer positiven ökonomischen Analyse einzelner Entscheidungsfindungsprozesse (2). In einem zweiten Schritt sollen die Eckpfeiler einer europäischen Verfassungstheorie vorgestellt werden. Der Vergleich mit klassischen staatlichen Verfassungen wird zu dem Ergebnis führen, dass eine normative ökonomische Analyse nach den Maßstäben der Verfassungsökonomik auf die Europäische Union dieselben Kriterien anwenden kann wie auf der Ebene des Nationalstaats. Dies gilt etwa für die Frage der Kompetenzabgrenzung, welche den gegenwärtigen europäischen Verfassungsdiskurs maßgeblich prägt (3).

Angesichts des begrenzten Umfangs muss sich die Untersuchung auf „Aspekte" einer ökonomischen Analyse der Europäischen Verfassung beschränken. Eine umfassende Betrachtung soll und kann in diesem Rahmen nicht erfolgen. Die Überlegungen werden sich im Folgenden auf diejenigen Aspekte konzentrieren, welche einen Brückenschlag zwischen der (Verfassungs-)Rechtswissenschaft und der ökonomischen Analyse erlauben. Die Darlegungen sollen insbesondere denjenigen Ökonomen, welche sich näher mit der ökonomischen Analyse europäischen Rechts befassen, als Hilfestellung dienen, Rechtsnatur und Regelungsgehalt europäischer Verfassungsstrukturen zu dienen. Hierauf können speziellere Untersuchungen zu Einzelaspekten der europäischen Integration aufbauen.

2. Positive ökonomische Analyse: zum Wandel der Kriterien europäischer Entscheidungsfindung

In diesem Abschnitt soll der Frage nachgegangen werden, an welchen Kriterien sich europäische Entscheidungsfindung ausrichtet. Hierbei wird ein grundlegender Wandel deutlich werden: Anders als in der Verwaltung des Binnenmarkts, dessen institutionelle Struktur eine Ausrichtung der Rechtssetzung und -Anwendung an technisch-bürokratischer Fachexpertise begünstigte und dadurch dem Kriterium ökonomischer Effizienz eine herausgehobene Bedeutung zuwies (2.1), bewirkt die entstehende politische Union eine zunehmende Ausrichtung europäischer Entscheidungsfindung an politischen Kriterien, die über das Kriterium ökonomischer Effizienz hinaus gehen (2.2).

2.1. Die technisch-bürokratische Regelungsstruktur des Binnenmarkts

Der technisch-bürokratische Regelungsstruktur des Binnenmarkts soll sich nach der Darstellung seiner Entwicklungsstufen (2.1.1) auf die Verfahren der Entscheidungsfindung und der jeweiligen Rolle der Organe konzentrieren (2.1.2). Abschließend soll anhand zweier Beispiele ein konkreter Einblick in die Rolle der ökonomischen Analyse bei der Rechtssetzung und Rechtsanwendung auf europäischer Ebene geboten werden (2.1.3). Hierbei wird der grundlegende Befund bestätigt werden, dass die Regelungsstruktur des Binnenmarkts eine Ausrichtung der Entscheidungsfindung am Kriterium ökonomischer Effizienz begünstigt.

2.1.1. Entwicklung

Die Entwicklung des Binnenmarkts kann man in vier Phasen unterteilen. Ein Rückblick ist dabei keineswegs bloße Geschichtsschreibung, sondern erlaubt durch die Betrachtung der jeweils tonangebenden Akteure eine erste Annäherung an die Analyse der Entscheidungsstrukturen der Europäischen Union. In der ersten Phase bis zur Verwirklichung des Gemeinsamen Markts 1968 bestimmte eine politische Interpretation der Verträge die Verfassungswirklichkeit der sich erst im Aufbau befindlichen Rechtsgemeinschaft.

Dies entsprach der üblichen Praxis internationaler Beziehungen und wird am besten verdeutlicht durch die *de Gaullesche* Politik des leeren Stuhls gegen den Übergang zu Mehrheitsentscheidungen oder die Beschleunigungsbeschlüsse des Jahres 1968, in denen die rechtlich auf 12 Jahre fest gelegte Übergangsphase für die Herstellung des Gemeinsamen Marktes verkürzt wurde[1]. Eine politisch motivierte Auslegung der Verträge sicherte eine vorherrschende Stellung des Rates und damit der Regierungen der Mitgliedstaaten im institutionellen Gefüge der Gemeinschaft und wirkt in der zweiten und dritten Säule der Europäischen Union bis heute fort[2]. Eine positive ökonomische Analyse dieser Entscheidungsstrukturen wird zu ähnlichen Ergebnissen kommen wie aktuelle Analysen zur Entscheidungsfindung im Völkerrecht[3].

Nach der Herstellung des Gemeinsamen Markts stagnierte die politische Entwicklung des Binnenmarkts während der wirtschaftlichen Schwierigkeiten der 70er-Jahre. Wichtige Integrationsschritte wurden in dieser zweiten Phase der Entwicklung des Binnenmarkts nicht durch das politische Organ Rat auf Initiative der Kommission, sondern durch die Rechtsprechung des Europäischen Gerichtshofs auf den Weg gebracht. In einer Reihe zentraler Entscheidun-

---

1 Vgl. die Beschleunigungsbeschlüsse der „im Rat vereinigten Vertreter der Regierungen der Mitgliedstaaten" vom 12.5.1960 (ABl. 1960, 1217) und vom 15.5.1962 (ABl. 1962, 1284) sowie die letztliche Ratsentscheidung vom 26.7.1966 (ABl. 1966, 2971).

2 Gemeinsame Außen- und Sicherheitspolitik nach Art. 11ff. EUV sowie polizeiliche und justitielle Zusammenarbeit in Strafsachen nach Art. 29ff. EUV.

3 Vgl. etwa die neueren Analysen von VAN DER GEEST (1998: 99-115); PETERSMANN (1998: 25-48).

gen vom Urteil *van Gend & Loos*[4] bis hin zur weiten Auslegung der Warenverkehrsfreiheit in der Entscheidung *Cassis de Dijon*[5] (um nur die wohl bedeutendsten Urteile des Gerichtshofs zu nennen) entwickelte der Gerichtshof das Gemeinschaftsrecht im Sinne einer tieferen Integration[6] und erschloss hierdurch immer neue Sachbereiche einer gemeinschaftsrechtlichen Regelung. Die Idee der Europäischen Gemeinschaft als „Rechtsgemeinschaft“ (HALLSTEIN (1969: 48) findet hierin eine besondere Ausprägung.

Die Bedeutung des Gerichtshofs in der Entwicklung der Europäischen Gemeinschaft ist jedoch nicht nur wegen seiner Folgen für den Integrationsfortschritt von Interesse. Gerade auch im Hinblick auf eine ökonomische Analyse der Europäischen Verfassung verdient ein Verfahrensaspekt nähere Betrachtung. Nachdem der Gerichtshof in *van Gend & Loos* die unmittelbare Anwendbarkeit des Gemeinschaftsrechts zugunsten der Bürger entschieden hatte, bot sich Wirtschaftsteilnehmern, welche sich durch eine staatliche Maßnahme in ihrer Entfaltungsmöglichkeit beschränkt fühlten, eine neue Möglichkeit, ihre Interessen zu vertreten. Über nationale Gericht in Verbindung mit dem Vorabentscheidungsverfahren nach dem heutigen Art. 234 EGV befassten sie den Europäischen Gerichtshof mit der Frage. Dieser wurde auf diesem Wege mit immer neuen Sachverhaltskonstellationen konfrontiert[7] und leistete seinen Beitrag zur Herstellung des Binnenmarkts.

Es waren somit individuelle Wirtschaftsteilnehmer[8] und nicht nur nationale Regierungen, welche über den Europäischen Gerichtshof die Entwicklung des Binnenmarkts seit den 70er-Jahren bis heute voran trieben. Die Rolle des Gerichtshof ist in dieser Hinsicht aus politischer, rechtlicher und ökonomischer Perspektive vielfach untersucht worden. Eine positive ökonomische Analyse kann hierbei auf Untersuchungen von *Poiares Maduro* und *Reich* aufbauen, die in den vergangenen Jahren zu diesem Thema erstellt wurden[9].

Nach der politischen Stagnation der 70er-Jahre erlebte der Gemeinsame Markt mit der Einheitlichen Europäischen Akte[10] und dem Binnenmarktprogramm unter Kommissionspräsident

---

[4] EuGHE 1963, 5 – *van Gend & Loos* zur unmittelbaren Anwendung des Gemeinschaftsrechts.

[5] EuGHE 1979, 662 – *Cassis de Dijon.*

[6] Nach den Worten eines ehemaligen Richters ist die integrationsfreundliche Auslegung „a genetic code transmitted to the Court of Justice by the founding fathers“, vgl. MANCINI/KEELING (1994: 175ff.). Die Rechtsprechung der 90er-Jahre und insbesondere die aktuelle Entscheidung zur Tabakwerberichtlinie vom 5.10.2000 (Rs. C-376/98; noch nicht amtlich veröffentlicht) lassen einen Bewusstseinswandel der Richter hin zu einer neutraleren Wächterrolle erkennen.

[7] Erwähnt sei exemplarisch der Sachverhalt, welcher der Entscheidung *Cassis de Dijon* (Fn. 5) zu Grunde lag: Die Bundesrepublik untersagte einem französischen Likörfabrikanten den Vertrieb von *Cassis de Dijon* als Likör in der Bundesrepublik, weil Likör nach deutschem Recht mehr Alkohol enthalten musste als in Frankreich.

[8] In den 70er-Jahren war das Recht der EWG weitaus weniger umfassend als heute und regelte vor allem wirtschaftliche Aspekte, so dass seinerzeit vor allem Wirtschaftsteilnehmer klagten. Dies änderte sich seither, vgl. allgemein 2.2.

[9] Die folgenden Publikationen beschäftigen sich alle mit dem heutigen Art. 28 EGV als der zentralen Norm der europäischen Wirtschaftsverfassung: POIARES MADURO (1998); REICH (1999); NEERGAARD (1999).

[10] Welche u.a. im heutigen Art. 95 EGV die qualifizierte Mehrheitsentscheidung auf weite Aspekte der Rechtsangleichung zur Verwirklichung des Binnenmarkts ausdehnte. Es ist dies die verfassungsrechtliche Voraussetzung für die im Folgenden erwähnte umfassende Rechtssetzungstätigkeit der Gemeinschaft. Eine Ausdeh-

Delors einen politischen Bedeutungsgewinn, der in ein umfassendes Harmonisierungsprogramm mündete. Dies, in der öffentlichen Debatte oft verschmähte „Europa der Gleichmacher", war ein aus der Sicht der Wirtschaft hilfreicher Schritt, um faktische Handelshemmnisse durch unterschiedliche nationale Regulierungen zu überwinden – auch wenn eine ökonomische Analyse manche Harmonisierungsmaßnahme als effizienzschädlich erweisen sollte. Auf das Beispiel der Gesetzgebung zum öffentlichen Auftragswesen und die Entscheidungsprozesse mit der zentralen Rolle der Kommission wird später näher eingegangen werden (2.1.3).

Seine „Vollendung" erlebte der Binnenmarkt durch die Entscheidung für die Wirtschafts- und Währungsunion im Vertrag von Maastricht, welche durch die Einführung des Euro am 1. Januar 1999 umgesetzt wurde. Von allen rechtlichen, politischen und ökonomischen Aspekten, auf die in diesem Zusammenhang hingewiesen werden könnte, sei hier nur einer hervor gehoben, der für eine ökonomische Analyse der Europäischen Verfassung (und hierbei insbesondere die Komponente des Binnenmarkts) von Bedeutung ist. In Form der vermeintlich objektiven Konvergenzkriterien des heutigen Art. 121 I EGV richtete sich die Zugehörigkeit zum Kreis der Euro-Gruppe nach messbaren makroökonomischen Kriterien (Preisstabilität, Defizit der öffentlichen Hand, Wechselkurs- und Zinsentwicklung). Man kann im Rahmen einer volkswirtschaftlichen Analyse der Konvergenzkriterien über ihren ökonomischen Sinn[11] bzw. Unsinn[12] streiten; ihr Anspruch an Objektivität zeigt jedoch, dass die Währungsunion der unpolitischen, technisch-bürokratischen Logik der Binnenmarktintegration folgt, welche bereits das Binnenmarktprogramm prägte. In der von politischen Einflussnahmen unabhängigen Europäischen Zentralbank hat diese Idee eine dauerhafte institutionelle Verkörperung gefunden, die sich in die institutionellen Entscheidungsstrukturen des Binnenmarkts einfügt, auf die im Folgenden näher eingegangen werden wird.

2.1.2. Entscheidungsfindung

Nach der jeweiligen politischen Weichenstellungen für die Verwirklichung einer neuen Stufe des Binnenmarkts, folgte die Verwirklichung des neuen Integrationsschritts in der Regel einem einheitlichen Muster: Der Rat beschloss die jeweils erforderlichen Rechsetzungsakte auf Initiative der Kommission mit qualifizierter Mehrheit[13]. Als Inhaberin des Initiativmonopols

---

nung der qualifizierten Mehrheitsentscheidung auf die seinerzeit ausgesparten Bereiche Sozial- und Steuerpolitik ist zuletzt im Vertrag von Nizza wiederum gescheitert.

[11] In diesem Sinn etwa LOUIS (1998: 33); HERDEGEN (1998: 9ff.).

[12] Ob diese Kriterien aus volkswirtschaftlicher Sicht die richtigen sind, wurde von Bundesbankpräsident *Welteke* im Hinblick auf die anstehende Osterweiterung bezweifelt, vgl. BARBER, New Euro-Zone Members May Face Stiff Tests, Financial Times vom 27.11.2000, S. 7. Bezeichnend ist auch, dass die britische Regierung die Aufgabe ihrer politischen Opting-out-Klausel nach dem Protokoll über einige Bestimmungen betreffend das Vereinigte Königreich (1992) an fünf eigene wirtschaftliche Kriterien knüpft, die von den Konvergenzkriterien des Maastrichter Vertrags abweichen. vgl. die Euro-Homepage der britischen Regierung unter: http://www.euro.gov.uk.

[13] Vgl. etwa, in der heutigen Nummerierung, Art. 26 (Zollunion), 37 II (Agrarpolitik), 95 I (Rechtsangleichung) EGV.

kam und kommt der Kommission dabei eine besondere Bedeutung und Verantwortung für den Inhalt der jeweiligen Rechtsakte zu. Die Kommission wird dabei nicht als „Europäische Regierung" begriffen, die wesentliche politische Entscheidungen trifft – diese Rolle obliegt dem Rat (gemeinsam mit dem Parlament) als letztlichem Entscheidungsorgan. Die Kommission ist vielmehr eine „Hohe Behörde"[14], eine supranationale Ministerialbürokratie, welche in ihrem Beamtenapparat Fachwissen und Fähigkeiten zur Ausarbeitung neuer Rechtsakte und zur Überwachung ihrer Durchführung[15] vereint.

Diese Funktion und Sicht der Kommission als technisch-bürokratisches Verwaltungsorgan des Binnenmarkts kann hervorragend am Beispiel der sogenannten Komitologie erläutert werden. Im Bereich der Agrarpolitik trat – wie später auch in anderen Bereichen des Binnenmarkts – erstmals das Problem auf, dass ein großer Teil der notwendigen Rechtsetzungsakte technische Details einzelner Marktordnungen betraf, die sinnvoll nicht vom politischen Organ Rat beschlossen werden. So wurde der Kommission eine Befugnis zur Durchführungsgesetzgebung übertragen, in der die Mitgliedstaaten in Form eines meist mit Experten besetzten Ausschusses jedoch ein Mitspracherecht behielten[16]. Auf diese Weise entstanden zwischen 400 und 1.000 Ausschüsse[17], zu denen auch der Veterinärausschuss gehört, der während der BSE-Krise zweifelhafte Berühmtheit erlangte. Da die Kommission in den meisten Fällen den Ansichten der Experten folgte und ansonsten aufgrund ihrer eigenen Expertise entschied, entstand eine wahrhafte „Regierung der Experten", eine technisch-bürokratische Verwaltung des Binnenmarkts.

Ein weiteres Beispiel für die technisch-bürokratische Verwaltung des Binnenmarkts, auf dessen Relevanz für eine ökonomische Analyse der Europäischen Verfassung gleich hinzuweisen sein wird, ist die Ausbreitung unabhängiger Agenturen[18]. Als Experteneinrichtungen

---

[14] So ihre ehemalige Bezeichnung in der Montanunion vor dem Fusionsvertrag.

[15] Der nicht primär politische Charakter der Kommission wird durch ihre Wächterrolle bei der Vertragsdurchführung unterstrichen. Nur einer technisch-bürokratischen Verwaltungsbehörde, nicht einer Regierung, wird man die Zuständigkeit übertragen, gegen Vertragsverletzungen der Mitgliedstaaten vorzugehen (Art. 226 EGV).

[16] Vgl. allgemein nunmehr Art. 202 Sps. 3 EGV: „... überträgt der Rat der Kommission in den von ihm angenommenen Rechtsakten die Befugnisse zur Durchführung der Vorschriften, die er erlässt. Der Rat kann bestimmte Modalitäten für die Ausübung dieser Befugnisse festlegen. Er kann sich in spezifischen Fällen außerdem vorbehalten, Durchführungsbefugnisse selbst auszuüben. Die obengenannten Modalitäten müssen den Grundsätzen und Regeln entsprechen, die der Rat auf Vorschlag der Kommission und nach Stellungnahme des Europäischen Parlaments vorher einstimmig festgelegt hat". Die verschiedenen Verfahrensarten wurden 1999 neu gefasst und dabei insbesondere die Rechte des Europäischen Parlaments aufgewertet, vgl. Entscheidung 468/99/EG des Rates vom 28.6.1999 (ABl. 1999 L 184, 23). Allgemein hierzu VOS (1997); JOERGES/VOS (1999); ANDENAS/TÜRK (2000).

[17] Die Zahlen variieren (1) wegen bislang fehlender Transparenz, die unter Art. 7 des neuen Komitologiebeschlusses (Fn. 16) jedoch hergestellt werden soll (vergleiche vorbildlich die Homepage der schwedischen Ratspräsidentschaft im ersten Halbjahr 2001 unter www.eu2001.se) und (2) wegen Unklarheiten, ob man bestimmte „Unterausschüsse" als eigene Ausschüsse zählen soll oder nicht. Allg. zu den Zahlen VOS (1997: 213).

[18] Die bekanntesten sind wohl die Europäische Umweltagentur in Kopenhagen, das Europäische Markenamt in Alicante, die europäische Agentur für die Beurteilung von Arzneimitteln in London, die europäische Stelle zur Beobachtung von Rassismus und Fremdenfeindlichkeit und Rassismus in Wien und das Europäische Zentrum für die Förderung der Berufausbildung in Saloniki (vormals Berlin).

bündeln sie Spezialwissen und haben teilweise auch eigene Entscheidungsbefugnisse[19]. Generalisierte Aussagen über Aufbau, Grad der Unabhängigkeit und Umfang der autonomen Entscheidungsbefugnisse lassen sich dabei kaum treffen, da sich die Rechtsstrukturen der verschiedenen Agenturen teilweise stark unterscheiden[20]. Gemeinsam ist ihnen jedoch der Gedanke, dass Entscheidungen im Bereich des Binnenmarkts jedenfalls teilweise nicht von politischen Organen sondern nach technisch-wissenschaftlichen Kriterien getroffen werden. Auch die unabhängige Europäische Zentralbank kann letztlich als Ausdruck einer solchen an technischen Kriterien ausgerichteten Entscheidungsfindung betrachtet werden.

Welche Schlussfolgerung kann aus den vorstehenden dargelegten Erkenntnissen für eine ökonomische Analyse der Europäischen Verfassung gezogen werden? Meines Erachtens folgende: Unabhängig davon, wie man eine einzelne Entscheidung bewertet (hierzu näher im folgenden Abschnitt), folgt die institutionelle Logik der Binnenmarktintegration der Idee, dass Entscheidungen aufgrund einer in der Kommission, den Komitologie-Ausschüssen und den unabhängigen Agenturen angesammelten bürokratischen Fachexpertise getroffen werden. Der Entscheidungsfindungsprozess im Binnenmarkt ist so als ein vermeintlich unpolitischer Vorgang konzipiert, der bei der Gestaltung neuer Rechtsakte der technisch-bürokratischen Analyse eine hohe Priorität einräumt. Angesichts des wirtschaftlichen Regelungsgegenstands des Binnenmarkts werden die Kriterien der bürokratischen Expertise dabei regelmäßig ökonomische sein. Die technisch-bürokratische Entscheidungsstruktur begünstigt somit Ausrichtung der Entscheidungsfindung an Kriterien ökonomischer Effizienz.

2.1.3. Insbesondere: Recht des öffentlichen Auftragswesens und Wettbewerbsrecht

Vorstehende These soll anhand zweier Beispiele illustriert (und relativiert) werden. Das erste entstammt dem Bereich der mittelbaren Gemeinschaftsverwaltung, in denen die Gemeinschaft nur das Recht vorgibt, die Vollziehung jedoch den Mitgliedstaaten überlässt; hier das Beispiel öffentliches Auftragswesen. Das zweite Beispiel entstammt dem wohl wichtigsten Bereich der direkten Gemeinschaftsverwaltung, dem von der Kommission direkt angewandten europäischen Wettbewerbsrecht.

Das europäische Recht zum öffentlichen Auftragswesen ist wegen des Anteils öffentlicher Aufträge am Bruttoinlandsprodukt der Gemeinschaft (ca. 14 %) ein wichtiger Baustein für die Verwirklichung des Binnenmarkts[21]. Die Kommission beschloss Ende der 90er-Jahre das bis-

---

[19] Eine Übertragung von eigenen Entscheidungsbefugnissen auf die neu einzurichtende Europäische Agentur für Lebensmittelsicherheit in Parma (eine der europäischen Verwaltungsreformschritte in Aufarbeitung der BSE-Krise) verweigerte das Europäische Parlament. Es ist dies ein Beispiel für die Begrenzung technisch-bürokratischer Entscheidungsfindung im Rahmen der politischen Union.

[20] Vgl. allgemein MAJONE (1994); CHITI (2000); EVERSON (1995).

[21] Nationale Behörden tendieren dazu, nationale Bieter gegenüber solchen aus anderen Mitgliedstaaten trotz des teilweise höheren Preises vorzuziehen, um entgegen der abstrakten Idee einer gemeinschaftsweiten Allokationseffizienz regionale Wirtschaftsförderung zu betreiben. Die bestehende europäische Gesetzgebung hat nach Untersuchungen der Kommission den Anteil grenzüberschreitender Auftragsvergaben freilich nicht wesentlich erhöhen können.

herige Gesetzgebungspaket[22] an aktuelle Entwicklungen anzupassen und betrachtete dies anfangs als eine Routineübung, die zu keinen wesentlichen Änderungen führen sollte. Erst die überraschend lebhafte Reaktion der auf europäischer Ebene organisierten Wirtschaftsteilnehmer, Regionen und Kommunen auf ein Grünbuch von 1996 führten zu einer umfassenden Überarbeitung der Änderungsvorschläge, die im Mai 2000 offiziell in das Gesetzgebungsverfahren eingebracht wurden[23]. Neben einer Anpassung an die Möglichkeiten moderner Kommunikationstechnologien, welche die Effizienz des Vergabeverfahrens erhöhen und damit die Verwaltungskosten senken sollen, werden auch die möglichen Verfahrensarten auf Druck der Industrie und einiger Verwaltungsbehörden so gestaltet, dass Rahmenverträge und ein gestuftes Vergabeverfahren eher möglich sind. Es besteht weitgehende Einigkeit, dass diese Reformen zu einem wirtschaftlich besseren Ergebnis beitragen werden[24].

Dies Beispiel ist nicht nur wegen der umfassenden ökonomischen Analyse von Interesse, welche den neuen Kommissionsvorschlägen zu Grunde liegen[25], sondern auch wegen der Bedeutung, die einzelne Wirtschaftsteilnehmer (zu denen in diesem Fall auch die nationalen Verwaltungsbehörden als potentielle Auftragsgeber gehören) im Verfahren ihrer Ausarbeitung spielten. Die Einbindung der potentiellen Adressaten des Gemeinschaftsrechts in das Verfahren seiner Ausarbeitung leistet einen wichtigen Beitrag, dass die technisch-bürokratischen Entscheidungen der Kommission nicht den Kontakt zur wirtschaftlichen Realität verlieren. Anders als im Rechtsschutzsystem[26] ist die Einbindung der Marktbürger in das Entscheidungssystem der Kommission in den europäischen Verträgen nicht direkt vorgesehen, wird in der Praxis jedoch weitgehend gewährleistet (HARLOW (1998)).

Das zweite Beispiel betrifft den wohl wichtigsten Bereich, in dem die Kommission Gemeinschaftsrecht direkt gegenüber Bürgern (Wirtschaftsteilnehmern) umsetzt: das europäische Wettbewerbsrecht. Es ist gleichzeitig auch derjenige Bereich, der am häufigsten und umfassendsten einer ökonomischen Analyse unterzogen wurde[27]. Da die zentralen Normen des europäischen Wettbewerbsrechts in den Verträgen selbst vorgesehen sind, betrifft die ökonomische Analyse im Kartellrecht nicht die Gestaltung neuer Rechtsnormen, sondern die Auslegung bestehender Vertragsbestimmungen durch Kommission und Gerichtshof. Letzterer hat die ökonomische Analyse als Auslegungsmethode ausdrücklich anerkannt[28].

---

22 Vgl. hierzu etwa NICOLAYSEN (1996: 224ff.).

23 S. die Mitteilung der Kommission unter www.europa.eu.int/comm/internal_market/de/publproc/general/2k-461.htm.

24 Vgl. insbesondere ARROWSMITH (1999) und WILLIAMS (1998).

25 Vgl. exemplarisch die umfassende Analyse in der Mitteilung der Kommission über politische Prioritäten, Kommission (Hrsg.), Das öffentliche Auftragswesen in der Europäischen Union, KOM (1998) 143.

26 Zur Bedeutung, welche einzelne Wirtschaftsteilnehmer für die Entwicklung der Rechtsprechung des Gerichtshofs hatten und haben oben 2.1.1.

27 Vgl. allgemein AMATO (1997); GELLHORN (1994); BISHOP/WALKER (1998); GERBER (1998); HILDEBRAND (1998); NICOLAIDES (2000).

28 Nach der Rechtsprechung des Gerichtshofs besitzt die Kommission dabei eine weite Einschätzungsprärogative in ökonomischen Fragen, die nur einer begrenzten rechtlichen Kontrolle durch den Gerichtshof unterliegen. Vgl. etwa den „Klassiker" EuGHE 1966, 299 – *Consten & Grundig*: „Besides, the exercise of the Commission's powers necessarily implies complex economic judgments. Judicial control of these judgments

Es soll und kann hier nicht umgehend auf einzelne Beispiele eingegangen werden. Die Literatur zur ökonomischen Analyse der wettbewerbsrechtlichen Praxis der Kommission und des Gerichtshofs sind umfassend[29]. Es sei daher nur auf die besondere Konstellation vertikaler Übereinkommen hingewiesen. Die ökonomische Theorie ist hier weitgehend der Auffassung, dass die Beschränkungen des europäischen Wettbewerbsrechts mit ökonomischen Kriterien nicht zu rechtfertigen sei[30]. Tatsächlich rechtfertigte der Gerichtshof die Einbeziehung vertikaler Übereinkommen in den Anwendungsbereich des heutigen Art. 81 EGV nicht mit ökonomischen Kriterien, sondern mit der Gefahr, dass private Firmen durch exklusive Vertriebsvereinbarungen die Grenzen wieder errichten könnten, die der EG-Vertrag durch die Verwirklichung der Zollunion gerade erst beseitigte[31]. Es dürfte dies wohl eines der wenigen Beispiele sein, in welchen die Binnenmarktintegration sich Kriterien einer ökonomischen Effizienz im Interesse der politischen Entscheidung für eine verstärkte wirtschaftliche Verflechtung Europas bewusst widersetzt.

Über 40 Jahre nach der Begründung der Europäischen Gemeinschaft[32] hat das Europarecht sich unter zustimmendem Beifall vieler Ökonomen mit einer neuen Gruppenfreistellung zuletzt jedoch faktisch aus diesem Bereich zurück gezogen[33]. Auch die geplante tiefgreifende Reform des Kartellverfahrens, welche durch eine unmittelbare Anwendbarkeit der individuellen Freistellungsklausel des Art. 81 III EGV Personalressourcen bei der Kommission für andere Sachbereiche frei stellen will und dabei die Anwendung der Norm in noch stärkerem Maße als bisher den Rechtsabteilungen der betroffenen Unternehmen und, im Streitfall, den Gerichten überträgt, fußt auf einer umfassenden ökonomischen Analyse[34].

2.1.4. Bewertung

Die Betrachtung der Entwicklung und der Entscheidungsfindung im Binnenmarkt hat deutlich gemacht, dass die institutionelle Logik der Binnenmarktintegration den Entscheidungsfindungsprozess als einen vermeintlich unpolitischen Vorgang konzipiert, der bei der Gestaltung neuer Rechtsakte und der Auslegung geltenden Rechts der technisch-bürokratischen Analyse eine hohe Priorität einräumt. Wegen des wirtschaftlichen Regelungsgegenstands des Binnen-

should respect that character by limiting itself to an examination of the materiality of the facts and legal descriptions which the Commission deduces there from."

29 Vgl. aus der neueren Literatur zu horizontalen Übereinkommen: CROCINI (1998) und LEHARES (1997). Zum Missbrauch einer marktbeherrschenden Stellung etwa KORAH (1993). Zur Fusionskontrollverordnung: RIDYARD (1994); VENIT (1998). Zu den Kriterien für die Höhe der Geldbußen WILS (1997).

30 Vgl. speziell zum Beispiel der Pharmaprodukte BOOER (1999).

31 EuGHE 1966, 299 – *Consten & Grundig*: „Finally, an agreement between producer and distributor which might tend to restore the national divisions in trade between Member States could be such as to thwart the most basic objects of the Community"

32 Und angesichts einer zu großen Arbeitslast durch die Bearbeitung der vielen Freistellungsaufträge, vgl. Fn. 34

33 Vgl. die neue Gruppenfreistellung für vertikale Übereinkommen: Verordnung 2790/99/EG (ABl. 1999 L 336, 21). Siehe hierzu die vorzügliche und umfassende Analyse der Verordnung von WHISH (2000); zum voraus gehenden Grünbuch BIRO/FLETCHER (1998).

34 Vgl. hierzu WILS (1999). Aus der umfangreichen Literatur zu den Reformvorschlägen seien nur MESTMÄCKER (1999) und RODGER/WYLIE (1997) erwähnt. Die Kommission hat am 27.9.2000 einen offiziellen Vorschlag für eine „neue Verordnung 17" vorgelegt, s. COM(2000) 582 final.

markts begünstigt dies eine zentrale Rolle ökonomischer Effizienz bei der Rechtssetzung und Rechtsanwendung – auch wenn das Maß, in dem die Kommission diese Idee umsetzt von Fall zu Fall variiert.

2.2. Die Demokratie der politischen Union

Die zunehmende Verflechtung der europäischen Volkswirtschaften und das Ziel eines möglichst vollständigen Binnenmarkts führten zu einer Erstreckung der Gemeinschaftstätigkeit auf Bereiche, die nur einen mittelbaren Bezug zum Wirtschaftrecht des Binnenmarkts im engeren Sinn haben. Es setzte sich hierbei die Auffassung durch, dass ein effektiver freier Warenverkehr eine Harmonisierung der Produkthaftung und anderer Aspekte des Verbraucherschutzes erfordere[35]. Gemeinsame Umweltstandards sollen einen Wettbewerb der EU-Mitgliedstaaten um Investitionen mit geringeren Umweltschutzvorschriften verhindern[36]. Demselben Zweck dient die gemeinsame Sozialpolitik, die vor allem im Bereich der Sicherheit am Arbeitsplatz und der Gleichbehandlung von Männern und Frauen im Berufs- und Wirtschaftsleben Gegenstand einer teils umfassenden gemeinschaftsrechtlichen Regelung ist[37].

Aus ökonomischer Sicht ist hierbei durchaus umstritten, inwieweit die Erleichterung des freien Warenverkehrs durch die Harmonisierung des Verbraucher- und Umweltschutzes sowie der Sozialpolitik einen Effizienzgewinn durch einen Wettbewerb der Systeme bzw. Jurisdiktionen überwiegt. Diese ökonomische Frage, der sich unter anderem *Streit* und *Mussler* umfassend widmeten[38], soll im Folgenden ebenso wenig näher untersucht werden wie die Frage, ob die Ausweitung des Binnenmarkts aus politikwissenschaftlicher Sicht eine automatische Folge der zuerst rein wirtschaftlichen Integration war, welche in neofunktionalistischer Sicht die politische Integration zwangsläufig zur Folge hatte, oder in welchem Umfang dieser sogenannte *spill over*-Effekt eines systemimmanenten Automatismus (zumindest auch) Folge notwendiger politischer Entscheidungen für neue Integrationsschritte war[39].

Für die nachfolgenden Überlegungen sei die empirische Feststellung ausreichend, dass verschiedene Vertragsänderungen seit der Einheitlichen Europäische Akte der Gemeinschaft neue Aufgabenfelder erschlossen, die im Ergebnis einen Übergang vom wirtschaftlichem Zweckverband zur politischen Union bedeuten (2.2.1). Eine Betrachtung der Entscheidungs-

[35] Die Richtlinie 374/85/EWG des Rates zur Produkthaftung vom 25.7.1985 (ABl. 1985 L 210, 29) war ein erster Meilenstein in der Entwicklung des europäischen Verbraucherschutzrechts. Vgl. zur Gemeinschaftskompetenz nunmehr Art. 153, 95 I, III EGV und allgemein NICOLAYSEN (1996: 109ff.).

[36] Vgl. zur Gemeinschaftskompetenz Art. 174ff., 95 I, III EGV. Zur ökonomischen Bewertung des europäischen Umweltrechts in der neueren Literatur etwa FAURÉ/LEFEVÈRE (1996).

[37] Die sich freilich auf Mindeststandrads beschränkt, vgl. Art. 95 V-X, 137 V EGV (ähnliche Klauseln enthalten Art. 176 EGV für die Umweltpolitik und Art. 153 IV EGV zum Verbraucherschutz).

[38] STREIT/MUSSLER (1995). Siehe auch KOOP/SIEBERT (1993); KOOP/SIEBERT (1993); PROSI (1991); SINN (1990); STREIT (1995).

[39] Vgl. insofern etwa die politischen Analysen von DE BÚRCA (1999: 61ff.) und JOERGES (1996). Die Entwicklung der WTO, in deren Rahmen die politische Integration der Umwelt- und Sozialpolitik der ökonomischen Integration allenfalls beschränkt zu folgen scheint, ist meines Erachtens ein empirisches Indiz dafür, dass ein *spill over* von der ökonomischen zur politischen Integration nicht zwingend ist.

strukturen der politischen Union wird den Unterschied zur technisch-bürokratischen Regelungsstruktur des Binnenmarkts verdeutlichen (2.2.2) und Rückwirkungen auf den Binnenmarkt aufzeigen (2.2.3). Es wird sich zeigen, dass europäische Entscheidungsfindung sich nicht mehr einzig am Kriterium ökonomischer Effizienz ausrichtet, sondern zunehmend andere politische Kriterien in Betracht nimmt.

2.2.1. Gegenstand

Die vorstehend beschriebene Erstreckung der Binnenmarktgesetzgebung auf Aspekte des Verbraucher- und Umweltschutzes sowie der Sozialpolitik entwickelte eine eigene Dynamik. Die Tätigkeit der Gemeinschaft in diesen und anderen[40] Politikfeldern wurde nicht mehr als bloßes Annex des Binnenmarkts verstanden sondern als originäres Ziel und Aufgabe der Gemeinschaft neben der wirtschaftlichen Integration des Binnenmarkts. Die Umbenennung der vormaligen Europäischen *Wirtschafts*gemeinschaft in Europäische Gemeinschaft durch den Vertrag von Maastricht ist Ausdruck und Symbol dieses grundlegenden Wandels in der Wahrnehmung der europäischen Integration[41].

Ergänzt und verstärkt wird die Entwicklung der politischen Union durch die Gemeinsame Außen- und Sicherheitspolitik (GASP), die im Vertrag von Maastricht neben der supranationalen Europäischen Gemeinschaft mit einer eigenen institutionellen Struktur im EU-Vertrag geregelt wurde und künftig auch eine militärische Komponente umfassen wird. Der Raum der Freiheit, der Sicherheit und des Rechts integriert nicht nur das Schengener Recht und das internationale Privatrecht[42] in das Gemeinschaftsrecht. Langfristig soll er auch eine gemeinsame

[40] Die Einführung einer Kultur- (Art. 151 EGV), Gesundheits- (Art. 152 EGV), Industrie- (Art. 157 EGV), Wirtschafts- (Art. 98ff. EGV) und Beschaftigungspolitik (Art. 125ff. EGV) durch die Verträge von Maastricht und Amsterdam besitzt bei näherer Analyse einen weitgehend kosmetischen Charakter, der mit keiner substantiellen Verlagerungen von Zuständigkeiten auf die Gemeinschaft verbunden ist. Häufig ist eine Rechtsangleichung sogar explizit ausgeschlossen (vgl. etwa Art. 151 V EGV) oder die Zuständigkeit beschränkt sich auf eine bloße Koordinierung (vgl. etwa Art. 98ff., 128 EGV) oder Anreize (vgl. etwa Art. 157 I EGV).

[41] Vgl. auch die neue Fassung der Zielvorgabe der Gemeinschaft nach Art. 2 EGV: „Aufgabe der Gemeinschaft ist es, durch die Errichtung eines Gemeinsamen Marktes und einer Wirtschafts- und Währungsunion sowie durch die Durchführung der ... gemeinsamen Politiken und Maßnahmen in der ganzen Gemeinschaft eine harmonische, ausgewogene und nachhaltige Entwicklung des Wirtschaftslebens, ein hohes Beschäftigungsniveau und ein hohes Maß an sozialem Schutz, die Gleichstellung von Männern und Frauen, ein beständiges, nichtinflationäres Wachstum, einen hohen Grad von Wettbewerbsfähigkeit und Konvergenz der Wirtschaftsleistungen, ein hohes Maß an Umweltschutz und Verbesserung der Umweltqualität, die Hebung der Lebenshaltung und der Lebensqualität, den wirtschaftlichen und sozialen Zusammenhalt und die Solidarität zwischen den Mitgliedstaaten zu fördern."

[42] Das für die wirtschaftsrechtliche Praxis so bedeutsame EuGVÜ wird aufgrund einer politischen Einigung des Justiz- und Innenministerrates Ende Dezember durch eine EG-Verordnung auf Grundlage des Art. 65 EGV abgelöst werden, die am 1.3.2002 in Kraft treten wird.

Asyl- und Einwanderungspolitik[43] sowie eine polizeiliche und justitielle Zusammenarbeit in Strafsachen umfassen, die mit Europol eine erste institutionelle Ausprägung erfuhr[44].

2.2.2. *Entscheidungsfindung*

Die dargelegte Ausweitung der europäischen Integration auf Randbereiche des Binnenmarkts und gänzlich eigenständige Politikfelder bedeutet nicht nur die Begründung einer umfassenderen politischen Union, sondern ist auch mit einem Wandel des Entscheidungsfindungsprozesses verbunden, der seinerseits die Reaktion auf einen Wandel in der Wahrnehmung der europäischen Integration ist. In der politischen Union geht es nicht mehr um die technisch-bürokratische Verwaltung des Binnenmarkts; in den Augen der Bürger besteht vielmehr ein Bedürfnis nach einer politischen Entscheidungsfindung, die demokratisch legitimiert ist.

Die verfassungstheoretische Analyse wird später zeigen, dass eine demokratische Legitimation der europäischen Politik auf zwei sich ergänzenden Wegen erfolgt: Zum einen über das nationale politische System der Mitgliedstaaten, deren Regierungen demokratisch legitimiert sind und somit über den Rat eine mittelbare demokratische Legitimation europäischer Entscheidungen begründen. Zum anderen über das von den Unionsbürgern direkt gewählt Europäische Parlament[45]. Insbesondere die Rechte des Letzteren im Gesetzgebungsverfahren wurden seit der Einheitlichen Europäischen Akte beständig ausgeweitet. Im Mitentscheidungsverfahren nach Art. 251 EGV, das erst durch den Vertrag von Maastricht eingeführt wurde, sind Rat und Parlament gleichberechtigte[46] Entscheidungsträger. Ein Rechtsakt ist hiernach erst beschlossen, wenn Rat und Parlament zugestimmt haben. Soweit das Mitentscheidungsverfahren gilt, ist die Idee einer doppelten demokratischen Legitimation europäischer Politik somit prozedural verwirklicht[47]. Der Vertrag von Nizza wird den Anwendungsbereich des Mitentscheidungsverfahrens auf Bereiche ausweiten, in denen bislang noch das nunmehr abgeschaffte Verfahren der Zusammenarbeit galt[48] oder eine bloße Beteiligung des Parlaments vorgesehen war[49]. Innerhalb der Europäischen Gemeinschaft wird es damit zum Regelfall der Entscheidungsfindung[50].

---

[43] Vgl. Art. 63 EGV. Auf Drängen der Bundesrepublik wurde im Vertrag von Nizza ein Übergang zur qualifizierten Mehrheitsentscheidung von einer einstimmigen Annahme gemeinsamer Regeln und wesentlicher Grundsätze abhängig gemacht, vgl. neuer Art. 67 V EGV.

[44] Die polizeiliche und justitielle Zusammenarbeit in Strafsachen ist wie die GASP nicht in den EG-Vertrag integriert, sondern in der weitgehend intergouvernementalen dritten Säule des EU-Vertrags geregelt (Art. 29ff. EUV). Vergleiche näher auch im Folgenden.

[45] S. oben 3.2.

[46] Einige Benachteiligungen des Parlaments wurden durch den Vertrag von Amsterdam beseitigt.

[47] Die Existenz des Verfahrens bedeutet freilich nicht, dass alle außerrechtlichen Voraussetzungen erfüllt sind, vgl. näher oben 3.2.

[48] Welches eine schwächere Stellung des Parlaments begründete.

[49] Das Mitentscheidungsverfahren gilt nunmehr u.a. auch für einige Aspekte der Justiz- und Innenpolitik (Art. 67 V EGV neu), der Sozialpolitik (Art. 137 II EGV neu) und der Industriepolitik (vgl. Art. 157 III EGV neu). Bei den Strukturfonds ist – ab 2007 – eine Entscheidung des Rates mit qualifizierter Mehrheit und eine Zustimmung des Parlaments vorgesehen und nicht etwa das Mitentscheidungsverfahren nach Art. 251 EGV; dies gibt dem Parlament nur die Möglichkeit den Beschluss des Rates als Ganzen abzulehnen oder anzunehmen,

Welche Auswirkungen hat dieser von dem Ziel einer verstärkten demokratischen Legitimation europäischer Politik getragene Wandel des Entscheidungsfindungsprozesses hin zu einer verstärkten Beteiligung des Europäischen Parlaments für die zuvor für den Bereich des Binnenmarkts festgestellte zentrale Rolle der Kommission, welche eine Entscheidungsfindung nach technisch-bürokratischer Fachexpertise begünstigt?

Cooter und *Drexel* haben die Wechselwirkungen zwischen der faktischen Macht der Kommission und der Ausweitung des Mitentscheidungsverfahrens untersucht und dabei die These untermauert, dass die Ausweitung des Mitentscheidungsverfahrens die Möglichkeit der Kommission, den Inhalt des letztlich verabschiedeten Rechtsakts vorherzubestimmen faktisch verringert (COOTER/DREXL (1994: 315). Im Dialog zwischen Rat[51] und Parlament über den Inhalt des zu verabschiedenden Rechtsakts werden wegen des weitaus politischeren Charakters der beiden Institutionen im Vergleich zur Ministerialbürokratie der Kommission die technisch-bürokratische Analyse unter Einfluss ökonomischer Aspekte weniger wichtig sein als politische Kriterien. Unter Geltung des Mitentscheidungsverfahrens wird sich die Entscheidungsfindung somit stärker an politischen Kriterien ausrichten denn an der technisch-bürokratischen Fachanalyse der Kommission.

2.2.3. *Rückwirkung auf den Binnenmarkt*

Der tatsächliche Machtverlust der Kommission hat auch Rückwirkungen auf die erläuterten Entscheidungsstrukturen der Binnenmarktrechtssetzung. Dies soll am Beispiel des zuvor bereits erläuterten Komitologie-Verfahrens erläutert werden[52]. Nach Ausweitung seiner Mitwirkungsrechte führte das Parlament lange Zeit einen Kreuzzug gegen die Anwendung des Komitologie-Verfahrens, in dem es eine Beschneidung seiner Rechte sah, da das Parlament zwar bei der Verabschiedung des Grundbeschlusses, nicht jedoch bei der übertragenen Durchführung mitwirken konnte[53]. So verweigerte das Parlament lange Zeit die Genehmigung des Komitologie-Verfahrens in Bereichen, in denen der Grundbeschluss seiner Zustimmung bedurfte

eine vorherige Einflussnamemöglichkeit ihm Rahmen des als Dialog zwischen Rat und Parlament angelegten Mitentscheidungsverfahren besteht nicht (vgl. Art. 161 EGV neu).

50 Dies gilt freilich nicht für die zweite und dritte Säule. In der Außenpolitik ist das Parlament praktisch gar nicht (vgl. Art. 21 EUV) und in der Zusammenarbeit in Strafsachen hat es in einigen Bereichen wenigstens ein Anhörungsrecht (Vgl. Art. 39 EUV). Man kann hier eher die Kriterien klassischer internationaler Politik anwenden (vgl. zur ersten Phase des Binnenmarkts oben 2.1), zumal die Tätigkeit des Rates nur einer begrenzten Kontrolle des Gerichtshofs nach Art. 35 EUV unterliegt.

51 Der von COOTER/DREXL (1994: 314) gleichfalls postulierte faktische Machtgewinn der Kommission bei einer Absenkung der Schwelle für qualifizierte Mehrheitsentscheidungen im Rat ist in Hinblick auf den Vertrag von Nizza von Interesse. Dieser sieht in Art. 3 des Protokolls zur Erweiterung der Europäischen Union in Verbindung mit der Gemeinsamen Erklärung zur Erweiterung der Europäischen Union vor, dass die Schwelle für Mehrheitsentscheidungen im Rat von der derzeitig 71,2 % (Art. 205 II EGV) auf erst 71,7 % (ab 2005) und später 74,8 % (in der auf 27 Mitgliedstaaten erweiterten Europäischen Union) angehoben wird. Diese Anhebung der Schwelle für Mehrheitsentscheidungen wird bei Richtigkeit der These von *Cooter* und *Dreixl* die Einflussmöglichkeit der Kommission ebenfalls verringern und das politische Organ Rat stärken.

52 Vgl. zum Komitologie-Verfahren oben 2.1.2.

53 Speziell lehnte das Parlament die Anwendung der *regulatory procedure* ab, welche die Kommission ermächtigt, einzelne Bestimmungen (etwa: Grenzwerte etc.) im Grundbeschluss zu aktualisieren, vgl. VOS (1997: 219 f.).

oder kürzte aufgrund seiner Budgethoheit die Haushaltsmittel. Dies führte zu einer faktisch selteneren Anwendung des Komitologie-Verfahrens. In der Neufassung des Komitologiebeschlusses wurden zudem die Rechte des Parlaments gestärkt[54]. Die Stärkung der Rechts des Parlaments führt insofern zu einer reduzierten Entscheidungsfreiheit der Kommission auch in Fragen des Binnenmarkts.

Die Kommission kommt jedoch nicht nur von Seiten des Europäischen Parlaments unter Druck. De facto weitet auch das zweite Organ, welches eine mittelbare demokratische Legitimation der europäischen Politik begründet, der Rat, seine Machtbasis auf Kosten der Kommission aus. Anders als zu Zeiten des Binnenmarktprogramms unter *Delors* ist es nicht mehr die Kommission, sondern der (Europäische) Rat, welcher wesentliche politische Initiativen ergreift[55]. Der Lissabon-Prozess zur Wirtschaftsreform und die Europäischen Räte von Brüssel und Gent zur Terrorismusbekämpfung im September und Oktober 2001 sind nur die bekanntesten Beispiele für das Erstarken des Europäischen Rats.

Die faktische Schwächung der Kommission geht einher mit einer veränderten Wahrnehmung der Kommission, die nicht länger als Verwaltungsbehörde für den Binnenmarkt, sondern zunehmend als ein politisches Organ betrachtet wird. Dies wird verdeutlicht durch die Stärkung der politischen Wahl-[56] und Kontrollrechte[57] des Parlaments. Der Vertrag von Nizza wird die Abkehr von der technisch-bürokratischen Sicht der Kommission hin zu einem politischen Organ verstärken, wenn er die Rechte des Kommissionspräsidenten innerhalb des Kollegiums erheblich ausweitet[58]. Es bleibt abzuwarten sich diese Entwicklung fortsetzt und sich die Kommission damit langfristig zu einer wahrhaftigen Europäischen Regierung entwickeln wird oder ob in den Augen der Bürger die europäische Regierung eher aus dem Europäischen Rat entsteht und die Kommission sich zu einer bloßen Ministerialbürokratie unter dessen politischer Weisung entwickelt[59].

---

[54] Vgl. Art. 7, 8 des neuen Komitologiebeschlusses (Fn. 16), welche die Information des Europäischen Parlaments gewährleisten und ihm im Fall einer vermuteten Überschreitung der delegierten Implementationsgewalt eine Interventionsmöglichkeit einräumen.

[55] Und dies nicht nur in Bereichen wie der Gemeinsamen Außen- und Sicherheitspolitik, welche dem Europäischen Rat eindeutig eine herausgehobene Stellung einräumen, vgl. Art. 13 I EUV: „Der Europäische Rat bestimmt die Grundsätze und die allgemeinen Leitlinien der Gemeinsamen Außen- und Sicherheitspolitik, und zwar auch bei Fragen mit verteidigungspolitischen Bezügen".

[56] Die Ernennung des Präsidenten der Kommission und später der Kommission als Kollegium bedürfen nach dem Vertrag von Amsterdam der Zustimmung durch das Europäische Parlament, vgl. Art. 214 EGV. Das Europäische Parlament kann die Kommission abwählen, vgl. Art. 201 EGV.

[57] Vgl. etwa die Bedeutung des BSE-Untersuchungsausschusses und der Untersuchungen des Parlaments, welche einen wesentlichen Beitrag zum Rücktritt der Kommission *Santer* leisteten.

[58] Vgl. den neuen Art. 217 EGV, wonach der Kommissionspräsident die Organisationsgewalt, eine Richtlinienkompetenz und die Möglichkeit einer größeren Auswahl seiner Kommissare bis hin zu deren Entlassung hat.

[59] Außenminister *Fischer*: „Ebenso stellen sich für die europäische Exekutive, die europäische Regierung, zwei Optionen. Entweder entscheidet man sich für die Fortentwicklung des Europäischen Rats zu einer europäischen Regierung, d.h. die europäische Regierung wird aus den nationalen Regierungen heraus gebildet, oder man geht, ausgehend von der heutigen Kommissionsstruktur, zur Direktwahl eines Präsidenten mit weitgehenden Exekutiven Befugnissen über", FISCHER (2000: Rz. 36).

2.2.4. *Bewertung*

Wie gezeigt, haben sich die Entscheidungsstrukturen in der Europäischen Union im vergangenen Jahrzehnt gewandelt. Es ist dies die Folge des Wunsches mit dem Ausbau der politischen Union ein größeres Maß an demokratischer Legitimation der europäischen Hoheitsgewalt zu erreichen. Dabei wuchsen insbesondere die Rechte des Europäischen Parlaments, während die Kommission sowohl durch dessen Stärkung als auch durch den faktischen Machtgewinn des Rats autonome Entscheidungsgewalt verlor. Die Kommission wird dabei zunehmend nicht mehr als Verwaltungsbehörde des Binnenmarkts, sondern selbst als politisches Organ betrachtet.

Die technisch-bürokratische Regelungsstruktur des Binnenmarkts besteht im Rahmen der politischen Union für die technischen Einzelheiten der Binnenmarktgesetzgebung zwar fort. Der allgemeine Trend hin zu mehr demokratischer Legitimation reduziert jedoch die zuvor als Charakteristikum der Binnenmarktintegration festgestellte Ausrichtung der technisch-bürokratischen Entscheidungsfindung an Kriterien ökonomischer Effizienz. In der europäischen Entscheidungsfindung gewinnen stattdessen politische Kriterien wie die Rücksichtnahme auf öffentliche Meinung etc. an Bedeutung. Die erstarkte Rolle des Europäischen Parlaments ist hierfür der sichtbarste Ausdruck.

3. Normative ökonomische Analyse: europäische Verfassung?

Eine normative ökonomische Analyse der europäischen Verfassung, aus der Gestaltungsvorschläge für Gestalt und Reform der Europäischen Union abgeleitet werden können, muss sich der Frage stellen, inwieweit die Kriterien der Verfassungsökonomik überhaupt auf die Europäische Union Anwendung finden. In einem kurzen Überblick sollen nachfolgend Eckpfeiler einer europäischen Verfassungstheorie vorgestellt werden. Ihre Parallelität zur staatlichen Verfassungstheorie rechtfertigt aus verfassungstheoretischer Perspektive eine Anwendung der üblicherweise auf den Nationalstaat bezogenen Erkenntnisse der Verfassungsökonomik auf die Europäische Union[60].

Hierbei soll die Frage nach Verfassungsfunktionen eine erste Annäherung erlauben (3.1), auf deren Grundlage das Konzept eines europäischen Sozialvertrags vorgestellt werden sollen (3.2) und konkrete Folgen, etwa für die Kompetenzabgrenzung im Rahmen des Post-Nizza-Prozesses über die Zukunft der Union, abgeleitet werden (3.3).

[60] Zu Verfassungsökonomik allgemein HOFMANN (1998); BRENNAN/BUCHANAN (1993); BUCHANAN (1991); ESCHENBURG (1977); LESCHKE (1993).

3.1. Verfassungsfunktionen

Als Ausgangspunkt nicht nur der europäischen Verfassungstheorie bietet sich die Frage nach dem Wesen und den Charakteristika einer Verfassung im Allgemeinen an. Über Details mag man streiten, einige Grundzüge dürften jedoch weitgehend anerkannt sein[61]:

- Verfassung begründet öffentliche Gewalt, indem sie Institutionen schafft und diesen Kompetenzen zuordnet (*Begründungsfunktion*);
- Verfassung regelt die Befugnisse der Institutionen zueinander, etwa im Gesetzgebungsverfahren oder hinsichtlich der richterlichen Kontrolldichte (*Organisationsfunktion*);
- Unerlässlich für die Existenz einer Verfassung halte ich des weiteren eine Unmittelbarkeit der Rechtsbeziehung zwischen den Bürgern und den verfassten Organen (*Unmittelbarkeit der Hoheitsgewalt gegenüber Bürgern*).
- Soweit Rechtsakte der verfassten Organe den Bürger direkt betreffen, ist nach europäischem Verfassungsverständnis die Garantie von Grund- und Menschenrechten, welche der Willkür der verfassten Gewalt Grenzen setzen, eine weitere Voraussetzung für die Existenz einer Verfassung (*Begrenzungsfunktion*);
- Schließlich werden wir eine Verfassung nur dort annehmen und akzeptieren können, wo die durch sie konstituierte Gewalt aus Sicht der Bürger ein hinreichende demokratische Legitimation besitzt (man mag dies als *Legitimationsfunktion* begreifen; die Legitimation wird freilich nicht durch die Verfassung selbst vermittelt, sondern durch die Bereitschaft der Bürger, diese mit Leben zu erfüllen. Demokratie ist weniger Folge von als Voraussetzung für Verfassung).

Mit Ausnahme der demokratischen Legitimation, auf die im folgenden Abschnitt näher einzugehen sein wird, sind diese Voraussetzungen in den europäischen Verträgen erfüllt: Im Sinne der Begründungsfunktion schaffen sie Institutionen[62] und übertragen diesen nach dem Prinzip der begrenzten Einzelermächtigung bestimmte Kompetenzen. Die Organisationsfunktion wird durch die Festlegung der Rechte der Institutionen im Verhältnis zueinander erfüllt. So entscheidet die Kommission über Kartellsachen, die Europäische Zentralbank (EZB) über Zinssätze. Im Bereich der Rechtssetzung sind Rat und Parlament heute regelmäßig gleichberechtigte Legislativkammern im Mitentscheidungsverfahren[63] und der Gerichtshof „sichert die Wahrung des Rechts bei der Auslegung und Anwendung" der Verträge[64].

---

[61] Verwiesen sei für die Essentialia einer Verfassung, nicht für Details, auf ein Standardwerk, das BLACK'S LAW DICTIONARY (Definitions of Terms and Phrases of American and English Jurisprudence, 6th edition 1990). Nach ihm ist Verfassung: „The organic and fundamental law of a nation or a state ... establishing the character and conception of government, laying the basic principles to which its internal life is to be conformed, organizing the government, and regulating, distributing and limiting the functions of its different departments, and prescribing the extent and manner of the exercise of sovereign powers. A charter of government deriving its whole authority from the governed ... and in opposition to which any act or ordinance of any such department or officer is null and void."

[62] Rat, Parlament, Kommission, Gerichtshof, etc.

[63] Zu dessen Analyse näher oben 2.2.2.

[64] Art. 220 EGV; zur Bewertung Rolle des Gerichtshofs näher oben 2.1.1.

Anders als das klassische Völkerrecht[65] bindet das Europarecht nicht nur Staaten, sondern berechtigt und verpflichtet die Unionsbürger unmittelbar. Unternehmen müssen das Kartellrecht beachten und können bei Verstößen von der Kommission direkt mit Geldbußen belegt werden; die Zinssätze der EZB binden private Banken in ihrem Verkehr mit dieser. Die Grundfreiheiten des Binnenmarkts berechtigen die Bürger unmittelbar: Wenn ein Mitgliedstaat den Verkauf von französischem Likör untersagt, weil dieser zu wenig Alkohol enthalte[66], kann das betroffene Unternehmen sich vor Gericht direkt auf einen Verstoß gegen Art. 28 EGV berufen. Soweit eine Richtlinie nicht umgesetzt wurde und einem Bürger auf Grund dessen ein Schaden entstand, hat dieser einen Schadensersatzanspruch gegen den säumigen Mitgliedstaat[67]. Auch die Unmittelbarkeit der Hoheitsgewalt im Verhältnis zwischen Unionsbürgern und europäischem Recht ist somit gegeben[68].

Schließlich ist auch die Begrenzungsfunktion erfüllt. Der Gerichtshof schützt in ständiger Rechtsprechung die Grund- und Menschenrechte gegenüber den europäischen Organen - abgeleitet aus den gemeinsamen Verfassungsüberlieferungen der Mitgliedstaaten und der Europäischen Menschenrechtskonvention[69]. Die in Nizza proklamierte Charta der Grundrechte, die bislang nicht formell rechtverbindlich ist, besitzt somit aus rechtlicher Sicht eine bloß deklaratorische Bedeutung. Politisch könnte sie jedoch den Übergang zu einer formellen europäischen Verfassungsgebung im Post-Nizza-Prozess darstellen.

All dies ist nur ein kurzer Abriss über Inhalt und Gestalt der europäischen Verträge, welche dem Fachjuristen wohl vertraut sind. Die vermeintliche Plausibilität der durch die europäischen Verträge erfüllten Verfassungsfunktionen suggerieren dabei eine Problemlosigkeit der Anwendung des Verfassungsbegriffs auf die Europäische Union. Bei einer näheren Betrachtung gibt es verschiedene Aspekte, welche trotz der vermeintlich eindeutigen Erfüllung der meisten Verfassungsfunktionen dennoch am Verfassungscharakter der europäischen Verträge zweifeln lassen. Im Interesse einer kurzen Darstellung wird die Frage, ob es Verfassung jenseits des Staates geben kann[70] ebenso ausgeblendet wie die Frage nach dem Rangverhältnis zwischen nationalem und europäischem Recht, das in einem „Europäischen Verfassungsverbund" entgegen der Tradition der meisten Bundesstaaten auf einer nicht-hierarchischen Grundlage gelöst werden kann[71]. Stattdessen sei einzig auf den Aspekt der Demokratie einge-

---

[65] Auf die Frage, ob es eine Verfassung der Völkerrechtsgemeinschaft gibt, was angesichts des regelmäßig fehlenden unmittelbaren Rechtsverhältnisses zwischen den Bürgern und der völkerrechtlichen Ordnung (nach dem dieser Untersuchung zu Grunde liegendem Verfassungsverständnis) zweifelhaft erscheint, soll hier nicht näher erläutert werden.

[66] Vgl. den Sachverhalt, welcher der Entscheidung *Cassis de Dijon* zu Grunde lag, oben Fn. 5.

[67] Grundlegend EuGHE 1991 I-5357 – *Francovich.*

[68] Eine Bündelung und Verstärkung erfuhr der unmittelbare europäische Bürgerstatus durch die Einführung der Unionsbürgerschaft.

[69] Vgl. nunmehr ausdrücklich die Verpflichtung in Art. 6 II, 46 lit. d EUV.

[70] Diese Frage wurde von *Pernice* verfassungstheoretisch und verfassungsvergleichend zuletzt umgehend erörtert; vgl. PERNICE (2001: Abschnitt II.1).

[71] Hierzu umfassend THYM (i.E.).

gangen, der die früheren Darlegungen zur politischen Union in einen verfassungstheoretischen Kontext stellt.

3.2. Demokratische Legitimation im europäischen Sozialvertrag

Der Europäische Gerichtshof bezeichnete den EG-Vertrag als „Verfassungsurkunde einer Rechtsgemeinschaft"[72]. Dies kann man aus verschiedenen Blickwinkeln betrachten. Unter Betonung des Begriffs „Verfassungsurkunde" wird man die allgemeine Anerkennung des Verfassungscharakters der Verträge hervor heben – unter Betonung des Zusatzes „einer Rechtsgemeinschaft" kann man die Aussage auch als implizite Ablehnung eines politischen Verfassungsverständnisses werten, das über die Bedeutung als höchste rechtliche Norm, aus der alle anderen Normen des Europarechts abzuleiten sind, hinaus geht. Letzterer Gedanke führt zu der wohl schwierigsten Fragestellung einer europäischen Verfassungstheorie: der Frage nach der demokratischen Legitimation der europäischen Hoheitsgewalt.

Ohne Details zu erörtern, lassen sich drei Positionen unterscheiden: Eine Ansicht hält Demokratie nur dort für möglich, wo eine vorstaatliche Homogenität kultureller, religiöser, sprachlicher oder gar „rassischer" Art die Bürger zu einer politischen Einheit verbindet; eine Europäische Demokratie kann es hiernach neben der nationalstaatlichen nicht geben; die wohl herrschende Lehre hält eine europäische Demokratie neben derjenigen in den Mitgliedstaaten dagegen für möglich (THYM (1997: Rn. 5, 44ff.)). Divergenzen bestehen hier jedoch bei der Frage, inwieweit bereits heute die für notwendig erachteten außerrechtlichen Voraussetzungen für Demokratie erfüllt sind[73]. Soweit man eine europäische Demokratie neben der nationalstaatlichen für möglich erachtet, wird die demokratische Legitimation der Europäischen Union auf zwei Wegen vermittelt: über die nationale Öffentlichkeit und die nationalen Parlamente, welche die Regierung, die den Mitgliedstaat im Rat vertritt, legitimieren und kontrollieren; sowie über eine entstehende europäische Öffentlichkeit und das Europäische Parlament als gleichberechtigter Legislativkammer[74].

---

[72] EuGHE 1991 I-6079 Rz. 21 – *EWR I*: „Dagegen (in Abgrenzung zum EWR-Abkommen, Anm. d. Verf.) stellt der EWG-Vertrag, obwohl er in der Form einer völkerrechtlichen Übereinkunft geschlossen wurde, nichtsdestoweniger die *Verfassungsurkunde einer Rechtsgemeinschaft* dar". EuGHE 1986, 1339 Rz. 23 – *Les Verts*: „Verfassungsurkunde der Gemeinschaft"; EuGHE 1996 I-175 Rz. 35 – *EMRK-Beitritt*: „Eine solche Änderung des Systems des Schutzes der Menschenrechte in der Gemeinschaft ... wäre von *verfassungsrechtlicher Dimension*" (eigene Hervorhebungen).

[73] Nachweise wiederum bei THYM (1997: Rn. 44ff.). Zu den vorrechtlichen Voraussetzungen von Demokratie exemplarisch die Euro-Entscheidung des BVerfG, welche ohne Erwähnung des Gedankens der Homogenität und insoweit in Abweichung vom Maastricht-Urteil ausführt: „Demokratie setzt eine ständige freie Auseinandersetzung zwischen sich begegnenden sozialen Kräften, Interessen und Ideen voraus, in der sich auch politische Ziele klären und wandeln und aus der heraus eine öffentliche Meinung den politischen Willen vorformt. Dazu gehört auch, dass die Entscheidungsverfahren der Hoheitsgewalt ausübenden Organe und die jeweils verfolgten politischen Zielvorstellungen allgemein sichtbar und verstehbar sind (BVerfGE 89, 155 <185>). Solche – vorrechtlichen – Verfassungsvoraussetzungen werden jedoch von Art. 38 Abs. 1 GG nicht grundrechtsgleich gewährleistet", BVerfGE 97, 350 Abschnitt I 1 – *Euro*.

[74] Im oft gescholtenen Maastricht-Urteil hat auch das BVerfG diese Idee anerkannt: „Indessen wächst mit dem Ausbau der Aufgaben und Befugnisse der Gemeinschaft die Notwendigkeit, zu der über die nationalen Parlamente vermittelten demokratischen Legitimation und Einflussnahme eine Repräsentation der Staatsvölker

Soweit eine unmittelbare demokratische Legitimation europäischer Politik durch die Bürger für möglich gehalten wird, kann man die europäischen Verträge insofern als Ausdruck eines europäischen Sozialvertrags begreifen. *Pernice* hat hierzu ausgeführt: „Unter den Bedingungen und nach den Verfahren, die die Integrationsklauseln festlegen, sind es die Bürger der Mitgliedstaaten, die durch sukzessive Vertragswerke supranationale Hoheitsgewalt konstituieren. ... Die europäischen Verträge sind damit, weit weniger fiktiv als normale Verfassungen, Ausdruck eines *contrat social européen*. Auch sie begründen eine Gegenseitigkeitsordnung zwischen den Menschen, dokumentieren den Willen der Bürger der Mitgliedstaaten, sich zu vertragen, immer neu zu vertragen, für das gemeinsame Wohl, und organisiert den Prozess einer immer engeren Union, also europäischer Integration. Die Verträge sind ‚Verfassungsvertrag' .... Sie konstituieren Hoheitsgewalt ebenso originär wie eine staatliche Verfassung."[75]

3.3. Konsequenzen

Wenn die Europäische Union damit auf derselben verfassungstheoretischen Basis beruht wie die europäischen Nationalstaaten, kann eine normative ökonomische Analyse, aus der Gestaltungsvorschläge für Gestalt und Reform der Europäischen Union abgeleitet werden sollen, dieselben Kriterien anwenden wie auf den Nationalstaat[76]. Neuere Untersuchungen unter Federführung von *Schmidtchen* und *Cooter, Buxbaum* sowie *Pelkmans* gehen diesen Weg bereits weitgehend.[77]

Auch auf den sogenannten Post-Nizza-Prozess, auf den sich die Staats- und Regierungschefs im Dezember 2000 in Nizza verständigten (THYM (i.E.)), können die Kriterien der Verfassungsökonomik angewandt werden. In seinem Rahmen soll neben der Konsolidierung der dann noch drei europäischen Verträge nach dem Auslaufen der Montanunion, die rechtliche Stellung der Charta der Grundrechte, die Rolle der nationalen Parlamente und die Kompetenzverteilung zwischen den Mitgliedstaaten und der Europäischen Union entscheiden. Insbesondere für die Frage der Kompetenzabgrenzung dürfte die normative ökonomische Analyse hierbei von Interesse sein[78].

Zum Zusammenhang zwischen europäischem Sozialvertrag, Kompetenzabgrenzung hat etwa *Kirchner* ausgeführt: „Geht es etwa darum, in einer europäischen Verfassung für die Europäische Union eine Kompetenzverteilung zwischen Unions- und Mitgliedstaatenebene zu entwerfen und begründen, so ist – wählt man das ökonomische Paradigma – Ausgangspunkt nicht das Interesse der Staaten, sondern es sind die Präferenzen der Bürger der Mitgliedstaaten der Union. Es ist dann zu fragen, wie sich aus dieser Interessenposition eine Kompetenz-

---

durch ein europäisches Parlament hinzutreten zu lassen, von der ergänzend eine demokratische Abstützung der Politik der Europäischen Union ausgeht." BVerfGE 89, 155 (184) – *Maastricht*.

[75] Hierzu umfassend ebenfalls PERNICE (2001: Abschnitt III.2). Zweifelnd allgemein HERTEL (1998: 55ff.).

[76] Zu den Kriterien der Verfassungsökonomik die Verweise in Fn. 60.

[77] Dazu u.a. die Beiträge in den Sammelbänden von SCHMIDTCHEN/COOTER (1997); BUXBAUM (1996); PELKMANS (1997) und die Literatur in Fn. 9 speziell zur Warenverkehrsfreiheit des Art. 28 EGV.

[78] Siehe zum Verhältnis von Föderalismus und normativer ökonomischer Analyse etwa die Untersuchungen von OETER (1998) und EICHENBERGER (1998).

zuordnung darstellt, die sowohl das Problem der unterschiedlicher Kosten bei der Erzeugung öffentlicher Güter (mögliche Effizienzvorteile bei Verlagerung von Kompetenz nach oben) als auch das Problem sich ändernder Kontrollkosten (nämlich bezüglich der Ausübung demokratischer Kontrolle seitens der Bürger über ihre Vertreter) einzubeziehen hat."[79]

Soweit die europäische Verfassung in diesem Sinn als Sozialvertrag der Bürger verstanden wird, auf dessen normative ökonomische Analyse zukünftiger Gestaltungsmöglichkeiten die Kriterien nationalstaatlicher Verfassungsökonomie Anwendung finden, schließt sich auch der Kreis zum Ergebnis des ersten Abschnitts über die Kriterien europäischer Politikgestaltung. Auch hier zeigt die Abkehr vom vorrangigen Kriterium ökonomischer Effizienz in der technisch-bürokratischen Verwaltung des Binnenmarkts hin zu einer weiteren politischen Entscheidungsfindung in der politischen Union eine zunehmende Parallelität zwischen Nationalstaaten und Europäischer Union. Im mehrstufigen Europäischen Verfassungsverbund (PERNICE (2001: Abschnitt III) sind bei der ökonomischen Analyse von Europäischer Union und ihren Mitgliedstaaten grundsätzlich dieselben Kriterien und Maßstäbe anzuwenden.

Literatur

Amato, G. (1997), Antitrust and the Bounds of Power: The Dilemma of Liberal Democracy in the History of the Market, Oxford.

Andenas, M. und A. Türk (2000), Delegated Legislation and the Role of Committees in the EC, Den Haag.

Arrowsmith, S. (1999), The Community's Legal Framework on Public Procurement: „The Way Forward" at Last?, Common Market Law Review 36: 13-25.

Biro, Z. und A. Fletcher (1998), The EC Green Paper on Vertical Restraints: an Economic Comment, European Competition Law Review 19: 129-138.

Bishop, S. und M. Walker (1998), The Economics of EC Competition Law, London.

Booer, T. (1999), Economic Aspects of the Single European Market in Pharmaceuticals, European Competition Law Review 1999: 256-264.

Brennan, G. und J.M. Buchanan (1993), Die Begründung von Regeln: konstitutionelle politische Ökonomie, Tübingen.

Buchanan, J.M. (1991), The Economics and the Ethics of Constitutional Order, Oxford.

de Búrca, G. (1999), The Institutional Development of the EU: A Constitutional Analysis. In: P. Craig und dies. (Hrsg.): The Evolution of EU Law, Oxford: 55ff.

Buxbaum, R. (1996), European Economic and Business Law: Legal and Economic Analyses on Integration and Harmonization, Berlin.

Chiti, E. (2000), The Emergence of a Community Administration: The Case of European Agencies, Common Market Law Review 37: 309-324.

[79] KIRCHNER (1997: 24) unter Verweis auf HOMANN/KIRCHNER (1995: 58ff.).

Cooter, R. und J. Drexl (1994), The Logic of Power in the Emerging European Constitution: Game Theory and the Division of Powers, International Review of Law and Economics: 307-324.

Crocini, P. (1998), The Lufthansa/SAS Case: Did the Commission get the Economics Right?, European Competition Law Review 19: 116-123.

Eichenberger, R. (1998), Der Zentralisierung Zähmung. In: Ch. Engel und M. Morlok (Hrsg.): Öffentliches Recht als Gegenstand ökonomischer Forschung, Tübingen: 157-171.

Eschenburg, R. (1977), Der ökonomische Ansatz zu einer Theorie der Verfassung, Tübingen.

Everson, E. (1995), Independent Agencies: Hierarchy Beaters?, European Law Journal 1: 180-203.

Fauré, M. und J. Lefevère (1996), The Draft Directive on Integrated Pollution Prevention and Control: an Economic Perspective, European Environmental Law Review 5: 112-122.

Fischer, J. (2000), Vom Staatenverbund zur Föderation - Gedanken über die Finalität der europäischen Integration, Rede an der Humboldt-Universität am 12.5.2000, im Internet unter: www.whi-berlin.de/fischer.htm.

van der Geest, W. (1998), Bringing China Into the Concert of Nations: an Analysis of its Accession to the WTO, Journal of World Trade 32: 99-115.

Gellhorn, E. (1994), Antitrust Law and Economics, St. Paul/Minn.

Gerber, D. (1998), Law and Competition in Twentieth Century Europe, Oxford.

Hallstein, W. (1969), Der unvollendete Bundesstaat, Düsseldorf.

Harlow, C. (1998), Citizen Access to Political Power in the European Union, EUI Working Paper.

Herdegen, M. (1998), Price Stability and Budgetary Restraints in the Economic and Monetary Union: The Law as Guardian of Economic Wisdom, Common Market Law Review 35: 9-41.

Hertel, W. (1998), Supranationalität als Verfassungsprinzip, Tübingen.

Hildebrand, D. (1998), Role of Economic Analysis in the E.C. Competition Rules, Oxford.

Hofmann, H. (1998), Die klassische Lehre vom Herrschaftsvertrag und der „Neo-Kontraktivismus. In: Ch. Engel und M. Morlok (Hrsg.): Öffentliches Recht als Gegenstand ökonomischer Forschung, Tübingen: 257-277.

Homann, K. und Ch. Kirchner (1995), Das Subsidiaritätsprinzip in der Katholischen Soziallehre und in der Ökonomik. In: L. Gerken (Hrsg.): Europa zwischen Ordnungspolitik und Harmonisierung: europäische Ordnungspolitik im Zeichen der Subsidiarität, Berlin: 45-69.

Joerges, C. (1996), Taking the Law Seriously: On Political Science and the Role of Law in the Process of European Integration, European Law Journal 2: 105ff.

Joerges, C. und E. Vos (1999), EU Committees: Social Regulation, Law and Politics, Oxford.

Kirchner Ch. (1997), Ökonomische Theorie des Recht, Berlin.

Koop, M.J. und H. Siebert (1993), Institutional Competition versus Centralisation: Quo Vadis Europe?, Oxford Review of Economic Policy 9: 15-30.

Koop, M.J. und H. Siebert (1993), Institutional Competition. A Concept for Europe? in: Außenwirtschaft 45: 439-462.

Korah, V. (1993), The Paucity of Economic Analysis in the EEC Decisions on Competition: Tetra Pak II, Current Legal Problems 46: 148-189.

Lehares, C. (1997), Economic Foundations of EU Legislation on Information Sharing among Firms, European Competition Law Review 1997: 66-71.

Leschke, M. (1993), Ökonomische Verfassungstheorie und Demokratie, Berlin.

Louis, J.-V. (1998), A Legal and Monetary Approach for Building a Monetary Union, Common Market Law Review 35: 112ff.

Mancini, F. und D. Keeling (1994), Democracy and the European Court of Justice, Modern Law Review 57: 175ff.

Majone, G. (1994), The Rise of the Regulatory State in Europe, Western European Politics: 77ff.

Mestmäcker, E.-J. (1999), Versuch einer kartellpolitischen Wende in der EU, Europäische Zeitschrift für Wirtschaftsrecht: 523–529.

Neergaard, N. (1999), Free Movement of Goods from a Contextual Perspective, Maastricht Journal 6: 151-167.

Nicolaides, P. (2000), An Essay on Economics and the Competition Law of the European Community, Legal Issues of European Integration 27: 7-24.

Nicolaysen, G. (1996), Europarecht II, Das Wirtschaftsrecht im Binnenmarkt, Baden-Baden.

Oeter, S. (1998), Erprobung der konstitutionellen politischen Ökonomie an Einzelfragen – Föderalismus. In: Ch. Engel und M. Morlok (Hrsg.): Öffentliches Recht als Gegenstand ökonomischer Forschung, Tübingen: 119-155.

Pelkmans, J. (1997), European Integration: Methods and Economic Analysis, Oxford.

Pernice, I. (2001), Europäisches und nationales Verfassungsrecht, Veröffentlichungen der Vereinigung der Deutschen Staatsrechtslehrer 60: 148-193.

Petersmann, E.-U. (1998), How to Promote the International Rule of Law? Contributions by the World Trade Organization Appellate Review System, Journal of International Economic Law 1: 25-48.

Poiares Maduro, M. (1998), We, the Court: the European Court of Justice and the European Economic Constitution, Oxford.

Prosi, G. (1991), Europäische Integration durch Wettbewerb? – eine politisch-ökonomische Analyse. In: G. Radnitzky und H. Bouillon (Hrsg.): Ordnungstheorie und Ordnungspolitik, Stuttgart: 119-135.

Reich, N. (1999), Europe's Economic Constitution, or: A New Look at Keck, Oxford Journal of Legal Studies 2: 337-344.

Ridyard, D. (1994), Economic Analysis of Single Firm and Oligopolistic Dominance under the European Merger Regulation, European Competition Law Review: 255-262.

Rodger, B. und S. Wylie (1997), Taking the Community Interest Line: Decentralisation and Subsidiarity in Competition Law Enforcement, European Competition Law Review 18: 485-491.

Schmidtchen, D. und R. Cooter (1997), Constitutional Law and Economics of the European Union, Glos Brookfield/Vermont.

Sinn, H.-W. (1990), Die Grenzen des Systemwettbewerbs, Münchner Wirtschaftswissenschaftliche Beiträge 90/06.

Streit, M.E. (1995), Dimensionen des Wettbewerbs – Systemwandel aus ordnungsökonomischer Sicht, Zeitschrift für Wirtschaftspolitik 44, 113-134.

Streit, M.E. und W. Mussler (1995), Wettbewerb der Systeme und das Binnenmarktprogramm der Europäischen Union. In: L. Gerken (Hrsg.): Europa zwischen Ordnungspolitik und Harmonisierung: europäische Ordnungspolitik im Zeichen der Subsidiarität, Berlin: 75-107.

Thym, D. (1997), Die verfassungsgebende Gewalt in demokratischen Gesellschaften: Homogenität als Voraussetzung oder Ziel, Volksbegriff, Staat und "civil society", WHI Working Paper 1/1997, im Internet unter www.whi-berlin.de.

Thym, D. (2002, i.E.), European Constitutional Theory and the Post-Nice Process. In: M. Andenas und J. Usher (Hrsg.): The Treaty Of Nice, Enlargement and Constitutional Reform, Oxford.

Venit, J. (1998), Two Steps Forward and no Steps back: Economic Analysis and Oligopolistic Dominance after Kali & Salz, Common Market Law Review 35: 1101-1134.

Vos, E. (1997), The Rise of Committees, European Law Journal 3: 210ff.

Williams, R. (1998), The European Commission's Communication on Public Procurement in the European Union, Public Procurement Law: 99-117.

Whish, R. (2000), Regulation 2790/99, The Commission's „New Style" Block Exemption for Vertical Agreements, Common Market Law Review 37: 887-924.

Wils, W. (1997), The Commission Notice on the Non-Imposition or Reduction of Fines in Cartel Cases: a Legal and Economic Analysis, European Law Review 22: 125-140.

Wils, W. (1999), Notification, Clearance and Exemption in EC Competition Law: an Economic Analysis, European Law Review 24: 139-156.

Wirtschaftstheorie statt wirtschaftlicher Betrachtungsweise – Zur Rolle der Ökonomik im Steuerrecht

Roland Ismer

1. Einleitung

Wer im Steuerrecht das Schlagwort ‚Wirtschaft' hört, denkt unwillkürlich an vergangene Auseinandersetzungen zum Thema ‚wirtschaftliche Betrachtungsweise'. Lange ist unter diesem Schlagwort ein erbitterter Streit darüber geführt worden, ob sich das Steuerrecht akzessorisch an zivilrechtliche Begrifflichkeiten anzulehnen hat oder ob es ein autonomes Teilrechtsgebiet darstellt.[1] *Enno Becker*, der die Abgabenordnung 1918/19 im Alleingang schrieb,[2] nahm in § 4 AO eine Klausel auf,[3] nach der bei der Auslegung der Steuergesetze auch die wirtschaftliche Bedeutung zu beachten war. Dessen Sinn war aber nicht, ökonomische Modelle zu rezipieren; vielmehr sollte im Anschluß an Rudolf von JHERING (1865: 302) ein allgemeines Korrektiv geschaffen werden zum „bloß zufälligen formalen Erscheinungsbild" als Ergebnis der Anknüpfung an zivilrechtliche Begrifflichkeiten. Der Richter solle nicht von den Begriffen ausgehen und die Wirklichkeit in seine Begriffe pressen, sondern er müsse von den Dingen ausgehen, die Sache selber erfassen. Er müsse Augen für die Wirklichkeit, für die wirkliche Bedeutung der Dinge haben, so daß die „Lebenswirklichkeit" oder auch „das wirtschaftliche Ist" erfaßt würde.[4] Kurz zusammenfassend läßt sich diese Position beschreiben mit dem im englischen Steuerrechtsdiskurs gebräuchlichen Schlagwort ‚Substance over Form'.[5] Nach den Mißbräuchen während der NS-Zeit[6] entstand die Gegenposition, die zwecks Rechts-

---

1 Aus der reichhaltigen Literatur siehe nur TIPKE (1993b: 1283); LEHNER (1995: 237) mit umfangreichen Nennungen sowie CREZELIUS (1983: 309, 358 ff).

2 Er begann im November 1918. Der Entwurf wurde am 6. August 1919 in die Nationalversammlung eingebracht und in dritter Lesung am 27. November 1919 verabschiedet. Das Gesetz wurde am 13. Dezember 1919 verkündet. Neben der unzweifelhaft gegebenen fachlichen Brillanz von Becker hatte die desaströse Situation der Staatsfinanzen nach dem Ende des Ersten Weltkrieges einen erheblichen Anteil an diesem schnellen Gesetzgebungsverfahren. Als Kontrast sei noch darauf hingewiesen, daß das Nachfolgegesetz, die Abgabenordnung 1977 13 Jahre für seine Fertigstellung brachte, ohne erhebliche Änderungen gegenüber der Reichsabgabenordnung von 1919 zu bringen. Zur Entstehungsgeschichte der AO vergleiche CORDES (1970), TIPKE (1990: 74) sowie ders., (1993a: 32 ff).

3 § 4 RAO 1919 lautete: „Bei der Auslegung der Steuergesetze sind ihr Zweck, ihre wirtschaftliche Bedeutung und die Entwicklung der Verhältnisse zu berücksichtigen." Die Norm wurde unverändert in § 1 Abs. 2 StAnpG (1934) aufgenommen, wo zugleich in § 1 Abs. 3 StAnpG eine Erweiterung auf die Bewertung der Sachverhalte erfolgte. Diese Normen galten bis 1977. In dieselbe Richtung zielte auch § 5 RAO (Steuerumgehung).

4 BECKER (1930: § 4 Anm. 2a). Noch deutlicher BALL (1924: 115).

5 Als Durchbrechung des zunächst in England vom House of Lords in IRC v Duke of Westminster [1936] AC 1aufgestellten Grundsatzes der Form over Substance; vgl. etwa WT Ramsay Ltd v IRC and Eilbeck v Rawling [1981] 1 All ER 865; IRC v Burmah Oil Co Ltd [1981] STC 174; Furniss v Dawson [1984] STC 153.

sicherheit und Sicherung der „Einheit der Rechtsordnung“ von einem Primat des Zivilrechts ausging.[7] Mittlerweile hingegen ist weithin anerkannt, daß die wirtschaftliche Betrachtungsweise nichts anderes ist als eine Spielart der objektiv-teleologischen Auslegung zur Ermöglichung einer Besteuerung nach der wirtschaftlichen Leistungsfähigkeit.[8]

Thema dieses Beitrages soll aber nicht die Autonomie des *Steuer*rechts vom Zivilrecht sein, sondern das Verhältnis von Steuer*recht* zur ökonomischen Theorie. Hier besteht eine durchaus parallele Autonomiedebatte.[9] Ursprünglich sah sich die Steuerrechtswissenschaft als streng akzessorisch zur Ökonomik und insbesondere zur Spezialdisziplin Finanzwissenschaft (Public Finance), was die materiellen Wertungen angeht: Diese war wesentlich älter, so daß ihre Wertungen übernommen wurden; Neues entstand nur bezüglich der praktischen Anwendung, etwa bei der Ausbildung eines rechtsstaatlichen Eingriffsrechts. So stellte denn etwa Weyermann die kühne These auf, daß Rechtsbegriffe, die an wirtschaftliche Tatbestände anknüpfen, die von der Finanzwissenschaft herausgearbeiteten Inhalte übernehmen (WEYERMANN 1927: 194 f). Demgegenüber hat sich seit den Arbeiten Klaus Tipkes mit dem Grundsatz der Besteuerung nach der wirtschaftlichen Leistungsfähigkeit als Konkretisierung des Allgemeinen Gleichheitssatzes eine eigene Teleologie herausgebildet, die im wesentlichen anerkannt ist und den rechtlichen Diskurs beherrscht.[10] Die beiden Autonomisierungstendenzen haben insofern einen gemeinsamen Konvergenzpunkt.

Doch hat in jüngerer Zeit – vornehmlich durch einige Betriebswirtschaftler – eine Gegenbewegung eingesetzt.[11] Sie verlangt dem ökonomisch zu füllenden Neutralitätsgebot eine herausragende Stellung einzuräumen und das Leistungsfähigkeitsprinzip zurückzudrängen. Sie strebt daher eine Besteuerung an, welche die Rangfolge von Alternativen in der Bewertung durch das Individuum nach der Besteuerung im Vergleich zu vorher unverändert läßt. Dies hat jüngst bei der Frage des Ehegattensplittings zu einer geradezu erbitterten Kontroverse geführt.[12] Wenn auch die Kritik bisweilen nur schwer nachvollziehbar war,[13] so bietet dies

[6] Der RFH stützte sich zur Begründung seiner vom Gesetzeswortlaut abweichenden Entscheidungen oftmals auf § 1 StAnpG, das neben der wirtschaftlichen Betrachtungsweise auch die Bindung an die nationalsozialistische Weltanschauung vorschrieben. Vgl. im einzelnen VOß (1995: 194 ff, insbes. 212 ff. sowie 40 ff).

[7] Sehr einflußreich der Beitrag von FLUME (1952: 62f., 86-70). Dieser führte zu einer Prävalenz der Ansicht, daß das Steuerrecht den Anschluß an die anderen Bereiche der Rechtsordnung zu suchen habe. Vgl. MEINCKE (1976: 693 ff m.N).

[8] Vgl. nur LEHNER (1995: 237 ff) sowie TIPKE / LANG (1998: § 5 Rn. 65 mwN). Dementsprechend hat der Gesetzgeber, ohne eine wesentliche Änderung zu bezwecken, die Norm des § 1 Abs. 2,3 StAnpG auch nicht mehr in die AO 1977 aufgenommen (vgl. KRUSE in TIPKE / KRUSE (1997), § 4 Rz. 70.

[9] Vgl. BIRK (1983: 43 ff m. N).

[10] Vgl. nur BVerfGE 61, 319, 343f.; BVerfGE 82, 50, 86; TIPKE / LANG (1998: § 4 Rz. 81 ff. m.N). Kritisch neuerdings LANG / GASSNER (2000), die das Leistungsfähigkeitsprinzip als inhaltsleer beschreiben und stattdessen auf den Allgemeinen Gleichheitssatz rekurrieren wollen An den von ihnen kritisierten Mißständen wird dies jedoch kaum etwas ändern können, da das abstraktere Prinzip keine genaueren Wertungen vorgeben kann als ein dieses konkretisierendes Prinzip.

[11] Etwa BAREIS (2000); BAREIS et al. (1998).

[12] Siehe nur die Aufforderung „Schuster, bleib bei Deinen Leisten!“ von VOGEL (2000: 91).

[13] Kritisch denn auch VOGEL (2000: 91).

durchaus Gelegenheit, sich mit der Rolle der Ökonomik im Recht eingehend zu befassen. In Anbetracht des in anderen Beiträgen Geleisteten soll sich der vorliegende *nicht* primär mit der Constitutional oder Institutional Economics beschäftigen. Der Schwerpunkt liegt vielmehr auf eher traditionellen ökonomischen Arbeitsmethoden. Dazu wird zwischen Rechtsanwender und Rechtssetzer differenziert werden. Besonderes Gewicht liegt auf der Rechtsanwendung, und zwar aus zwei Gründen: Zum einem konzentriert sich die Law and Economics Bewegung bisher auf die Gesetzgebung. Dem steht aber zum zweiten die erhebliche tatsächliche Bedeutung der Rechtsanwendung im allgemeinen und ihre Fehleranfälligkeit im besonderen gegenüber.

2. Positive versus normative Ökonomik

Zunächst ist eine in der Ökonomik gebräuchliche grundlegende Unterscheidung einzuführen, die gleichwohl stets der Gefahr aussetzt, als naiv geschmäht zu werden: die zwischen positiver und normativer Ökonomik.[14] Unter *positiver* Ökonomik versteht man den Zweig der ökonomischen Theorie, der sich mit der Beschreibung und Erklärung ökonomischer Phänomene sowie der Prognose beschäftigt. Sie zielt auf empirisch testbare und falsifizierbare Hypothesen. Die *normative* Ökonomik hingegen hat die Anwendung der positiven Ökonomik zwecks Bewertung von Handlungsoptionen zum Gegenstand. Traditionell werden die Werturteile als nicht falsifizierbar und damit als außerhalb des rational Begründbaren stehend angesehen. Die letztlich auf Hume und Kant zurückgehende Trennung zwischen Sein und Sollen dient herkömmlich auch als Grenze des (im Weberschen Sinne) wissenschaftlichen Bereichs der Ökonomik.

Gleichwohl ist nicht zu verkennen, daß die Unterscheidung nicht so trennscharf ist, wie früher angenommen: Zum einen können auch im Diskurs über Werte rationale Argumente verwendet werden. Man denke etwa an Arrows Unmöglichkeitstheorem (ARROW 1951) oder an Sen,[15] der gezeigt hat, daß Werturteile oftmals auf einer Tatsachenbasis beruhen und mit deren Falsifizierung aufgegeben werden. Zum anderen ist auch positive Ökonomik nicht immer wertfrei: Die Wahl zwischen konkurrierenden ökonomischen Hypothesen auf der Basis von Testbarkeit oder Widerlegbarkeit beinhaltet methodisches Vorgehen, das nicht empirisch begründbar ist.[16] Auch bestehen unterschiedliche Ansichten, was genau positive Ökonomik ausmacht.[17] Bedarf es der Überprüfung durch wiederholbares Experiment (so Anhänger der relativ jungen Disziplin experimenteller Ökonomik), einer prinzipiellen Überprüfbarkeit, muß die Theorie den best fit auch für nicht kontrolliert gewonnene Daten bieten, oder aber schließlich kommt es allein auf Prognose- und Erklärungsleistung an? Oder sollte es sich nur um eine rhetorische Figur handeln, um anderen eigene Werte besser aufdrücken zu können? Jede der Sichtweisen hat Vor- und Nachteile, ein Konsens ist nicht in Sicht.

[14] Vgl. dazu nur Stichwort ‚positive Ökonomik' in: DICHTL / ISSING (1993).
[15] SEN (1970). Ebenso FRIEDMAN (1953).
[16] So zurecht BOLAND (1982).
[17] Die Darstellung folgt BOLAND (1991).

Dennoch soll aus zwei Gründen an der Unterscheidung festgehalten werden. Erstens ist sie *erforderlich*. Die Rechtswissenschaft als Rechtsanwendungslehre ist eine Wertungswissenschaft, sie beschäftigt sich nicht in erster Linie damit, wie das Recht angewandt wird oder wie es angewandt werden wird, sondern zuvörderst damit, wie es angewandt werden soll. Es geht dabei für den Rechtsanwender darum, den Wertungen des Gesetzgebers zum Durchbruch zu verhelfen, was nicht zuletzt auch im Rechtsstaatsprinzip des Art 20 Abs. 3 GG verankert ist. Eigenwertende Theorien sehen sich daher stets der Frage nach dem Geltungsgrund ihrer Wertungen ausgesetzt. Demgegenüber bedarf es für die Rechtsanwendung der zutreffenden Erfassung der Wirklichkeit, setzt sie doch das Hin- und Herwandern des Blickes zwischen Norm und Realität voraus. Wissenschaft ist ein zulässiges, ja wohl regelmäßig das geeignetste Mittel zur Erfassung der Realität. Zweitens gibt es auch in anderen Wissenschaften Zweifel, inwieweit sich der Positivismus halten läßt. Gleichwohl besteht Einigkeit darüber, Ärzte, Biologen, aber auch Historiker als Sachverständige vor Gericht zuzulassen.[18] Trotz der genannten Probleme und daher mit einem gebotenen Maß an Skepsis bedarf es daher als Idealtypen verstanden der Unterscheidung zwischen positiver und normativer Theorie.

3. Positive Ökonomik

3.1. Rechtsanwendung

Für den Rechtsanwender bieten sich mehrere Möglichkeiten, ökonomische Theorie bei der Rechtsfindung zu berücksichtigen. Anhand von Beispielen sollen verschiedene Fallgruppen differenziert werden.

3.1.1. Aussagen über die Gegenwart: Bewertung anhand der Black-Scholes-Formel

Die erste Gruppe hat Aussagen über die Gegenwart zum Gegenstand. Sie läßt sich anhand eines Beispiels von den Finanzmärkten verdeutlichen: Aktienoptionen werden heute zumindest als erste Näherung nach der Black-Scholes-Formel bewertet,[19] die somit den Marktteilnehmern die Preisbildung ermöglicht. Sie liegt damit, ohne für den Laien erkennbar zu sein, dem öffentlich zugänglichen Marktpreis zugrunde und bildet damit die unsichtbare Basis der Gewinnermittlung nach §§ 4, 5, 6 EStG, die eine Bewertung von Vermögensgegenständen fordert. Sie kann darüber hinaus aber auch dort herangezogen werden, wo kein derartiger Markt existiert, etwa weil die Optionen (noch) nicht handelbar sind. Die ökonomische Disziplin Financial Economics ist hier als sachnächste in der Lage, eine bestmögliche Bewertung vorzuschlagen.

[18] Vgl. nur LEIPOLD in STEIN / JONAS (1999: vor § 402 I Rn. 1).
[19] BLACK / SCHOLES (1973: 637 ff).

3.1.2. Prognose von Tatsachen

Zudem kann die Ökonomik auch bei der wissenschaftlichen Fundierung einer Prognose helfen. Strukturell sieht der letztlich trotz der geschilderten Bedenken auch hier zugrundegelegte Positivismus keinen Unterschied zwischen Erklärung und Prognose; es tritt lediglich eine zusätzliche Unsicherheitskomponente hinzu.

Bevor mit Hilfe der Ökonomik ein Beispielsfall zur Wechselkursprognose erörtert werden kann, sind zunächst einige Ausführungen grundsätzlicher Art über die Einkommensteuer vorauszuschieben. Im Einkommensteuerrecht ist zwischen der Erwerbssphäre, welche die Einkommenserzielung zum Gegenstand hat, und der Einkommensverwendungssphäre zu trennen.[20] Aufwendungen, die ein Steuerpflichtiger macht, die durch seine Erwerbstätigkeit veranlaßt sind (Kauf eines Bleistiftspitzers fürs Büro),[21] kann er von der steuerlichen Bemessungsgrundlage abziehen. Solche, die damit nicht in Zusammenhang stehen und die auch keine Aufwendungen für die indisponible Lebenshaltung[22] sind, hingegen nicht (Shopping-Wochenende in London zu zweit). Da liegt es für Steuerpflichtige nahe, ihre Steuerlast dadurch zu mindern zu versuchen, daß sie für die Kosten verursachenden Aktivitäten geringe Erträge erwirtschaften (die Segeljacht wird während kurzer Zeit vermietet). Das Defizit könnte dann, so stellen sie es sich vor, dann als steuerlicher Verlust deklariert und gegen andere Einkünfte verrechnet werden. Und schon trägt der Fiskus je nach Grenzsteuersatz bis zur Hälfte der Konsumausgaben. Diese Gefahr ist in der Steuerrechtswissenschaft und Steuerrechtsprechung bekannt. Folglich wird eine steuerlich erhebliche Tätigkeit nur dann angenommen, wenn sie mit Einkünfteerzielungsabsicht unternommen wird, das heißt, wenn über die gesamte Zeitperiode hinweg ein Totalgewinn angestrebt wird.[23] Bei der Berechnung bleibt eine Steuerersparnis, etwa durch Verschieben von Einkünften in Jahre mit geringeren Einkünften, was einen Progressionsvorteil sichern könnte, außer Betracht.[24] Konsequenterweise wird zudem wegen der Besteuerung von Zinseinkünften von einer Diskontierung abgesehen.[25] (Ansonsten wäre es ein Leichtes, die Besteuerung von Zinserträgen dadurch zu umgehen, knapp unter dem vorgesehenen Diskontfaktor zu bleiben und somit einen Überschuß zu vermeiden).

---

[20] Vgl. nur W. JAKOB (1996: § 1 Rn. 10).

[21] Diese vereinheitlichte Definition der Erwerbsaufwendungen der §§ 4 Abs. 4, 9 EStG entspricht dem objektiven Nettoprinzip. Zum objektiven Nettoprinzip siehe SEEGER in L. Schmidt (2000: § 2 Rn. 10) sowie TIPKE / LANG (1998: § 9 Rz. 54 f.); zur Gleichstellung von Betriebsausgaben und Werbungskosten siehe nur DRENSECK in SCHMIDT (2000: § 9 Rn. 7).

[22] Solche Aufwendungen sind nach dem subjektiven Nettoprinzip abziehbar, vgl. nur den Grundfreibetrag des § 32a Abs. 1 S. 2 Nr.1 EStG von derzeit 13500 DM, den Kinderfreibetrag in § 32 Abs. 4 EStG sowie die Berücksichtigung von (zwangsläufigen) außergewöhnlichen Belastungen in §§ 33, 33a EStG. Zum subjektiven Nettoprinzip etwa SEEGER in SCHMIDT (2000: § 2 Rn. 11).

[23] Sie ist nur für die gewerblichen Einkünfte explizit normiert in § 15 Abs. 2 EStG, wird aber allgemein für alle Einkünfte angenommen. Vgl. nur TIPKE / LANG (1998: § 9 Rn. 124 ff).

[24] Dies folgt wiederum aus § 15 Abs. 2 S.2 EStG, vgl. nur W. JAKOB (1996: § 2 Rn. 25).

[25] Dies ist der Grundsatz Mark gleich Mark, vgl. BVerfGE 50, 57; SEEGER in SCHMIDT (2000: § 2 Rn. 12 m.N.).

Doch nun zum angekündigten (hier vereinfachten) Fall zur Wechselkursprognose, den der BFH vor kurzem zu entscheiden hatte: Ein Steuerpflichtiger kaufte in Großbritannien 1991 (als das Vereinte Königreich noch nicht Opfer der Spekulanten, oder sollte man sagen: der Märkte, geworden war und noch Mitglied des EWS war) gegen Einmalzahlung eine Rentenanwartschaft, die später zu Auszahlungen führen sollte. Er wollte Finanzierungs- und Vermittlungskosten als Werbungskosten steuermindernd gelten machen. Das Finanzamt lehnte dies mit der Begründung ab, ein Totalüberschuß sei nicht abzusehen. Das Finanzgericht gab der Klage der Steuerpflichtigen mit der Begründung statt, ein geringer Überschuß reiche aus, und dieser ergebe sich, wenn man bei der Wechselkursvorhersage mit 2,57 DM pro Pfund am unteren Rand des EWS Schwankungsbandes bleibe.[26] Das Finanzamt ging in die Revision und hielt einen Wechselkurs von 2,04 DM unter Berücksichtigung des zu erwartenden Kursrisikos für angemessen. Wie es zu diesem Kurs kommt, ist nicht ersichtlich.[27] Der BFH lehnte diese Ansicht ab und betrieb seinerseits Prognose: Er hielt dabei den (arithmetischen) Durchschnittswert der letzten 10 Jahre für angemessen.

Wie stellen sich diese Dinge aus der Sicht der ökonomischen Theorie dar? Dazu sind zunächst Kriterien anzuführen, anhand derer Schätzungen bewertet werden können unter Unsicherheit. In der Ökonometrie, der ökonomische Statistik, werden dazu üblicherweise drei Eigenschaften verlangt:[28] Erstens soll keine systematische Abweichung nach unten oder nach oben bestehen (Unverzerrtheit).[29] Zweitens sollen die geschätzten Werte möglichst dicht an den wahren Werten liegen, wobei das Gewicht einer Abweichung umso stärker zunimmt, je weiter sie vom wahren Wert entfernt ist (Effizienz).[30] Und drittens, was hier regelmäßig nicht relevant wird, sollen zusätzliche Kenntnisse zu einem besseren Schätzergebnis führen (Konsistenz). Darüber hinaus ist für die juristische Anwendung ein weiteres Kriterium einzuführen,

---

[26] Um genau zu sein: 13,68 DM bei einem Investitionsvolumen von mehr als 100.000 DM.

[27] Daneben verlangte das Finanzamt auch eine Abzinsung der zukünftigen Erträge. Dies wurde vom BFH abgelehnt unter Berufung auf den Grundsatz Mark gleich Mark, BFH, DStR 2000, 519.

[28] Vgl. dazu nur DOUGHERTY (1992: 17 ff). mit einem instruktiven Beispiel für einen Zielkonflikt zwischen Effizienz und Unverzerrtheit.

[29] Soll also geschätzt werden, wie hoch die gewürfelte Augenzahl eines sechsseitigen Würfels ist, so ist 1 (ebenso wie 6) keine vernünftige Schätzung, da das wahre Ergebnis mit 5/6 Wahrscheinlichkeit darunter liegen wird, aber mit Wahrscheinlichkeit von 0 darüber. Definiert man den Erwartungswert als das Produkt von Augenzahl mit seiner Wahrscheinlichkeit (hier immer 1/6!), so ergibt sich dieser hier als 1/6*1 + 1/6*2 + ... + 1/6*6, also 21/6=3,5. Nach diesem Kriterium verlangt man also, daß der Schätzer den Erwartungswert treffen soll.

[30] Um die angezeigte Augenzahl eines Würfels zu schätzen, könnte man erneut würfeln und bei 1, 2 und 3 dann 1 als Schätzwert und bei 4, 5 und 6 dann 6 nennen. Der Erwartungswert des Schätzers vor dem erneuten Würfeln ist (1/2*1+1/2*6=) 3,5 und stimmt mit dem Erwartungswert der zu schätzenden Augenzahl überein. Gleichwohl kann es hier dann passieren, daß der Schätzer eine 1 wird, der erste Wurf aber eine 6 zeigt, so daß man um 5 Augen danebenliegt, was nicht auftreten kann, wenn man 3,5 schätzt (die maximale Abweichung ist dann 2,5). Definiert man als Varianz die mit der Wahrscheinlichkeit gewichtete Summe des Quadrats der Differenz zwischen Ausgang und Erwartungswert, so ist die Varianz zu minimieren. Im Ausgangsfall ist die Varianz $1/6*(1-3,5)^2+1/6*(2-3.5)^2+\ldots+1/6*(6-3.5)^2=17,5/6=2,916$. Im zweiten Fall ist die Varianz hingegen $1/2*(1/6*(1-1)^2+1/6*(2-1)^2+\ldots+1/6*(6-1)^2)+1/2*(1/6*(1-6)^2+1/6*(2-6)^2+\ldots+1/6*(6-6)^2)=1/2*9+1/2*9=9$. Die Varianz ist also höher, der Schätzer also, wie zu erwarten, schlechter.

das zwischen ökonomisch nicht eindeutig bewertbaren Modellen entscheidet: das der Einfachheit. Man könnte es ökonomisch legitimieren über Entscheidungsfindungskosten; angemessener erscheint aber, es über das juristische Kriterium der Rechtssicherheit zu tun.

3.1.2.1. Unverzerrtheit

Ausgangspunkt für die Beurteilung der Schätzungsverfahren für den Rentenfall des BFH soll das Unverzerrtheitskriterium sein. Es schließt jedenfalls Verfahren aus, die ohne weitere Begründung einen Risikoabschlag vornehmen. Diese führen stets dazu, daß im langfristigen Mittel zu niedrig geschätzt wird. Niemand, der die Augenzahl eines Würfels vorhersagen will, würde sagen, daß der Erwartungswert 3,5 sei, aber wegen des gegebenen Risikos man doch lieber vorsichtig sein solle und deswegen nur schätze. Auch dem Steuerrecht ist es fremd, Risikoabschläge zu berücksichtigen[31]: Wer wider jegliche Erwartung mit einem Geschäftskonzept erfolgreich ist, kann sich ja auch nicht darauf berufen, er müsse keine Steuern zahlen, da die Erträge Ergebnis einer äußerst gewagten Strategie seien. Wenn sich aber der Steuerpflichtige nicht auf das Risiko berufen kann, erscheint es nach dem allgemeinen Grundsatz des Korrelats von Nutzen und Nachteil, der im Steuerrecht etwa im Abzug der Erwerbsaufwendungen, aber auch in § 3 c EStG seinen Niederschlag gefunden hat, als nur konsequent, dies dem Staat auch zu verweigern.

Aufgrund dieser Überlegungen sind die Ansätze vom Finanzamt und vom Finanzgericht zu verwerfen. Beide gehen von einer pauschalen Abwertung der Auslandswährung aus, ohne auf die wirtschaftlichen Grundlagen zurückzugreifen. Sie schätzen folglich verzerrt.

3.1.2.1.1. Prognose aufgrund von Zinsunterschieden

Doch was kann die ökonomische Theorie zur Vorhersage beitragen? Ein Ausgangspunkt liegt darin, daß die zwischen Deutschland und Großbritannien Zinsunterschiede bestehen. Die (Nominal-) Zinsen sind im Vereinigten Königreich historisch über Jahrzehnte höher gewesen als in der Bundesrepublik, ohne daß die Anleger signifikant daran gehindert waren, ihr Geld von einem Land in das andere zu transferieren. Nun könnte man unbefangen annehmen, höhere Zinsen würden bedeuten, daß Anleger mehr Geld in dieses Land zu schaffen, so daß die Nachfrage den Preis dieser Währung erhöhen würde, also der Wechselkurs anstiege.[32]

So verlockend dies auf den ersten Blick auch sein mag, gänzlich richtig ist es gleichwohl nicht. Dies zeigt das folgende kleine ökonomische Modell: Der Wechselkurs der Währungen zweier fiktiver Länder Hoch (H) und Tief (T) sei 1:1. Die Länder unterscheiden sich bei freier

[31] Daran ändern auch die Fälle nichts, in denen ein Arbeitnehmer bei einer Betriebsfeier bei extrem geringer Wahrscheinlichkeit eines Preis gewinnt: Dieser ist zwar nicht steuerbar (vgl. BFH BStBl. 1975 II, 181; a.A. BFH BStBl. 1994 II, 254). Entgegen der Rechtsprechung liegt der eigentliche Grund aber nicht darin, daß hier „reines Glück" vorliegt, sondern darin, daß der eigentlich zu versteuernde Erwartungswert, der jedem einzelnen Arbeitnehmer zugewendet wird, unter die Bagatellschranke fällt. Dies setzt allerdings voraus, daß man für einen Zufluß i.S. von § 11 EStG die Aushändigung des Loses ausreichen läßt (dagegen aber BFH BStBl. 1994 II 254). Dies wird jedenfalls bei hinreichende Verselbständigung der Lotterie zu bejahen sein.

[32] Also hier im Beispiel mehr DM pro Pfund gezahlt werden müßten.

Transferierbarkeit und gleichen ökonomischen Rahmenbedingungen nur darin, daß H einen höheren Zinssatz biete als T. Real gesehen müssen die Zinsen aber gleich sein: Ansonsten wäre es für jeden Anleger individuell rational, sein Geld im Land der höheren Realzinsen anzulegen. Seine Verhandlungspartner im anderen Land würden keine Gläubiger finden und müßten daher höhere Zinsen anbieten, während diejenigen im realen Hochzinsland auch bei niedrigeren Zinsen noch genug Geldgeber finden würden. Ergebnis wird daher sein, daß sich am Markt (nahezu) derselbe Realzinssatz einstellt. Sind dennoch die Nominalzinssätze unterschiedlich, so muß dies auf unterschiedlicher Inflation beruhen. In H müssen mehr Zinsen gezahlt werden, um denselben realen Ertrag zu gewährleisten. Gleichwohl würde kein Run auf die nominal höher verzinste Währung entstehen, da real derselbe Ertrag dahintersteht. Wie wirkt sich dies auf den Wechselkurs aus? Wenn real derselbe Ertrag gewährt werden soll, muß, da die höher verzinste Währung einen größeren nominalen Betrag gibt, am Ende des Jahres jede Geldeinheit der Währung von H weniger wert sein als die von T. Damit legt dieses Modell nahe, daß entgegen der ursprünglichen Intuition die Währung des Hochzinslandes fallen wird. (Also zum Beispiel: Ist der Zinssatz in H bei 10 Prozent pro Jahr, in T bei 5 Prozent, so ist die beste Vorhersage eine Aufwertung der T-Währung auf 110/105 :1).[33]

Das soeben beschriebene Prinzip wird in der ökonomischen Literatur unter dem Schlagwort Uncovered Interest Parity (UIP) diskutiert.[34] Es ist aus ökonomischer Sicht attraktiv, weil es keine Arbitragemöglichkeiten vorsieht.[35]

3.1.2.1.2. Random Walk Hypothese

Die UIP-Modelle sehen sich einer geradezu unglaublichen Herausforderung gegenüber[36]: der Random-Walk-Hypothese, die sich für die kurzfristige Vorhersage an Aktienmärkten bewährt hat. Sie mutet naiv an, sieht sie doch als beste Vorhersage des künftigen Kurses den gegenwärtigen. Und dennoch ist es in der Ökonomik noch nicht gelungen, bei den Wechselkursen der Industrienationen überzeugend über dessen Vorhersagequalitäten hinauszukommen.[37] So weist etwa Sushil Wadwhani, Mitglied des MPC der Bank of England in einem neueren Papier darauf hin, daß die Vorhersagequalität des RW Modells in mittlerer Laufzeit für Industriestaaten dem der UIP tendenziell überlegen ist, wenn auch letzte abschließende Beweise noch fehlen.[38]

---

[33] Aus 100 H-Einheiten werden 110, aus 100 T-Einheiten 105. Beide müssen gleich viel wert sein, da derselbe reale Ertrag gewährt wird. Daher sind 105 T-Einheiten soviel wert wie 110 H-Einheiten oder eine T-Einheit soviel wie 110/105 H-Einheiten.

[34] WADHWANI (1999: 2ff); OBSTFELD / ROGOFF (1996: 527 f); Romer (1996: 210).

[35] WADHWANI (1999: 5); OBSTFELD / ROGOFF (1996: 528).

[36] Seit MEESE / ROGOFF (1983).

[37] Dementsprechend kursiert unter Spöttern der Scherz, man brauche Wissenschaflter, die an der Wechselkursvorhersage arbeiteten, taktvollerweise gar nicht zu fragen, ob sie noch an der Uni arbeiteten.

[38] WADHWANI (1999: 6f) mit dem poinitierten Zitat: „this does indeed appear to be an instance, where a little bit of knowledge of textbook economics (ie UIP) appears worse than no knowledge!"; die Leistungen des RW-Modelles betont auch TAYLOR (1995). In einem neueren Paper (TAYLOR / PEEL 2000) wird allerdings für

Wenn die Random Walk Hypothese stimmt, dann enthalten vergangene Daten keinerlei Informationen für die zukünftige Entwicklung. Damit aber wäre das Verfahren des BFH (Durchschnitt der letzten 10 Jahre) als solches abstrakt gesehen unverzerrt, da hier nicht von vorneherein klar ist, daß der Kurs in den Vorjahren systematisch niedriger oder höher war.

Anhand des Unverzerrtheitskriteriums kann daher keine abschließende Entscheidung zwischen de UIP und dem RW-Modell getroffen werden.

3.1.2.2. Effizienz

Allerdings setzt sich der BFH dem Vorwurf aus, sachfremde Kriterien benutzt zu haben. Diese führen dazu, daß man systematisch weiter weg vom zu erwartenden Ergebnis ist, als man es sein müßte. Das Verfahren ist damit ineffizient.

3.1.2.3. Einfachheit

Nach diesem (subsidiären) Kriterium kann die Entscheidung zwischen dem UIP-Modell und dem RW-Modell erfolgen: Die Zinsdifferentialmethode ist in der Rechtspraxis nur schwer umzusetzen, das RW Modell hingegen einfach anzuwenden durch Blick in die relevante Tageszeitung.[39] Ein weiteres Argument liefert die rechtliche Systematik Die Bundesrepublik Deutschland ist, wie sich aus der Finanz- und Wirtschaftsverfassung des Grundgesetzes ergibt, Steuerstaat.[40] Sie finanziert sich – bei grundsätzlicher Trennung von Staat und Erwerbshandeln der Privaten – vorrangig über Steuern, vermittels derer sie sich an den Erträgen der Wirtschaft gleichsam als stiller Partner beteiligt. Damit ist aber die Beteiligung am Wirtschaften die Regel, will der Staat abweichen, bedarf er Gründe. Der drohende Nachteil einer „übereifrigen" Partizipation ist vor dem Hintergrund der Steuerstaatlichkeit geringer zu gewichten als der Bruch durch zu geringe Partizipation. Die D-Mark bzw. der Euro ist aber traditionell eine Niedrigzinswährung, so daß die Anwendung des falschen Modells (Random Walk, wenn UIP richtig wäre) allerhöchstens zu Unrecht das Verdikt der Liebhaberei abwendet. Demgegenüber würde eine fälschliche Anwendung des UIP-Modells auch dort Liebhaberei angenommen, wo sie nicht vorläge. Insofern wird hier bereits deutlich, daß auch die Hinzuziehung positiver ökonomischer Argumente immer im Rahmen der bestehenden Gesetzessystematik erfolgt.

3.1.3. Prognose über Wertverwirklichung: Einkommensungleichheit

Eine dritte Gruppe hat schließlich nicht Tatsachenprognose zum Gegenstand, sondern hilft zu beurteilen, inwieweit vorgegebene Werte verwirklicht werden und welche von mehreren Möglichkeiten dem Wert am besten genügt.

---

wahrscheinlich gehalten, daß die traditionelle ökonomische Theorie zutreffend und nur die empirische Implementierung in einem linearen Modell verfehlt sei.

[39] Dem Verfasser ist es trotz erheblichen Rechercheaufwandes nicht gelungen, im Internet allgemein zugängliche Quellen über langfristige Zinstrends (in Form von Futures o.ä.) zu finden. Wie kann dann von Steuerzahlern erwartet werden, daß sie diese Informationen in ihre Gewinnkalkulation einbeziehen?

[40] Vgl. dazu nur VOGEL / WALDHOFF (1997: Rn. 327 ff, insbes. 330).

Art. 20 Abs. 1, 28 Abs. 1 GG normieren über das unscheinbare Adjektiv „sozial" das Sozialstaatsprinzip.[41] Dessen Normprogramm liegt u.a. im Auftrag, Wohlstandsdifferenzen abzubauen, d.h. Ungleichheiten in Einkommen und Vermögen zu reduzieren.[42] Es wendet sich in dieser Dimension zwar primär an den Gesetzgeber, kann aber auch für die Rechtsanwendung im Rahmen einer Folgenprognose an Bedeutung gewinnen: Wenn es darum geht, verschiedene Positionen gegeneinander abzuwägen, spricht es für die Alternative, von der anzunehmen ist, daß sie zu weniger Ungleichheit in der Gesellschaft führt.

Ein solches Vorgehen setzt jedoch zweierlei voraus: Zum einen eine Prognose, wie sich die tatsächlichen Verhältnisse unter den Alternativen jeweils entwickeln würden.[43] Zum anderen aber müßte eine Kurzformel die Vergleichbarkeit von verschiedenen Zuständen in bezug auf Ungleichheit herstellen. Es bedarf daher zusätzlich eines Ungleichheits*maßes*. Die ökonomische Theorie stellt dafür eine Vielzahl von Indizes zur Verfügung, die dafür herangezogen werden können.[44]

---

[41] Allgemeine Ansicht, vgl. nur JARASS in JARASS / PIEROTH (2000: Art. 20 Rn. 102).

[42] Das Bundesverfassungsgericht spricht vom Auftrag an den Gesetzgeber, für den „Ausgleich sozialer Gegensätze und damit für eine gerechte Sozialordnung zu sorgen." Deutlicher ZACHER (1987: 1060f.): „... mehr Gleichheit durch den Abbau von Wohlstandsdifferenzen ...". Ihm folgend etwa SOMMERMANN in MANGOLDT / KLEIN / STARCK (2000: Art. 20 Rn. 99).

[43] Diese unterscheidet sich nicht strukturell von dem oben unter III 1 b Dargestellten.

[44] Die Maße lassen sich einteilen in statistische, wohlfahrtstheoretische und axiomatische (vgl. MYLES 1995: 70 ff). Unter den statistischen Maßen ist die Lorenzkurve ein gängiges Instrument. Man erhält sie, indem man die Subjekte nach ihrem Einkommen ordnet und dann ermittelt, welchen Anteil der Bevölkerung der Mensch mit dem geringsten Einkommen ausmacht und wie hoch sein Anteil am Gesamteinkommen ist, danach, wie hoch der Anteil der Menschen mit dem niedrigsten und zweitniedrigsten Einkommen zusammengenommen ist und welcher Prozentsatz des Gesamteinkommens ihnen zufließt, dann, wie hoch der Bevölkerungs- und Einkommensanteil der drei niedrigsten Einkommen ist usw. Dies wird dann in ein Diagramm eingetragen, wobei der zusammengenommene (kumulierte) Bevölkerungsanteil auf der x-Achse, der kumulierte Einkommensanteil auf der y-Achse eingetragen wird. Haben alle Menschen das gleiche Einkommen, so ergibt sich eine 45-Grad-Linie (die x- und y-Koordinaten sind auf dieser Linie gleich). Bestehen hingegen Einkommensungleichheiten, so bekommen die unteren Einkommen weniger als ihr Bevölkerungsanteil ausmacht, so daß die Kurve zunächst unter der 45-Grad-Linie liegt und diese erst später, spätestens jedoch mit dem höchsten Einkommen, wieder erreicht. (Sie kann aber nie über dieser liegen.) Diese zuletzt geschilderten Eigenschaften macht sich das Gini-Maß zunutze, indem es auf die Fläche zwischen 45-Grad-Linie und der Lorenzkurve abstellt. Haben alle das gleiche Einkommen, so fallen Lorenzkurve und 45-Grad-Linie zusammen, die Fläche zwischen ihnen ist null. Bezieht ein Mensch alles Einkommen und die anderen nichts, so ist das Gini-Maß eins. Generell gilt: Das Maß liegt zwischen null und eins; es ist umso größer, je ungleicher die Verteilung in der Bevölkerung ist. Ein weiteres statistisches Maß ist das Theil-Entropie-Maß, das aus der Physik stammt. Nachteile der statistischen Maße ist es, daß sie Annahmen über gesellschaftliche Werte treffen, diese jedoch nicht explizit machen. Daher entstanden wohlfahrtstheoretische Maße (wie der Atkinson-Kolm-Index, der auf die Arbeiten von KOLM (1969) und ATKINSON (1970) zurückgeht), die diese Werte in das Maß aufnehmen: Sie gehen von den Prämissen aus, daß Ungleichheit nicht gewollt (also ein Übel) ist, ein höheres Durchschnittseinkommen hingegen gut ist. Es kann dann ausgerechnet werden, wie weit das Durchschnittseinkommen bei gleichem Einkommen für alle hinter dem tatsächlich höheren, aber ungleich verteilten Einkommen zurückbleiben darf. So kann es also sein, daß bei einem sehr ungleich verteilten Gesamteinkommen ein Durchschnittseinkommen von 1000 dasselbe gesamtgesellschaftliche Wohlfahrtsniveau auch mit einem gleichverteilten Durchschnittseinkommen von 500 erzielt werden kann. Andererseits spielt auch die gesellschaftliche Abneigung gegenüber Ungleichheit hier mit hinein: Ist sie größer, würde in unserem Beispiel ein Durchschnittseinkommen von 250 ausreichen können. Zum axiomatischen Ansatz infra.

Die Leistungen der Ökonomik gehen darüber noch hinaus: Sie hat erwiesen, daß Ungleichheit neben seiner Eigenschaft als Wert auch als Begriff „Ungleichheit“ sowohl beschreibende als auch wertende Elemente enthält:[45] Die sich daraus ergebenden Anforderungen an ein Ungleichheitsmaß können axiomatisch aufgestellt werden.[46] Anhand dessen können dann eine Klasse von Indizes herausgearbeitet werden, die diesen Kriterien als einzige genügen. Eine solche Axiomatisierung hat namentlich Frank Cowell geleistet. Er fordert, ein Ungleichheitsmaß müsse folgenden Voraussetzungen genügen:

- der Symmetrie bzw. Anonymität (Ungleichheit ist unabhängig davon, welches Individuum arm oder reich ist),
- dem Transferprinzip (Einkommenstransfers von einem Reicheren zu einem Ärmeren verringern stets die Ungleichheit)
- der Skalenunabhängigkeit (wenn sich sämtliche Einkommen in der Bevölkerung verdoppeln, bleibt die Ungleichheit unverändert)[47]
- der Zerlegbarkeit (wenn in einer Untergruppe der Bevölkerung die Ungleichheit abnimmt, sinkt die Ungleichheit in der Gesamtbevölkerung)
- dem Populationsprinzip (wenn in eine bestehende Bevölkerung eine neue Gruppe einwandert, die dieselbe Ungleichheit aufweist wie die bestehende, bleibt die Ungleichheit gleich; würde man also die USA genau einmal klonen und gäbe es danach Bill Gates, aber auch jeden Tellerwäscher zweimal, so wäre die Ungleichheit wie zuvor).

Die Axiomatisierung kann nun in zwei Richtungen für die Rechtswissenschaft von Nutzen sein: Zum einen kann sie helfen, die Konkretiserung dessen, was unter Ungleichheit im Sinne des Sozialstaatsprinzips zu verstehen ist, voranzutreiben und zugleich für die oben geschilderte Prognose die den Ungleichheitsmaßen zugrundeliegenden Wertungen offenbaren. Dabei erscheinen die vier Axiome durchaus mit den Wertungen des Sozialstaatsprinzips vereinbar, so daß die resultierenden Maße durchaus für die Folgenprognose verwendet werden dürfen. Zum anderen aber bietet die Axiomatisierung einen Weg, dann, wenn in der Rechtswissenschaft Konsens gefunden sein sollte bzgl. der Konkretisierung des Begriffs „Ungleichheit“, diese Anforderungen auch vom Ungleichheitsmaß einzufordern. Die Ökonomik kann insoweit die Wertungen der Rechtswissenschaft aufnehmen und ihnen zum Durchbruch verhelfen.

[45] So zutreffend SEN (1972: 2f).

[46] COWELL (1980: 521 ff); derselbe (2001: 54 ff); AMIEL / COWELL (2000: 8 ff (gut lesbar!)). Für empirische Ergebnisse, inwieweit diese Axiome von Studenten geteilt werden vgl. ebendort, 31 ff.

[47] Parallel hierzu wird in der Literatur das Prinzip der Unabhängigkeit von Verschiebungen (Ungleichheit ist unverändert, wenn sich alle Einkommen um denselben Betrag erhöhen; dieses Prinzip steht im Ausschließlichkeitsverhältnis zur Skalenunabhängigkeit) diskutiert.

3.2. Gesetzgeber: Versteuerung von Spekulationsgewinnen

Auch der Gesetzgeber ist an ökonomische bzw. ökonometrische Erkenntnisse gebunden. Dies folgt nicht zuletzt aus seiner Bindung an Grundrechte, weshalb er zugespitzt insoweit auch als Rechtsanwender bezeichnen werden könnte. Es ergeben sich damit vergleichbare Fallgruppen wie die oben für die Rechtsanwendung dargestellten. Daher soll hier nur anhand eines Beispieles dargestellt werden, wie positive ökonometrische Methoden helfen könnten, die Verfassungswidrigkeit einer Norm zu erweisen. Es hat die Versteuerung von Veräußerungsgewinnen zum Gegenstand.

Gemäß §§ 22 Nr.2, 23 EStG sind Veräußerungsgewinne steuerbar, wenn sie innerhalb eines Jahres nach Erwerb erzielt werden und sie saldiert eine Freigrenze von 1000 DM jährlich überschreiten. Diese unterliegen nicht der Kapitalertragsteuer; sie müssen vom Steuerpflichtigen selbst erklärt werden. Inwieweit die Bürger dies in der Realität auch wirklich tun, erscheint unklar. Zyniker meinen zu hören, daß im Hinweis der Bankangestellten, die Spekulationsgewinne müßten selbst erklärt werden, geradezu der Rat mitschwingt, dies besser nicht zu tun, mangels wirksamer Kontrollmöglichkeiten durch den Staat. Nach dem Zinssteuerurteil des Bundesverfassungsgerichts[48] verlangt aber Art. 3 Abs. 1 GG „für das Steuerrecht, daß die Steuerpflichtigen durch ein Steuergesetz rechtlich und tatsächlich gleich belastet werden. Die Besteuerungsgleichheit hat mithin als ihre Komponenten die Gleichheit der normativen Steuerpflicht ebenso wie die Gleichheit bei deren Durchsetzung in der Steuererhebung.“ Ist dies nicht gewährleistet, so ist die bestehende gesetzliche Ordnung verfassungswidrig. Dementsprechend erachtet eine beachtliche Strömung in der Rechtswissenschaft §§ 22 Nr. 2; 23 EStG für mit dem Grundgesetz unvereinbar.[49] Um zu beweisen, daß in der Tat ein signifikanter Anteil (Wie hoch?) nicht erklärt wird, müßten ökonometrische Methoden verwandt werden. Aus zufällig ausgewählten Stichproben (z.B. Außenprüfungen) müßte geschätzt werden, wie viele Spekulationsgewinne erzielt werden und wie viele insgesamt voraussichtlich gemacht werden.[50]

---

[48] BVerfGE 84, 239. Siehe auch ECKHOFF (1999: insbes. 525 f).

[49] BALMES (2000: 1069 ff); GLENK in BLÜMICH (2000: § 23 Rn. 10). Von einem Leerlaufen des § 23 EStG spricht auch CREZELIUS in KIRCHHOF / SÖHN (1995: § 23 A 70. A.A); FG Schleswig-Holstein, EFG 2000, 197 ff.

[50] Einen Ansatzpunkt dafür könnte etwa die Entwicklung der DaimlerChrysler-Aktie im Jahr 1999 liefern: Diese stieg im Jahr 1999 kontinuierlich, so daß praktisch jeder Veräußernde einen Gewinn erzielte. Steuerrechtlich war jedoch der Tausch der Daimler-Aktie in DaimlerChrysler-Aktien im Zuge der Fusion im Dezember 1998 als Anschaffung zu werten. Daher hatte jeder Veräußernde einen Gewinn innerhalb der Jahresfrist erwirtschaftet. Der Gewinn wäre steuerpflichtig gewesen, wenn er nicht in einem Betriebsvermögen oder für einen nur beschränkt Steuerpflichtigen (diese sind im Gegensatz zu den unbeschränkt Steuerpflichtigen des § 1 EStG nicht mit ihrem Welteinkommen der Steuer unterworfen, sondern nur für bestimmte inlandsbezogene Sachverhalte (§§ 49 ff. EStG). Zu diesen zählen nicht Spekulationsgewinne iS. der §§ 22 Nr. 2, 23 EStG) entstanden ist. Anhand von Zufallsstichproben könnte man den Anteil der unbeschränkt Steuerpflichtigen am Handel schätzen, anhand der Kursentwicklung die Gewinne. In Anbetracht des rasanten Kursanstiegs dürfte allein die DaimlerChrysler-Aktie einen Gutteil der erklärten Spekulationsgewinne abdecken, sie vielleicht gar überschreiten. Bei einem ansonsten sehr günstigen Marktumfeld ist nicht davon auszugehen, daß diese Gewinne nur deswegen nicht erklärt wurden, weil ihnen während des Jahres andere Verluste gegenüberstanden.

4. Rolle der normativen Ökonomik

4.1. Rechtsanwender

Wie bereits oben unter II. dargelegt, setzt normative Ökonomik eigene Wertungen ein. Das wohl bekannteste Kriterium ist das der Pareto-Effizienz (ein Zustand ist dann Pareto-effizient, wenn es keinen anderen möglichen Zustand gibt, der Pareto-superior ist, d.h., wenn es nicht möglich ist, mindestens ein Individuum besser zu stellen, ohne irgendein anderes schlechter zu stellen). Dieses Kriterium stellt nur eine Teilordnung dar. Es ist normativ, da es z.B. von Neid und Interaktionen in der Nutzenfunktion abstrahiert.

Darüber hinaus bestehen noch weitere Kriterien, wie etwa das Kaldor-Hicks Kriterium, das darauf abstellt, ob es möglich wäre, daß die Gewinner einer Maßnahme die Verlierer kompensieren und immer noch besser stehen als zuvor. Hier ist unklar, welche Preise zur Anwendung gelangen sollen (was zu intransitiven, ja direkt widersprüchlichen Ergebnissen führen kann). Außerdem verstört, wieso es auf die potentielle Besserstellung ankommen soll. Daneben soll nur noch das Varian'sche Fairness-Konzept (VARIAN 1974) erwähnt werden, wonach ein Zustand dann gerecht ist, wenn keiner der beteiligten Individuen das eigene Güterbündel gegen eines der anderen einzutauschen bereit ist. Dieses Kriterium setzt sich dem Einwand aus, daß es immer noch Individuen geben kann, die aufgrund ihrer erhöhten Bedürfnisse schlechter gestellt sind, etwa Behinderte.

Wie ebenfalls bereits oben erwähnt, stellt sich in diesem Zusammenhang immer wieder die Frage, warum diese normativen Kriterien Verbindlichkeit beanspruchen können, d.h. für den Rechtsanwender bindend sein sollen. Letztlich taucht hier also das Problem der Rechtswissenschaft als hermeneutischer Wissenschaft auf, im Gegensatz zur analytischen Ökonomik. Daher kann der normativen Ökonomik nur dann Bedeutung zukommen, wenn der (Verfassungs-) Gesetzgeber dies entweder ausdrücklich angeordnet hat oder wenn der Rechtsanwender ausnahmsweise berechtigt *eigenwertend* rechtsfortbildend tätig wird.

Anwendungsfälle für die letzte Fallgruppe dürften im Steuerrecht äußerst selten sein. Für die erste Fallgruppe besteht hingegen mit Art. 109 Abs. 2 GG ein interessantes Beispiel.[51] Aus dieser Norm ist zwar kein bestimmtes, feststehendes Ergebnis abzuleiten; sie ist auch nur beschränkt justiziabel.[52] Sie muß aber in den Entscheidungsprozeß einbezogen werden.[53] Sie verlangt, daß Bund und Länder bei ihrer Haushaltswirtschaft, also nach allgemeiner Ansicht bei allen unmittelbar auf die Einnahmen und Ausgaben bezogenen Vorgängen,[54] den Erfordernissen des gesamtwirtschaftlichen Gleichgewichts Rechnung tragen. Darunter versteht man

---

[51] Aus der Perspektive der Staatsverschuldung HÖFLING (1998: 93 ff).

[52] BVerfG, Kammerbeschluß, NVwZ 1990, 357.

[53] SIEKMANN in SACHS (1999: Art. 109 Rn. 20). BADURA (1996: I 84) sieht in der Norm eine Staatszielbestimmung, eine Ansicht, die auch in den Beratungen des Rechtsausschusses vom Abg. Benda (CDU/CSU) geäußert wurde (5. Deutscher Bundestag, Beratungen des Rechtsausschusses, 17. Sitzung am 22. September 1966, StenProt., 50, „eine Art Staatszielbestimmung").

[54] Vgl. nur JARASS in JARASS / PIEROTH (2000: Art 109 Rn. 1 m.N).

herkömmlich neben Preisstabilität, niedriger Arbeitslosigkeit und außenwirtschaftlichem Gleichgewicht auch angemessenes Wirtschaftswachstum.[55] Kurzum: Die Norm stellt die Haushaltswirtschaft in den Dienst des Interventionsstaates.[56] Die Vorstellungen des historischen Gesetzgebers waren keynesianisch geprägt; gleichwohl war man sich der wissenschaftlichen Beschränktheit und Zeitgebundenheit bewusst,[57] so daß mit der Zurückdrängung der keynesianischen Theorie in der ökonomischen Theorie die Norm nicht nach dem Grundsatz „cessante ratione cessat lex ipsa“[58] wirkungslos wird. Vielmehr ist die Norm entsprechend den gesicherten Erkenntnissen der Ökonomik auszulegen;[59] sie kann daher – wenn auch mit der gebotenen Vorsicht – zum Einfallstor der auch normativer ökonomischen Analyse[60] werden.

4.2. Bindung des Gesetzgebers

Dem Gesetzgeber kommen größere Gestaltungsspielräume zu, und diese kann er auch unter Heranziehung der ökonomischen Analyse ausfüllen. Er ist aber selbst hier nicht frei, hat er doch als hier vorrangig zu nennende Grenze die Bindung durch Individualrechte zu beachten. Diese stellen jedenfalls auch Abwehrpositionen des Bürgers gegen den Staat dar, und dem freiheitlichen Staat ist wesenseigen, eben nicht die gute von der schlechten Verwendung der Freiheit zu trennen. Mag es ökonomisch vielleicht noch so wünschenswert erscheinen, daß der Bürger seine Freiheit irgendwie konsistent nutzt, damit er verstanden werden kann, grundrechtlich ist ihm in der Regel verbürgt, daß er nachdem er A gesagt hat, eben nicht B sagen muß.[61] Mag ein Vorschlag noch so lobenswerte ökonomische Eigenschaften haben, Verfassungsrecht geht vor.[62]

Exemplarisch können die geschilderten Spannungen ausgeführt werden am Beispiel der Besteuerung von Ehegatten.[63] Hierzu werden vier Ansätze vertreten[64]: Splitting,[65] Realsplitting,[66]

---

[55] BVerfGE 79, 311, 338.

[56] FISCHER-MENSHAUSEN in von MÜNCH / KUNIG (1996: Art. 109 Rn. 15).

[57] Vgl. BVerfGE 79, 311, 338.

[58] Vgl. dazu etwa LARENZ (1991: 351); LOWER (1989).

[59] Die Offenheit der Norm für wissenschaftlichen Erkenntnisfortschritt betont auch das Bundesverfassungsgericht, BVerfGE 79, 311, 338.

[60] Zur Rolle der ökonomische Analyse im öffentlichen Recht vgl. etwa ENGEL / MORLOK (1998).

[61] Die Grundrechte geben dem Grundrechtsträger in ihrer Funktion als Abwehrrechte das Recht, in ihrem Rahmen nach freien Belieben zu handeln (Schwabe 1977: 14).

[62] VOGEL (1999: 205). Vehement verteidigt den Vorrang des Verfassungsrechts SÖHN (1994: 425): „Die Behauptung, daß die unterstellte ökonomische Sicht entscheidend sei, ... wird auch durch ständige Wiederholung nicht richtig. Verfassungsrecht ist vorrangig.“

[63] Siehe dazu etwa VOGEL (1999); BAREIS (2000); BAREIS et al. (1998); SCHERF (2000); HOMBURG (2000) sowie TIPKE (2000) m.w.N.

[64] Die früher praktizierte Zusammenrechnung des Einkommens der Ehegatten ohne Differenzierung im Tarif zwischen Verheirateten und Unverheirateten ist verfassungswidrig und scheidet damit aus, vgl. BVerfGE 6, 55, weil sie wegen der Progression zu einer mit Art. 6 GG unvereinbaren Diskriminierung führt.

[65] Dies entspricht dem geltenden Recht, wenn die nicht dauernd getrennt lebende Ehegatten nicht getrennte Veranlagung beantragen, vgl. §§ 26, 26 b EStG. Danach werden die Einkünfte der Ehegatten zusammengerechnet, das zu versteuernde Einkommen halbiert und der Tarif wie bei der Individualveranlagung angelegt. Die Steuerschuld ergibt sich aus Verdoppelung des tariflichen Betrages.

Individualbesteuerung[67] sowie das Kappungsmodell, wie in jüngster Zeit von der Bundesregierung erneut vorgeschlagen, um die Vorteile aus dem Ehegattensplitting zu begrenzen.[68] Dabei handelt es sich um eine alte Forderung der progressiven Parteien.[69] Im ökonomischen Diskurs besteht Uneinigkeit über die Zweckmäßigkeit einer solchen Regelung. Sie wird u.a. von Peter Bareis, der den Übergang zur Individualbesteuerung fordert, als nicht weitreichend genug abgelehnt.[70] Gestützt wird dies mit der These, nur Steuern auf Zielgrößen seien entscheidungsneutral; folglich müßten Steuern auf das allein um die Erwerbsaufwendungen bereinigte Einkommen erhoben werden.[71] Er führt zu seiner Unterstützung ein mikroökonometrisches Gutachten an, das Wohlfahrtsgewinne erweist für den Fall des Übergangs zur Individualbesteuerung (WAGENHALS / KRAUS 1996). Demgegenüber hält eine andere Ansicht[72] aufgrund einer axiomatischen Darstellung[73] das Ehegattensplitting für die einzig den Anforderungen genügende[74] Besteuerungsform.[75]

Im juristischen Diskurs ist dies aber nur partiell relevant, kommt doch dem subjektiven Nettoprinzip uneingeschränkter Vorrang zu,[76] so daß ein Übergang zur reinen Individualbesteuerung ohne (auch nur typisierte) Berücksichtigung der Unterhaltsaufwendungen schlecht-

---

[66] Dies ermöglicht dem Unterhaltszahler seine der Unterhaltspflicht entsprechenden Zahlungen von der Bemessungsgrundlage abzuziehen, während der Empfänger die Leistungen versteuern muß. Dies ist geltendes Recht für den Fall der geschiedenen oder dauernd getrennt lebenden Ehegatten, § 10 Nr. 1 EStG i.V.m § 22 Nr. 1 a EStG.

[67] Die Ehe würde dann überhaupt keine Rechtswirkungen im Steuerrecht entfalten.

[68] BT-Drucks. 14/23, 126. So bereits der Regierungsentwurf der sozialliberalen Koalition, BT-Drucks. 9/1990 aus dem Jahr 1982.

[69] Vgl. etwa MATTHÄUS-MAIER, ZRP 1988, 252, 254. Entschließungsantrag der SPD, BT-Drucks. 12/230. Weitere Nachweise für Kritiker des Ehegattensplittings bei K. Tipke (2000), 369. Vgl. auch die Rechtslage etwa in Großbritannien, wo seit Beginn des Steuerjahres 1990 eine im wesentlichen unabhängige Besteuerung der Ehegatten vorgenommen wird, siehe WHITEHOUSE (2000: Kap. 40).

[70] BAREIS (2000); BAREIS et al. (1998).

[71] Unverständlich erschient dabei allerdings, wieso Einkommen die relevante Zielgröße sein soll (so aber BAREIS (2000: 84) unter Berufung auf D. Schneider (1994: 29). Nach ökonomischer Theorie maximieren Individuen ihren Nutzen (allgem. Ansicht, vgl. nur MAS-COLELL et al. (1995: Kap. 1-3); Einkommen spielt nur insoweit eine Rolle, als es eingesetzt werden kann, um am Markt Güter zu erwerben. Hierbei handelt es sich nicht allein um eine terminologische Feinheit. Vielmehr macht es dann einen erheblichen Unterschied, wenn einzelne Aktivitäten nicht besteuert werden können, wie dies für Güterproduktion im Haushalt (Weihnachtskekse) der Fall ist. Dann drohen gerade die Ausweichhandlungen (mehr Weihnachtskekse, weniger Büroarbeit), die angeblich vermieden werden können.

[72] HOMBURG (2000: 261 ff); ders. (1997: 93 ff); Scherf (2000: 269 ff).

[73] Die Axiome sind: 1. Nichtdiskriminierung der Ehe, was in der Tat durch Art. 6 Abs. 1 GG abgesichert ist. 2. Globaleinkommensbesteuerung, vgl. BFHE 64, 432, 435. Dieses Axiom ist aber zweifelhaft.

[74] Hier wird allerdings bisweilen das Problem der Entscheidung zwischen Splitting und Realsplitting wegdefiniert. Entgegen der Ansicht von HOMBURG (2000: 262 f). sind die beiden nicht identisch, sein Beweis geht von der unzutreffenden (familienrechtlichen) Annahme aus, der geschuldete Unterhalt sei so zu bemessen, daß nachher beide Partner dasselbe Einkommen hätten.

[75] Diese Ansicht nimmt für sich weiterhin in Anspruch, sie führe allein zu effizienten Ergebnissen (HOMBURG 2000: 264). Sie geht davon aus, daß die gesamte Zeit, die auf Arbeit und Haushaltsproduktion entfällt, konstant ist. Dies ist eine sehr starke Annahme; gibt man sie auf, muß man in der Tat mit VOGEL (1999: 207) feststellen, daß es keine Variante ohne Lenkungswirkung gibt.

[76] So zutreffend VOGEL (1999: 220 u. 205 – dort die umfangreichen Nachweise in Fn. 27).

hin unzulässig ist.[77] Juristisch zulässig sind demgegenüber auch das Realsplitting, wo es auf den tatsächlich geleisteten Unterhalt ankommt, sowie ein typisierter Abzug für den Unterhalt.[78] Ob dies anzustreben ist, bleibt der Bewertung des Gesetzgebers anheim gestellt, wobei dieser dann auch auf ökonomische Arbeiten rekurrieren könnte. Allerdings sind entscheidende Impulse in die eine oder andere Richtung noch nicht zu ersehen. Zudem sind auch andere Wertungen, wie der Förderungsauftrag zur Gleichberechtigung der Frau des Art 3 Abs. 2 S. 3 GG heranzuziehen.

5. Zusammenfassung und Schluß

Wie gezeigt, hat sich das Steuerrecht, nicht zuletzt durch die Trumpfkarte des Verfassungsrechts, von der Finanzwissenschaft autonomisiert. Es verfolgt rechtliche Wertungen, die in der Rechtsanwendung nicht durch ökonomische Wertungen ersetzt werden dürfen. Zulässig ist ein Eindringen der ökonomischen Wertungen nur dort, wo der Gesetzgeber dazu ermächtigt hat bzw. wo er selbst, wenn auch seinerseits wieder gebunden, tätig wird. Eine mindestens ebenso große Gefahr wie das unberechtigte Eindringen ökonomischer Wertungen ist allerdings das Eindringen von nicht dem Stand der Kunst entsprechenden ökonomischen Modellen, wo der gewünschte Rationalitätsgewinn aufgegeben würde.[79]

[77] Wenn nicht, wie kaum zu erwarten, ein sozialrechtlicher Zuschuß in Höhe des vollen Unterhaltsbetrages gewährt wird, vgl. BVerfGE 43, 108, 123 f. für den Kindesunterhalt.

[78] VOGEL (1999 221 f). verlangt eine realistische Typisierung, die über die Freistellung des Existenzminimums, wie sie das BVerfGE 82, 60, 85 ff. für den Kindesunterhalt gefordert hat, hinausgeht.

[79] Stellvertretend sei hier nur auf Beiträge verwiesen, die den Übergang zu einer Konsumbesteuerung (über den sich reden läßt) erörtern, ohne zu berücksichtigen, daß eine Konsumbesteuerung unter bestimmten Voraussetzungen äquivalent ist mit einer reinen Steuer auf den Faktor Arbeit (ATKINSON / STIGLITZ 1980: 70 ff). Diese erhöhte Besteuerung der Arbeit führt aber dazu, daß der Nettolohn zunächst sinkt, was zu einem Substitutionseffekt führt: Weniger Lohn pro Stunde macht es attraktiver nicht zu arbeiten. Es besteht allerdings ein gegenläufiger Einkommenseffekt (wenn man unterstellt, daß Freizeit ein normales Gut ist): Das Einkommen sinkt wegen der erhöhten Steuer, so daß sich die Menschen nur noch weniger Freizeit leisten können, also mehr arbeiten. Empirische Daten besagen, daß sich diese Effekte für Männer in etwa gegeneinander aufheben, während für Frauen ein erheblicher Rückgang des Arbeitsangebots zu beobachten ist (vgl. BLUNDELL / MACURDY 1999: 1644 ff). Für die hier allein relevanten Wohlfahrtsauswirkungen ist jedoch nur der Substitutionseffekt relevant (ATKINSON / STIGLITZ 1980: 28). Es kommt daher wegen der erhöhten Steuer auf Arbeit zu erheblichen Wohlfahrtsverlusten. Daß diese durch die verringerte Verzerrung der Entscheidung Konsum heute oder Sparen mehr als kompensiert wird, muß gezeigt werden – siehe dazu etwa ATKESON et al. (1999).

Literatur

Amiel, Y., und F. A. Cowell (2000), Thinking about Inequality, Cambridge.

Arrow, K. J. (1951), Social Choice and Individual Values, New York.

Atkeson, A., V. V. Chari und P. J. Kehoe (1999), Taxing Capital Income – A Bad Idea, Federal Reserve Bank of Minneapolis Quarterly Review, Vol. 23 No. 3, 3-17.

Atkinson, A. B., und J. Stiglitz (1980), Lectures on Public Economics, London et al.

Badura, P. (1996), Staatsrecht. Systematische Erläuterung des Grundgesetzes für die Bundesrepublik Deutschland, 2. Aufl., München.

Ball, K. (1924), Steuerrecht und Privatrecht. Theorie des selbständigen Steuersystems, Mannheim.

Ball, K. (1927), Einführung in das Steuerrecht, 4. Aufl., Mannheim et al.

Balmes, F. (2000), Belastungsgleichheit privater Veräußerungsgeschäfte oder die Spekulation mit Erhebungsdefiziten, FR 2000, 1069 ff.

Bareis, P. (2000), Gebietet das Grundgesetz bei der Ehegattenbesteuerung die Mißachtung ökonomischer Wirkungen? StuW 2000, 81 ff.

Bareis, P., D. Allemendiger und C. Selg (1998), Neuansätze des Familienlastenausgleichs – Gutachten. In: Hessisches Ministerium für Frauen, Arbeit und Sozialordnung, B. Seel (Hrsg.), Frauenpolitische Aspekte im Einkommensteuerrecht, Wiesbaden.

Becker, E. (1930), Reichsabgabenordnung, 7. Aufl., Berlin.

Birk, D. (1983), Das Leistungsfähigkeitsprinzip als Maßstab der Steuernormen, Köln.

Black, F., und Scholes, M. (1973), The Pricing of Options and Corporate Liabilities, Journal of Political Economy 8, 637-654.

Blümich, W., Einkommensteuergesetz, Körperschaftsteuergesetz, Gewerbesteuergesetz – Kommentar, hrsg. v. K. Ebeling, München. Stand der Kommentierung zu § 23 EStG: Februar 2000.

Blundell, R., und Th. Macurdy (1999), Labour Supply: A Review of Alternative Approaches. In: O. C. Ashenfelter und D. Card (Hrsg.), Handbook of Labor Economics, Bd. 3, Amsterdam et al.

Boland, L. A. (1982), The Foundations of Economic Method, London.

Boland, L. A. (1991), Current Views on Economic Positivism. In: D. Greenway (Hrsg.), Companion to Contemporary Economic Thought, London, New York.

Cheung, Y. M., und Chinn, M. D. (1999), Macroeconomic Implications of the Beliefs and Behavior of Foreign Exchange Traders, NBER Working Paper 7417.

Cowell, F. A. (1980), On the Structure of Additive Inequality Measures, Review of Economic Studies 47, 521 ff.

Cowell, F. A. (2001), Measuring Inequality, 3. Aufl., London (in Vorbereitung).

Cordes, H. (1971), Untersuchungen über Grundlagen und Entstehung der Reichsabgabenordnung vom 23.12.1919, Diss. Köln.

Crezelius, G. (1983), Steuerrechtliche Rechtsanwendung und allgemeine Rechtsordnung, Herne, Berlin.

Dichtl, E., und O. Issing (Hrsg.) (1993): Vahlens Großes Wirtschaftslexikon, 2. Aufl., München.

Dougherty, Ch. (1992), Introduction to Econometrics, New York, Oxford.

Eckhoff, R. (1999), Rechtsanwendungsgleichheit im Steuerrecht, Köln.

Engel, Ch., und M. Morlok (1998, Hrsg.), Öffentliches Recht als Gegenstand ökonomischer Forschung, Tübingen.

Flume, W. (1952), Steuerwesen und Rechtsordnung, in Festschrift für Rudolf Smend, Göttingen, 59 ff.

Friedman, M. (1953), The Methodology of Positive Economics, in: derselbe, Positive Economics, Chicago.

Höfling, W. (1998), Ökonomische Theorie der Staatsverschuldung in rechtswissenschaftlicher Perspektive, in: Ch. Engel und M. Morlok (Hrsg.), Öffentliches Recht als ein Gegenstand öffentlicher Forschung, Tübingen.

Homburg, S. (1997), Allgemeine Steuerlehre, München.

Homburg, S. (2000), Das einkommensteuerliche Ehegattensplitting, StuW 2000, 261 ff.

Jarass, H. D., und Pieroth, B. (2000), Grundgesetz für die Bundesrepublik Deutschland – Kommentar, 5. Aufl., München.

Kirchhof, P., und Söhn, Hartmut, Einkommensteuergesetz Kommentar, Heidelberg. Stand der Kommentierung zu § 23 EStG: Januar 1995.

Kruse, H. W., und K. Tipke, Kommentar zur AO und FGO, Loseblatt, Stand der Kommentierung zu § 4 AO: April 1997.

Lang, M., und W. Gassner (2000), Das Leistungsfähigkeitsprinzip im Einkommen- und Körperschaftsteuergesetz: dogmatische Grundfragen, rechtspolitischer Stellenwert; Gutachten, Wien.

Larenz, K. (1991), Methodenlehre der Rechtswissenschaft, 6. Aufl., Berlin et. al.

Lehner, M. (1995), Wirtschaftliche Betrachtungsweise und Besteuerung nach der wirtschaftlichen Leistungsfähigkeit.In: J. Lang (Hrsg.), Die Steuerrechtsordnung in der Diskussion. Festschrift für Klaus Tipke, Köln, 237 ff.

Löwer, W. (1989), Cessante ratio legis cessat ipsa lex, Berlin.

Mas-Colell, A., M. D. Whinston und J. R. Green (1995), Microeconomic Theory, New York, Oxford.

Matthäus-Maier, I. (1988), Für einen gerechten und einfachen Familienlastenausgleich, ZRP 1988, 252 ff.

Meese, R. A., und K. Rogoff (1983), Empirical Exchange Rate Models of the Seventies: Do They Fit Out of Sample?, Journal of International Economics, vol. 14, 3 ff.

Meincke, J.-P. (1976), Bürgerliches Recht und Steuerrecht, JuS 1976, 693 ff.

Myles, G. (1995), Public Economics, Cambridge.

Obstfeld, M., und K. Rogoff (1996), Foundations of International Macroeconomics, Cambridge (MA), London.

Romer, D. (1996), Advanced Macroeconomics, New York et al.

Sachs, M. (1999, Hrsg.), Grundgesetz. Kommentar, 2. Aufl., München.

Scherf, W. (2000), Das Ehegattensplitting aus finanzwissenschaftlicher Sicht, StuW 2000, 269 ff.

Schmidt, L. (2000, Hrsg.), Einkommensteuergesetz – Kommentar, 19. Aufl., München.

Schneider, D. (1994), Grundzüge der Unternehmensbesteuerung, 6. Aufl., Wiesbaden.

Schwabe, J. (1977), Probleme der Grundrechtsdogmatik, Darmstadt.

Sen, A. (1970), Collective Choice and Social Welfare, San Francisco.

Sen, A. (1972), On Economic Inequality, Oxford.

Söhn, H. (1994), Steuerliche Berücksichtigung der Minderung der Leistungsfähigkeit durch Kinder, in: P. Kirchhof (Hrsg.): Steuerrecht, Verfassungsrecht, Finanzpolitik. Festschrift für Franz Klein, München.

Stein, F., und Jonas, M. (1999). Kommentar zur Zivilprozeßordnung, Band 4 / 2, 21. Aufl., Tübingen.

Taylor, M. P. (1995), The Economics of Exchange Rates, Journal of Economic Literature 33, 13 ff.

Taylor, M. P., und D. A. Peel (2000), Nonlinear Adjustment, LongRun Equilibrium and Exchange Rate Fundamentals, Journal of International Money and Finance 19, 33 ff.

Tipke, K. (1990), Enno Becker, Schöpfer der Reichsabgabenordnung, StuW 1990, 74 ff.

Tipke, K. (1993a), Die Steuerrechtsordnung, Band 1, 1. Aufl., Köln.

Tipke, K. (1993b), Die Steuerrechtsordnung, Band 3, Köln.

Tipke, K. (2000), Die Steuerrechtsordnung, Band 1, 2. Aufl., Köln

Tipke, K., und Lang, J. (1998), Steuerrecht, 16. Aufl., Köln.

Varian, H. R. (1974), Equity, Envy and Efficiency, JET 9, 63 ff.

Vogel, K. (1999), Besteuerung von Eheleuten und Verfasssungsrecht, StuW 1999, 201 ff.

Vogel, K. (2000), Schuster, bleib bei Deinen Leisten!, StuW 2000, 91.

Vogel, K., und Ch. Waldhoff (1997), Bonner Kommentar zum Grundgesetz, Vorbem. zu Art. 104 a - 115, Zweitbearbeitung, Rn. 327 ff.

Jhering, R. v. (1865), Geist des Römischen Rechts auf den verschiedenen Stufen seiner Entwicklung, Band 3/1, Leipzig.

Mangoldt, H. v., F. Klein und Ch. Starck (2000), Das Bonner Grundgesetz – Kommentar, Band 2, 4. Aufl., München.

Münch, I. v., und P. Kunig (1996), Grundgesetz-Kommentar, Bd. 3, 3. Aufl., München.

Voß, R. (1995), Steuern im Dritten Reich, München.

Wadhwani, S. (1999), Currency Puzzles, Vortrag an der London School of Economics. Das Manuskript kann abgerufen werden über die Webseite der Bank of England.

Wagenhals, G., und M. Kraus (1996), Neuansätze des Familienlastenausgleichs – Empirische Untersuchungen, Mikroökonometrische Analysen. In: Hessisches Ministerium für Frauen, Arbeit und Sozialordnung, B. Seel (Hrsg.), Frauenpolitische Aspekte im Einkommensteuerrecht, Wiesbaden.

Weyermann, M. R. (1927), Steuerrechtswissenschaft und Finanzwirtschaftstheorie, Vierteljahresschrift für Schweizerisches Abgabenrecht Band 8.

Whitehouse, Ch. (2000), Revenue Law – Priciples and Practice, 18. Aufl., London et al.

Zacher, H. F. (1987), Das soziale Staatsziel. In: J. Isensee und P. Kirchhof (Hrsg.), Handbuch des Staatsrechts der Bundesrepublik Deutschland, Band 1, Heidelberg.

Normative Grundlagen der ökonomischen Theorie im öffentlichen Recht

Anne van Aaken[1]

„(T)he concept of „efficiency" is as much open to plural interpretations as is equality, since the non-existence of another feasible state more advantageous for all is ... dependent on the chosen concept of advantage. When, for example advantage is equated with utility, efficiency coincides with Pareto optimality. As the notion of advantage is altered, so is the content of efficiency."[2]

1. Einleitung

Die ökonomische Theorie des Rechts untersucht das Recht mit ökonomischen Methoden im Hinblick auf seine Anreizwirkungen, prognostiziert seine Folgen und macht zumeist auch normative Aussagen darüber, wie Recht gestaltet sein sollte, um „effizient" zu sein.

Wird Recht als gesellschaftliches Steuerungsmittel verstanden, so ist der Einbezug der Sozialwissenschaften in die Rechtswissenschaft unerläßlich. Die Rechtswissenschaft, inklusive der Gesetzgebung, ist von einer *methodischen* Betrachtung der Wirkungen bzw. Realfolgen des Rechts noch weit entfernt, obwohl die juristische Methodenlehre die Folgenorientierung als Auslegungsmethode[3] mittlerweile rezipiert. Die positive ökonomische Theorie des Rechts bietet mit der Theorie der rationalen Wahl die m.E. geeignetste Theorie zur Folgenermittlung in der Rechtsanwendung und der Gesetzgebung, wenn auch die Erkenntnisse der Verhaltensökonomik mit einbezogen werden.[4] Recht und seine Folgen müssen aber auch bewertet werden. In der Regel werden Gerechtigkeit und Effizienz als Beurteilungskriterium für Recht gegenübergestellt. Eine Beurteilung von Rechtsnormen in allen Rechtsbereichen allein aufgrund des wohlfahrtsökonomischen Kriteriums der Allokationseffizienz oder auch der Reichtumsmaximierung (so die Chicago-Schule) wird als gerechtigkeitstheoretisch unzureichend und mit dem traditionellen, teilweise noch wertethischem, jedenfalls aber deontischen Denken der Rechtswissenschaft als inkompatibel betrachtet.[5] Daher wird u.a. vorgeschlagen, die Allokationseffizienz mit dem Konsenskriterium der Verfassungsökonomik zu vertauschen.

---

[1] Dieser Beitrag beruht auf Teilen meiner Dissertation AAKEN (2002b), die allerdings das öffentliche Recht nicht spezifisch behandelt.

[2] Vgl. SEN (1997c: 48).

[3] Vgl. grundlegend DECKERT (1995). Bei der Definition der Folgenorientierung wird hier der weiten Definition von WÄLDE (1979: 5) gefolgt. Danach bedeutet Folgenorientierung, daß ein bestimmender Gesichtspunkt juristischer Entscheidungen die Erwartung der Entscheidungsfolgen ist. Entscheidungsfolgen meint dabei die Adaptionsfolgen von Recht, mithin also Realfolgen, für deren Prognose eine sozialwissenschaftliche Verhaltenstheorie benötigt wird.

[4] Vgl. zu dem Nutzen der positiven ökonomischen Theorie im Recht ausführlich AAKEN (2002b: Punkt 2).

[5] Siehe exemplarisch FEZER (1986) für das deutsche Recht und SUNSTEIN (1994) für die amerikanische Debatte.

Die Probleme der Bewertung von Rechtsalternativen wird im öffentlichen Recht akut, da hier die traditionellen Vorschläge der ökonomischen Analyse des Rechts, die sich primär mit Markttransaktionen beschäftigen, unzureichend sind. Die Methodik dieses Bereichs kann nicht ohne weiteres auf den Gegenstandsbereich des öffentlichen Rechts übertragen werden kann, da dieser von spezifischen Voraussetzungen geprägt ist: wohldefinierte Property Rights fehlen meist; grundsätzlich liegt im öffentlichen Recht Staatshandeln vor, was komplizierte Prinzipal-Agenten-Ketten impliziert; die Definition von sozialen Kosten und Nutzen ist erschwert, unter anderem da in aller Regel zukunftsbezogene Fragen involviert sind; die Notwendigkeit, neben dem Effizienzkriterium auch etwa Rechte als Werte zu betrachten, ist im Fall von Grundrechtsfragen erheblich wichtiger als im Zivilrecht. Hinzu kommt die Problematik öffentlicher und meritorischer Güter, Probleme der Regulierung(-stechniken) sowie die Verteilungsproblematik bzgl. Lebenschancen, Eigentum und Einkommen. Im öffentlichen Recht wird zumeist mit dem öffentlichen Interesse argumentiert, welches in der Sprache der ökonomischen Theorie, welche normativ individualistisch argumentiert, zunächst nicht mehr ist als aggregierte individuelle Interessen. Fraglich ist daher, wie diese erfasst werden können von den Agenten, die „im öffentlichen Interesse" handeln.

Die Potentiale und Grenzen der Wohlfahrtsökonomik (Punkt 2) sowie der Verfassungsökonomik (Punkt 3) unter besonderer Berücksichtigung der Problematik im öffentlichen Recht sollen hier vorgestellt werden. Sodann wird ein eigener Ansatz vorgestellt, der rechtsimmanente Werte, wie etwa Verfassungsprinzipien, berücksichtigt und sich der normativen Entscheidungstheorie bedient (Punkt 3).

2. Der wohlfahrtsökonomische Ansatz

Die Vertreter des wohlfahrtsökonomischen Ansatzes versuchen, Kriterien zu finden, die die Bewertung von gesellschaftlichen Zuständen oder auch Normen zulassen. Fraglich ist daher hier, inwieweit dieser Ansatz für das öffentliche Recht sinnvoll genutzt werden kann. Denn wenn Kosten und Nutzen von Gesetzen oder auch untergesetzlichen staatlichen Maßnahmen rational und transparent gegeneinander abgewogen werden sollen, so ist zunächst fraglich, welche Güter und Werte in dieses Abwägungskalkül eingehen.

2.1. Utilitaristische Grundlagen

Die Wohlfahrtsökonomik beruht auf dem Konzept des Utilitarismus, bei dem als primäre Maßeinheit individueller Nutzen betrachtet wird.[6] In der Wohlfahrtsökonomik wird die universalistische Position des Utilitarismus – größtes Glück der größten Zahl - auf die Aggregation der individuellen Nutzenmaximierung reduziert.[7] Es stellt sich dann die Frage

[6] Zu einer Übersicht über die Verwendung der Effizienz als Rechtsprinzip und die utilitaristischen Grundlagen, siehe EIDENMÜLLER (1995). Grundprobleme des Utilitarismus und die Versuche der Weiterentwicklung findet man in SEN; WILLIAMS (1996).

[7] Zu einem kurzen Überblick über die Geschichte der Wohlfahrtsökonomik und ihre Probleme, siehe KLEINEWEFERS (1972).

nach der möglichst genauen Abbildung von individuellen Präferenzen in der gesellschaftlichen Ordnung, sei es durch den Markt oder die Politik. Die bekannten Möglichkeiten dazu sind der Markt bzw. der Preismechanismus, über den die Menschen ihre Präferenzen durch ihre Zahlungsbereitschaft kundtun. In der politischen Sphäre kommen der Voice-Mechanismus (demokratisches Prinzip) oder der Exit-Mechanismus (Abwanderung) zur Geltung.[8] Wenn der Markt- bzw. Preismechanismus versagt (oder nicht existiert), wie in weiten Teilen des öffentlichen Rechts, etwa in Teilen des Umweltrechts,[9] bedarf es anderer Möglichkeiten der „Erkenntnis" von Kosten bzw. Nutzen für den Staat für die Fälle, in denen eine Wahl seitens der Bürger als Prinzipale nicht möglich ist.. Dieses Erkenntnisproblem stellt sich insbesondere bei dem Prinzipal-Agenten-Verhältnis zwischen Verwaltung und Richtern einerseits sowie Bürgern andererseits.

Hier sind daher zwei Fragen des Nutzenbegriffes zu beantworten. (I) Was beinhaltet der Nutzenbegriff in der Wohlfahrtsökonomik und wie kann er gemessen werden? (II) Welchen Stellenwert haben andere (intrinsische[10]) Werte oder Rechte in diesem Konzept des Nutzens? Grundsätzlich gibt es verschiedene Möglichkeiten, die *individuelle* Wohlfahrt („well-being") zu erfassen. In der Wohlfahrtsökonomik dominiert *Nutzen* („utility") als weites und rein *subjektives* Konzept.[11] Hier wird zunächst das in der Wohlfahrtsökonomik üblicherweise verwendete Nutzenkonzept dargestellt.

In der alten Wohlfahrtsökonomik konnte der Nutzenbegriff noch erdenklich weit definiert werden, da man davon ausging, daß die diversen Nutzenarten mit einer Maßeinheit kardinal gemessen und daher *intra*personell verglichen werden könnten.[12] Auf gesamtgesellschaftlicher Ebene konnte unter diesen Bedingungen eine Wohlfahrtsfunktion konstruiert werden, die maximiert werden sollte.[13] Dieser Ansatz wird als Welfarismus bezeichnet.[14]

---

[8] Zu diesen Mechanismen, siehe grundlegend HIRSCHMAN (1970). Zu den Problemen bei Wahlen, dem sogenannten Social Choice-Problem, siehe grundlegend ARROW (1951).

[9] Siehe dazu ausführlich ENDRES (1999).

[10] Damit werden solche Werte bezeichnet, die nicht *allein* aufgrund ihrer Konsequenzen beurteilt werden; vgl. SUNSTEIN (1994).

[11] Zu der Entwicklung des Nutzenbegriffes in der Wohlfahrtsökonomik, siehe COOTER; RAPPOPORT (1984, insbes. 515ff.).

[12] Das setzt voraus, daß allen Nutzenelementen eine Geldeinheit zugewiesen werden kann und daß der Grenznutzen des Geldes konstant ist, weil dann der Nutzen proportional zu dem Geldwert ist. Nach der subjektiven (vorherrschenden) Nutzwert-Theorie besitzen die Güter nicht Wert, weil sie Kostenaufwand für ihre Beschaffung fordern, sondern Kosten können in dem Maße aufgewendet werden, wie die Güter wegen ihres Nutzens bewertet werden. Der Begriff „Nutzen" ist nicht inhaltlich auf „objektiven" Nutzen eingeschränkt, vielmehr ist auch das Gift für den Selbstmörder von Nutzen. Dabei wird dann nicht nach dem absoluten und objektiven Gebrauchswert gefragt, sondern nach der Veränderung im Nutzen, die durch eine kleine (marginale) Änderung in der verfügbaren Menge des betreffenden Gutes bewirkt wird – der Grenznutzen.

[13] Siehe zum Zusammenhang der Nutzenvergleiche mit den ethischen Ansprüchen der Wohlfahrtsökonomik SEN (1997c) sowie SEN (1977) und SEN (1997a).

Die Probleme sind kurzgefaßt die folgenden: 1) Die Frage, nach welchen Kriterien die Individuen ihre Wohlfahrt bewerten; 2) Wie werden diese Kriterien gemessen und die Meßwerte bewertet?; 3) Wie werden die bewerteten Einzelmeßwerte zu einem Gesamtausdruck für den Nutzenwert der jeweiligen Situation aggregiert (sachliche Aggregation)?; 4) Wessen Präferenzen gehen mit welchen Gewichten in den

Die Standardannahmen der modernen Wohlfahrtsökonomik bestehen weiterhin in der Annahme der individuellen Nutzenmaximierung und in der Beurteilung von sozialen Zuständen und Institutionen (Recht) *ausschließlich* im Hinblick auf ein wie auch immer geartetes individuelles Nutzenkriterium, welches aber in praxi nur eindimensional durch Geldeinheiten operationalisiert und aggregiert werden kann. Die verwendete Geldeinheit ist zwar nicht mehr als ein metrisches Maß, ein gemeinsamer Nenner („numéraire") für den Nutzen. Eine zugleich mehrdimensionale Perspektive des Nutzens ist versperrt, erstens durch die Meßprobleme und zweitens durch die Unmöglichkeit interpersoneller Nutzenvergleiche. Verteilungsprobleme werden dadurch aus der Wohlfahrtsökonomik ausgeschlossen.

Es wird aber versucht, den individuellen Nutzen irgendwie zu erfassen. In der Regel wird hier auf die „willingness to pay" der Individuen sowohl bezüglich marktgängiger als auch bezüglich anderer (öffentlicher) Güter zurückgegriffen. Die Methoden der Erfassung der Zahlungsbereitschaft sind insbesondere die folgenden: 1) *Die Analyse des individuellen Anpassungsverhaltens bei gegebenen Preisen, 2) Analyse von Marktpreisdifferenzen, 3) Befragungstechniken, 4) Marktsimulation.* Problematisch an dem Konzept der Zahlungsbereitschaft ist - abgesehen von den Ermittlungsschwierigkeiten – die Verdichtung der an sich vieldimensionalen Güter auf eine monetäre Dimension. Einem so ermittelten Geldwert kann kein gerechtigkeitstheoretischer Wert beigemessen werden; ebensowenig kann er eine objektive Größe darstellen.[15] Das Bindeglied von der Zahlungsbereitschaft zum (Grenz-)Nutzen ist der (Grenz-)Nutzen des Geldes. Da nicht unterstellt werden kann, daß der Grenznutzen des Geldes für alle gleich ist, ergibt die Summe der Zahlungsbereitschaft nicht die (Grenz-)Nutzensumme, mit anderen Worten: es gibt keine eindeutige Parallele zwischen Nutzen und Geldeinheiten.

Dieses Konzept beinhaltet zudem erhebliche Verteilungs- und Meßprobleme auch bei marktgängigen Gütern, da erstens die Zahlungsbereitschaft von der gegebenen Güterverteilung abhängt (Einkommenseffekte)[16] und zweitens mit Änderung der Güterausstattung aufgrund der Rechtsänderung auch die Zahlungsbereitschaft verändert wird (Besitzeffekte). Wird Zahlungsbereitschaft als Indikator verwendet, so werden diese Werte „durch das Prisma der Zahlungsfähigkeit (Einkommen und Vermögen) gebrochen."[17] Diese

gesellschaftlichen Beurteilungsmaßstab ein und wie werden die individuellen Nutzeneinschätzungen gesellschaftlich aggregiert, sofern mehrere Entscheidungsträger berücksichtigt werden (personelle Aggregation)?.

[14] So immer noch KAPLOW; SHAVELL (2001).

[15] Siehe zu dieser Auffassung SUNSTEIN (1994).

[16] Einkommenseffekte tragen der Anfangsausstattung mit dem in Frage stehenden Gut Rechnung. 1. Derjenige, der über das Gut im Status Quo verfügt, kann einen unendlich hohen Preis verlangen, während der Nachfrager nur einen Preis innerhalb seiner Budgetrestriktionen bieten kann. 2. Wegen des abnehmenden Grenznutzen des Einkommens (1. Gossensches Gesetz; „Sättigungsgesetz") ist der Nachfragepreis geringer als der Angebotspreis. 3. Da das Einkommen u.a. eine Funktion von Rechten ist, ändert die Anfangsausstattung die Einkommensverhältnisse. Dann gilt das Coase´sche Invarianztheorem, welches besagt, daß es unbeachtlich ist, wem das Gut zusteht, nicht mehr. Zu den Gegenargumenten und Voraussetzungen dafür, siehe EIDENMULLER (1995: 119ff.).

[17] So ENDRES (1999: 370).

Probleme müssen berücksichtigt werden, wenn etwa versucht wird den Nutzen von Gütern der Daseinsvorsorge, etwa von Kinderspielplätzen, zu erfassen.

(II) Betrachten wir nun kurz die Stellung von Rechten in der ökonomische Theorie des Rechts: Das traditionelle naturrechtliche Verständnis der Ökonomen wurde durch Coase und in seiner Nachfolge durch die ökonomische Theorie des Rechts in Frage gestellt. Während Pigou[18] sich noch innerhalb des geltenden rechtlichen Rahmens bewegte, Grundrechte implizit anerkannte und sie seiner Analyse zugrundelegte, ist dies bei Coase nicht mehr der Fall.[19] Coase konnte zwar dadurch eine weitere Sichtweise der betrachteten Kosten und auch Nutzen von Aktivitäten einnehmen, dies ging aber zu Lasten der (intrinsischen) Anerkennung von Rechten. Diese standen nunmehr zur Disposition einer Kosten/Nutzen - Analyse, ohne Rechten einen Eigenwert zuzumessen.[20]

2.2. Allokationseffizienz

In der Wohlfahrtsökonomik, insbes. der ökonomischen Theorie des Rechts, wird zumeist nur die Allokationseffizienz betrachtet. Gefragt wird also, ob die produzierten Güter der Verwendung zugeführt werden, in der sie den höchsten Nutzen erzielen (optimale Allokation). Diese Art der Effizienz findet ihre Ausprägung zum einen als Pareto-Effizienz, zum anderen als Kaldor-Hicks-Effizienz. Werden diese Kriterien in der Wohlfahrtsökonomik verwendet, so stellen sie mögliche Aggregationsverfahren dar, die einem externen Beobachter, etwa dem Gesetzgeber, der Verwaltung oder aber dem Richter, erlauben sollen, den individuellen Nutzen als einen „objektiven“ Maßstab für Wohlfahrt zu verwenden.

2.2.1. Das Pareto-Kriterium

Das Pareto-Kriterium besagt, daß eine Situation A besser ist als eine Situation B, wenn es in A mindestens einem Individuum besser und keinem Individuum schlechter geht als in B. Trotz der grundsätzlichen Attraktivität des Kriteriums ergeben sich jedoch zahlreiche Probleme:

---

[18] PIGOU (1979). Pigou nahm an, daß eine Person, die eine Veränderung des rechtlichen Status Quo erleidet, wenn und weil sie in einem Recht betroffen ist, (nur) dann auch ökonomische Kosten tragen muß. Nur die Kosten derjenigen, welche die (rechtliche) Einbuße erleiden, werden betrachtet.

[19] COASE (1960). In der ökonomischen Theorie des Rechts in der Nachfolge von Coase haben Rechte (nur) die Funktion, die (rechtlichen) Startbedingungen zu definieren, unter denen dann die Parteien zu einem (allokations-)effizientem Verhandlungsergebnis kommen können. Coase weist das naturrechtliche Paradigma der Pigou´schen Kostendefinition („naives Verursacherprinzip“) zurück. Gemäß Coase sind Kosten immer reziprok. Betrachtet werden also nicht nur die Kosten derjenigen, die eine Externalität erleiden, sondern auch die Kosten, die entstehen, wenn die Externalität internalisiert wird. Soziale Kosten werden gemäß Coase daher noch weiter definiert. Coase unterscheidet sich nämlich in einem grundsätzlichen Punkt von der wohlfahrtsökonomischen Tradition im Sinne Pigous: er betrachtet die Opportunitätskosten einer Regelung.

[20] Kritisch zu der (ökonomischen) Auffassung, daß Rechte nur ein bestimmtes Nutzenniveau schützen: COLEMAN (1988: 32): „The point of conferring an entitlement arguably is to secure a domain of control, not to guarantee a particular level of welfare or utility. One who conceives of rights as securing a sphere of liberty does not believe, that the concept of a right is reducible to or otherwise identifiable with a point on a right bearer´s indifference curve. The liberty implied by rights ownership is not equivalent to any particular level of welfare: certainly not if one wants to maintain the distinction between autonomy and utility."

1) Es kann zwischen Freiheitsrechten und dem Pareto-Kriterium zu Inkonsistenzen kommen (Liberales Paradox), insbesondere dann, wenn einmischende („meddlesome") Präferenzen gegeben sind. Die Frage lautet dann, ob das Pareto-Prinzip die Rechte „trumpft" oder nicht.[21] Dieser Zielkonflikt wurde von Sen einleuchtend dargelegt.[22] Akut wird dieses Problem insbesondere im öffentlichen Recht, etwa bei dem Problem der jugendgefährdenden Schriften, dem Kruzifix oder dem Tschador in der Schule.
2) Der Vergleich von verschiedenen Pareto-Situationen setzt immer eine rechtliche Ausgangsposition voraus. Wie in dieser Position Güter bzw. Rechte verteilt sind, ist irrelevant für diesen Effizienzbegriff. Das Pareto-Kriterium allein gibt danach noch keine Gerechtigkeitsvorstellungen ab, in dem Sinne von (auch nur formaler) Gleichheit oder Verteilungsgerechtigkeit.[23] Eine der Theorie *immanente* Begründung für bestimmte *Anfangsverteilungen* von Rechten wird von den Vertretern der ökonomischen Theorie des Rechts nicht gegeben.
3) Das Kriterium erlaubt keine Entscheidung über die kollektive Wünschbarkeit einer Regel, wenn Fälle vorliegen, in denen mindestens ein Individuum die Alternative im Vergleich mit dem Status Quo tiefer bewertet.

Die Pareto-Effizienz ist eher geeignet, Transaktionen, also *Handlungen innerhalb von geltenden Regeln* zu beurteilen. Für die Beurteilung von Regeln selbst (und daher von Recht) allerdings, stellen sich verstärkt Probleme. Die Pareto-Effizienz ist für die Beurteilung von Recht, insbesondere dem öffentlichen Recht ungeeignet, da dort so gut wie nie eine Situation des *freiwilligen Tausches* zwischen zwei Individuen oder Entitäten besteht - damit fällt das Freiwilligkeitsargument für die Pareto-Effizienz weg. Vielmehr handelt hier der Staat als Agent für die Prinzipale, die aufgrund von Marktversagensgründen ihre Zustimmung zu Transaktionen nicht geben können. Zudem - und wichtiger - sind kaum Situationen vorstellbar, in denen im öffentlichen Regeln erlassen werden, durch die nicht mindestens ein Individuum schlechter gestellt wird. Typischerweise gibt es nämlich bei der Durchsetzung einer bestimmten Politik oder auch der Veränderung von Rechten und Normen immer Gewinner und Verlierer.[24] Aus diesem Grunde wurde das Kaldor-Hicks-Kriterium entwickelt, auf das im folgenden eingegangen wird.

2.2.2. Kaldor-Hicks-Kriterium

Das Kaldor-Hicks-Kriterium - oder hypothetische Pareto-Kriterium - besagt, daß eine Situation B dann besser ist als eine Situation A, wenn die Gewinner die Verlierer

[21] SEN (1997b) befürwortet unter manchen Umständen einen Vorrang von Rechten. Ebenso findet man dies bei NOZICK (1974), der Rechte als absolute „constraints" für die Anwendung des Pareto-Kriteriums betrachtet.
[22] Grundlegend mit formaler Analyse SEN (1970b), zu der Auseinandersetzung mit Kritik SEN (1976) und SEN (1979).
[23] So auch RAWLS (1990: 92), mit Bezug auf SCITOVSKY und SEN (1970a, 1997c) und KLEINEWEFERS (1972: 157).
[24] Rechtsregeln können entweder über den Staat umverteilen (dann erscheinen die Kosten im staatlichen Budget) oder aber die Kosten den Privaten auferlegen, etwa durch Einschränkung von Eigentumsrechten zugunsten Dritter.

entschädigen könnten und dann noch einen Gewinn behielten. Dieses Kriterium eignet sich im Prinzip für die Evaluation von Situationen bzw. Situationsänderungen *mit Umverteilung*, also zum Beispiel für Verwaltungs- und Gerichtsentscheide oder Gesetzesvorhaben. Bei dem Kaldor-Hicks-Kriterium handelt es sich im Unterschied zum Pareto-Kriterium um eine vollständige Ordnung, da alle Situationen miteinander verglichen werden können. Es ist zugleich das Kriterium, welches die theoretische Grundlage für die ökonomischen Kosten-Nutzen-Analysen darstellt. Zwar ist die Abwägung ebenso ein juristisches Phänomen, Widerspruch ergibt sich aber primär aufgrund der von der ökonomischen Theorie des Rechts gewählten Vorteils- und Nachteilskategorien.[25]

1) Das Kaldor-Hicks-Kriterium ist selbst in der Form, wie es in der Chicago-Schule der ökonomischen Theorie des Rechts angewendet wird (Reichtumsmaximierungsprinzip), unbestimmt. Gemäß der ökonomischen Theorie des Rechts in der Nachfolge von Coase sollen die Rechte so ausgestaltet sein, daß den Individuen effizienter Tausch möglich ist. Wenn die Transaktionskosten den (möglichen) Kooperationsgewinn übersteigen, mithin also ein Marktversagen vorliegt und der Marktmechanismus versagt, ist statt dessen der Rechtsanwender (wenn ein Marktversagen ex ante ersichtlich ist, der Gesetzgeber) gefordert, ein effizientes Ergebnis zu finden. Dazu soll er das Marktergebnis simulieren. Problematisch ist daran aber, daß dafür Preise gefunden werden müssen, die es erlauben, die Verhandlungslösung nachzuahmen. Aufgrund von den oben erwähnten Einkommens- und Besitzeffekten können Nachfrage- und Angebotspreise auseinanderfallen, so daß ein eindeutiger Preis nicht bestimmbar ist.[26] Posner greift deshalb auf die Zahlungsbereitschaft („willingness to pay“) der Betroffenen,[27] also auf den Nachfragepreis, zurück, um die Präferenzen zu erkennen. Auch dieses Konzept ist aber, wie oben dargestellt, problematisch.[28]

2) Eine Ausstattung mit Grundrechten und Freiheiten, die dem Marktmechanismus nicht unterliegen sollen, ist in diesem Konzept nicht vorgesehen. Rechte haben keinen intrinsischen Wert.[29] Die Rechte stehen also zur freien Disposition, so daß merkwürdige Konstellationen vorstellbar sind, wie etwa der Gedanke, daß das Recht auf körperliche Unversehrtheit von der Zahlungsbereitschaft des Betroffenen bzw. der Zahlungsbereitschaft eines oder mehrerer Schädiger abhängt.

3) Das Konzept der Zahlungsbereitschaft ist primär auf eine Marktsituation zugeschnitten. Problematisch wird es daher insbesondere, wenn nicht mehr ein Zwei-Personenverhältnis vorliegt, sondern ein Viel-Personenverhältnis. Denkbar ist ein solches insbesondere im

[25] Zu einer eingehenden Untersuchung dieses Kriteriums bezüglich seiner philosophischen Grundlagen, seiner Operationalisierbarkeit und seiner Brauchbarkeit zur Beurteilung im Recht siehe EIDENMÜLLER (1995) m.w.N. besonders zur anglo-amerikanischen Literatur. Siehe zu der Verwendung von Kosten-Nutzen-Rechnungen im Recht auch den Beitrag von HOFMANN in diesem Band.

[26] Siehe dazu eingehend EIDENMÜLLER (1995: 114ff.).

[27] POSNER (1977: 10).

[28] Abgesehen von Problemen der Meßbarkeit, siehe dazu ausführlich EIDENMÜLLER (1995 : 94ff.).

[29] POSNER (1979: 127): „(T)he rights derived from economic theory are not, to be sure, bestowed by God or otherwise transcendental; they are „mere" instruments of wealth maximization. But it is not clear that this put them on weaker ground than the rights advocated by Kantian rights theorists."

Verwaltungsrecht, wenn staatliche Behörden als Agenten[30] für eine Vielzahl von Personen auftreten. Man denke nur an den einfachen Vorgang einer Baugenehmigung für eine Fabrik. Wie soll die Zahlungsbereitschaft der in Raum und Zeit (Problem der zukünftigen Generationen) potentiell durch externe Effekte Betroffenen gemessen werden? Hier tauchen wieder die oben angesprochenen Meß- und Aggregationsprobleme auf.

4) Eine andere Kritik bezieht sich auf die Frage, ob Allokationseffizienz eine Rolle spielen sollte bei der Frage, was (Verteilungs-)Gerechtigkeit ausmacht. Posner etwa argumentiert, daß Allokationseffizienz auch gerecht und moralisch sei.[31] Denn wenn der Kuchen größer wird, dann hätten langfristig alle etwas davon. Zudem würde die Reichtumsmaximierung Freiheit erst ermöglichen, da alle mit den Gütern machen könnten, was sie wollten.[32] Weiterhin seien alle einmal Verlierer und einmal Gewinner, so daß sich die Verteilungsfrage *langfristig* von selbst löst. Selbst wenn dieses Konzept langfristig zuträfe, werden die (Rechts-)Positionen derjenigen, die *gegenwärtig* betroffen sind, nicht ausreichend berücksichtigt.

Das Konzept erfordert in praxi (nämlich bei der Abwägung der Vor- und Nachteile) einen kardinalen interpersonellen Nutzenvergleich. Um die privaten Einschätzungen von Nutzen messen zu können, wird zumeist die Zahlungsbereitschaft der Individuen („willingness to pay") herangezogen. In der Chicago-Version der ökonomischen Theorie des Rechts wird das Kaldor-Hicks-Kriterium zum Reichtumsmaximierungsprinzip – die Schule führt konsequent zu Ende, was das ursprüngliche Kaldor-Hicks-Kriterium bereits impliziert, nämlich die Erhöhung der *materiellen* Wohlfahrt einer Gesellschaft.[33]

2.3. Beurteilung der wohlfahrtsökonomischen Kriterien

Zusammenfassend läßt sich festhalten: Die wohl wichtigsten Defizite der Wohlfahrtsökonomik sind die Unmöglichkeit von werturteilsfreien interpersonellen Nutzenvergleichen und daher mangelnde Aussagen zur Verteilungsgerechtigkeit, die Unschärfe der Abgrenzung von zu berücksichtigenden Individuen (insbes. intertemporal und geographisch), die Unschärfe der Abgrenzung von zu berücksichtigenden Präferenzen sowie ihrer Intensitäten, die ungenügende Sicherung von Grundrechten sowie die Annahme der Präferenzautonomie bzw. stabiler Präferenzen in der *normativen* Analyse der sozialen Wahl.[34]

---

[30] Als Prinzipal-Agenten-Verhältnis wird in der Ökonomik ein Vertretungsverhältnis (rechtlich oder faktisch) bezeichnet.

[31] POSNER (1979), POSNER (1980).

[32] Der Gedanke, der dem zugrundeliegt, ist ähnlich wie der von RAWLS (1990) Grundgütern. Diese sollen die Verfolgung des eigenen, vernünftigen Lebensplanes ermöglichen. Rawls ist allerdings einiges differenzierter als Posner, da Reichtum alleine noch keine Freiheit zur Verfolgung des eigenen Lebensplanes garantiert. Mit anderen Worten: Ein (zumindest minimaler) Reichtum mag eine notwendige Bedingung sein, eine hinreichende Bedingung ist er keinesfalls.

[33] Man beachte dennoch, daß das Kaldor-Hicks-Kriterium mit dem Reichtumsmaximierungsprinzip nicht identisch sein muß, da es theoretisch eine breitere Nutzenbasis ermöglicht. Da der Nutzen aber bei der praktischen Anwendung des Kaldor-Hicks-Kriteriums in Geld bemessen wird (um Vorteile und Nachteile vergleichen zu können), läuft es auf die Reichtumsmaximierung heraus.

[34] Die Annahme der *individuellen* Präferenz*stabilität* als Heuristik in der *positiven* Analyse ist davon strikt zu trennen.

Es muß davon ausgegangen werden, daß im öffentlichen Recht eine Identität von privaten Kosten und Nutzen und sozialen Kosten und Nutzen so gut wie nie gegeben ist. Die Zahlungsbereitschaft der Bürger für öffentliche Güter und/oder Externalitäten ist nicht oder nur sehr schwer meßbar, da es keine Marktpreise gibt. Wenn also soziale Kosten einbezogen werden sollen, so muß zunächst eine Definition derselben erfolgen. Dies ist aber höchst problematisch, falls nur monetäre oder monetarisierbare Kosten betrachtet werden. Denn dies wird der Wirkungsart von Regeln nicht gerecht, weil oftmals Werte oder Rechte betroffen sind, die schwer quantitativ erfaßbar sind, und entspricht dem Anliegen der Regelungsmaterien im (öffentlichen) Recht nicht. So ist etwa in allen Bereichen des öffentlichen Rechts der Staat an die Grundrechte gebunden (gem. Art. 20 Abs. 3 GG), sodaß insoweit das Kalkül eingeschränkt werden müsste. In vielen anderen Bereichen des öffentlichen Rechts bedarf es zudem transparenter und nachvollziehbarer Nutzenvergleiche, die zwar oft durch (demokratische) Beteiligungsverfahren gesichert werden sollen, etwa durch das Planfeststellungsverfahren gem. § 72ff. BVwVfG oder auch durch die Bürgerbeteilung bei der Aufstellung von Bebauungsplänen. Jedoch enthebt dies nicht der Notwendigkeit staatlicher Abwägung, vgl. etwa § 1 V BauGB.
Dennoch: die Allokationseffizienz bleibt in jeder Rechtsordnung wichtig – „*economic efficiency matters*", denn die Knappheitsproblematik ist ubiquitär. Es wäre daher sinnvoll, die Allokationseffizienz, auch in einer rein materiellen Ausformung, nicht aus der normativen ökonomischen Theorie des Rechts auszuschließen, sondern unter Aufdeckung der Werturteilsproblematik und Ausdrücklichkeit der Partialanalyse das Kriterium als einen wichtigen, aber nicht alleinigen Beurteilungsmaßstab zu betrachten und zu beachten. Es sei trotz der an Kosten-Nutzen-Vergleichen geübten Kritik nochmals wiederholt, daß solche immer notwendig sind; aus der Rechtswissenschaft ist dies, wie gesagt, als Abwägungsproblem bekannt. Es geht hier nicht um nicht Negierung der Notwendigkeit einer solchen, sondern um das Bewußtsein und die Offenlegung der Grenzen und einfließenden Werturteile im Recht.

3. Ordnungsökonomik

Dem ordnungsökonomischen Ansatz ist ebenfalls eigen, daß die Richtigkeit von Regeln für begründbar gehalten wird, ein gerechtigkeitstheoretischer Skeptizismus-Standpunkt also nicht eingenommen wird.[35] Die Ordnungsökonomik stellt die Frage nach der inhaltlichen Richtigkeit von Normen und *verbindet* diese mit der Frage nach der sozialen Wirksamkeit, ist also ein nicht-rechtspositivistischer Ansatz. Die Ordnungsökonomik beansprucht, die

[35] Um mit VANBERG (1994: 5) zu sprechen: „Buchanan's constitutional economics is the modern-day counterpart to what Smith called 'the science of legislation', an academic enterprise that is concerned with a 'comparison of the working properties of alternative sets of rules', and ultimately aims at guiding our efforts to improve social order in which we live by improving the *rules of the game*, by 'securing more intelligent legislation'."

kantianische Vernunftsbegründung von moralischen und rechtlichen Regeln „...auch aus Vorteils-/Nachteilskalkulationen der Individuen im Rahmen einer elaborierten modernen Vertragstheorie begründen zu können...,“[36] und will diese daher substituieren. Ebenso möchte die Ordnungsökonomik normative Fragestellungen explizit aufgreifen, welche die (Wohlfahrts-)Ökonomie bislang „eher in Optimierungskalkülen (mit zweifelhafter normativer Grundlage) versteckt hatte.“[37] Effizienz kann demgemäß - im Gegensatz zu den wohlfahrtsökonomischen Ansätzen - *nicht unabhängig von den individuellen (Wahl-)handlungen* definiert werden.[38] Regeln, die – aus individueller Sicht - einen positiven Wert für Individuen besitzen, werden als effizient betrachtet, *wenn und weil* sie in der Lage sind, *Einstimmigkeit* zu erreichen. Es gibt für die gegebenen Präferenzen, mit denen bestimmte Güter oder Regeln gewünscht werden, keinen übergeordneten Vergleichsmaßstab oder objektive Kriterien, die es ermöglichen würden, eine gesellschaftliche Wohlfahrtsfunktion zu definieren, die optimiert werden könnte.[39] Die Theorie ist damit streng subjektivistisch. Es bedarf (jedenfalls theoretisch) keiner externen Entscheidungsinstanz, welche die Präferenzen erkennen und bewerten muß (außer um Verbesserungsvorschläge zu unterbreiten).

3.1. Der Verfassungskonsens

Ordnungsökonomen[40] unterscheiden streng zwischen Handlungen und Regeln und dementsprechend zwischen einem Regel-(oder konstitutionellen)Interesse und einem Handlungsinteresse,[41] bzw. zwischen konstitutioneller und operativer Ebene. Ausschlaggebend für die materialen Inhalte der Rechtsordnung und Verfahrensvorschriften über die Generierung von Regeln ist der ursprüngliche Verfassungskonsens, dessen Herleitung kurz skizziert wird. Brennan/Buchanan wollen den auch in der Rechtstheorie bekannten unendlichen Regreß durch den ursprünglichen Verfassungskonsens beenden.[42] Die Inhalte des ursprünglichen Verfassungsvertrages sind somit entscheidend sind für den Anspruch auf bestimmte Inhalte wie Grundrechte, Verteilung und Demokratie, die von der Ordnungsökonomik immer wieder vorausgesetzt werden.

---

[36] Vgl. HOMANN (1997: 13).

[37] Vgl. HOMANN; KIRCHNER (1995: 193).

[38] Hier finden wir auch den Gegensatz zu der Pareto-Effizienz gemäß der Wohlfahrtsökonomik. Hören wir dazu COLEMAN (1990: 143): „If, on grounds of utility or welfare, P is preferable to R, then we might expect people to chose P over R. If however, for whatever reason, they choose R over P then that is the end of it; R, not P is efficient.“

[39] Siehe dazu auch ALESSI (1992, insbes. 329).

[40] Zu den Unterschieden, die zwischen BUCHANAN; TULLOCK (1962) und BUCHANAN (1985) bestehen, siehe HOMANN (1999: 75) sowie COLEMAN (1990).

[41] BRENNAN; BUCHANAN (1993: 129). Siehe auch VANBERG (1997: Kap. 1) und VANBERG (1999: 43). Ebenso wird ein Regel*geltungs*interesse und ein Regel*befolgungs*interesse unterschieden, die erheblich variieren können. Bei konstitutionellen Regel*geltungs*interessen rekurriert Vanberg (45) auf den kategorischen Imperativ Kants als Heuristik zur Identifizierung von konsensfähigen konstitutionellen Interessen.

[42] BRENNAN; BUCHANAN (1993: 142): „(D)enn die Frage der Gerechtigkeit von Regeln ist nichts anderes als ein Sonderfall der Frage nach der Gerechtigkeit im Rahmen von Regeln auf der nächst höheren Ebene. Daraus wiederum folgt, daß Gerechtigkeit von Meta-Regeln nichts anderes ist als Gerechtigkeit im Rahmen von Meta-Meta-Regeln usw.“

Der Ausgangspunkt der Theorie ist ein rechtsfreier Raum der Anarchie ohne vorpositive Rechte, in dem durch ein hypothetisches Drohspiel ein Gleichgewichtszustand gefunden werden kann. Im rechtsfreien Raum sind „(d)rei Grundelemente ... bestimmend für die Position, die der einzelne erreicht: seine Präferenzen, seine Fähigkeiten und seine Umwelt."[43] Aus diesen Elementen ergibt sich eine „natürliche Verteilung", ein theoretisches Gleichgewicht, von dem aus Tauschvorteile realisiert werden können. Die Individuen binden sich zwecks Erzielung und Aneignung von Kooperationsgewinnen selbst (kollektive Selbstbindung).[44] Als Entscheidungsregel gilt daher ein *strikter Konsens*; die Besserstellung ausnahmslos aller bildet so die Grundlage und Bedingung des Konsenses selbst. Individuelle Rechte sind weder natur- oder vernunftrechtlich hergeleitet, noch können sie *logisch* aus den Annahmen des *status naturalis* (wie bei Rawls) hergeleitet werden, vielmehr resultieren sie unmittelbar aus dem in der Verfassungsversammlung vereinbarten Vertragswerk aufgrund der rational handelnden Individuen.[45] Es wird angenommen, daß die Individuen hinter einem konstitutionellen Schleier ihre Position weniger genau kennen.[46] Dieser Schleier der Unsicherheit („veil of uncertainty") ist ein empirischer Schleier, da reale Individuen, die über die Zukunft aber nicht vollständig informiert sind, Entscheidungsträger sind.[47] Je dichter der Schleier ist, desto eher werden Privilegieninteressen aus dem Konsens ausgeschlossen. Grundrechte liegen danach im Interesse der Individuen, da sie eine Aufrechterhaltung des Veto-Rechts gegen spätere Mehrheitsbeschlüsse garantieren.[48] Sie werden vereinbart, wenn jeder der Beteiligten für sich entschieden hat, daß ihm ein von Einmischungen durch andere freigehaltener Rechtsraum mehr bedeutet als die Option, individuell oder kollektiv in die Rechtsräume anderer eindringen zu dürfen. Damit sind individuelle Freiheitsräume in dem Maße legitim, wie sie der einstimmigen Entscheidung einer Verfassungsversammlung entspringen. Buchanan[49] setzt voraus, daß alle Parteien durch den Verfassungsvertrag gewinnen können, d.h. er muß implizieren, daß auch die schwächsten Individuen ihren Mitmenschen entweder nutzen oder schaden können. Diese Frage ist aber abhängig von den Situationen der Individuen im Urzustand und ihren Präferenzen. Mit der Entscheidung für ein Staatswesen ist also noch nichts ausgesagt über die Verteilung von Rechten und Pflichten innerhalb dieses Staatswesens. Bis hierhin können wir daher eine Unterbestimmtheit der Theorie feststellen, da der Übergang von Anarchie zu Staat so gut wie immer vorteilhaft ist.[50]

---

[43] Buchanan, James M. (1984: 79). Die Fähigkeiten, Talente und Fertigkeiten (physiologischen Möglichkeiten) des Individuums ergeben in Kombination mit seinen Präferenzen seine individuelle Produktionsfunktion.
[44] Buchanan; Tullock (1962: 154).
[45] Siehe hierzu auch Buchanan (1978a: 29-42) sowie Buchanan (1984: 59); vgl. auch 35.
[46] Zu einem Vergleich der Rawls'schen mit der Buchanan'schen Vertragskonzeption, siehe Coleman (1990: 142ff.).
[47] Buchanan; Tullock (1962). Bei Buchanan ist der Schleier per definitionem weniger dicht als bei Rawls und hat keine analytische Natur, da die Individuen ihre reale Position und damit auch ihre „constitutional interests" kennen, aber unsicher über die realen Auswirkungen der Regeln sind. Siehe zu einer Gegenüberstellung der beiden Schleier von Rawls und Buchanan auch Vanberg (1994: 168ff.).
[48] Homann (1985: 58f.).
[49] Vgl. insbes. Buchanan; Tullock (1962).
[50] Vgl. Hegmann (1998: 180).

Das legitimierende Moment des Konsenses für Regeln variiert je nach Interpretationsvariante stark. Es besteht Einigkeit darüber, daß der *ursprüngliche* Konsens nicht als Legitimationsgrundlage herangezogen werden kann. Der *hypothetische* Konsens „als Surrogat dieser ursprünglichen Zustimmung“[51] kommt als zweite Variante in Betracht. Brennan/Buchanan lehnen den hypothetischen Konsens ab, „denn es wird nicht genau deutlich, wie eine Person durch Versprechen gebunden sein kann, die sie nicht gemacht hat, oder wie man einer Person unterstellen kann, daß sie Regeln zugestimmt haben würde, einfach nur aufgrund der Tatsache, daß diese Regeln wahrscheinlich für sie von Vorteil sind.“[52] Homann/Kirchner dagegen stützen sich genau auf dieses Kriterium, denn „(w)ährend das vertragstheoretische Paradigma auf den *tatsächlichen* Konsens der Regelungsadressaten abstellt und damit zwangsläufig auf das Einstimmigkeitskriterium als Legitimationskriterium abstellen muß, kann das konsenstheoretische Paradigma nach der *Zustimmungsfähigkeit* von Kollektiventscheidungen fragen und Ableitungszusammenhänge zwischen den aus einer Kollektiventscheidung zu erwartenden Kooperationsvorteilen und der Zustimmungsfähigkeit in bezug auf die betreffende Kollektiventscheidung aufstellen.“[53] Der (wandelbare) *faktische* Konsens, der von der *impliziten* Zustimmung lebt,[54] stützt sich auf die Befolgung bzw. Nichtbefolgung von Regeln und ist daher eine empirische Frage nach der sozialen Wirksamkeit von Regeln. Homann spricht dann jenen Regeln normative Gültigkeit zu, die in dem Sinne als verbindlich anerkannt werden, wie sie befolgt werden.[55]

Damit erlangt das Kriterium des hypothetischen Konsenses seine Bedeutung primär *als regulative Idee* für Verbesserungsvorschläge. Grundlegend für Verbesserungsvorschläge ist die Aufdeckung und Behebung von *Dilemmastrukturen in den Handlungssituationen* der Individuen.[56] Hier liegt denn auch ein großes Potential für die ökonomische Theorie des Rechts, da anreizkompatible Rechtsnormen für die Wirksamkeit und Effektivität der Normen vielversprechender und kostengünstiger sind. Diese Erkenntnis der Anreizkompatibilität ist m.E. allerdings primär eine *positive* Frage, nämlich der Auswahl der Regelalternativen bei Gesetzgebung und Rechtsprechung, löst aber die Frage nach der inhaltlichen Richtigkeit m.E. nicht vollständig. Zudem findet die Anreizethik ihre Grenze in den Fällen, in denen Dilemmastrukturen nicht aufgelöst werden können.

---

[51] Vgl. HOMANN (1999: 63).

[52] BRENNAN; BUCHANAN (1993: 136).

[53] KIRCHNER (1997: 20) (Hervorhebung im Original); siehe auch HOMANN; KIRCHNER (1995: 203).

[54] HOMANN (1999: 63f.). Der implizite Konsens ist auch für BRENNAN; BUCHANAN (1993) relevant.

[55] Diese Problematik ist aus der Rechtsphilosophie als Frage nach der sozialen Wirksamkeit als Geltungsgrund bekannt. Die tatsächliche Befolgung von Rechtsnormen als *Geltungsgrund* firmiert unter Macht- und Anerkennungstheorien bzw. dem empirischen Rechtspositivismus. Vgl. ALEXY (1994), sowie RÖHL (1994: Kap. 36). Insbesondere muß beachtet werden, daß die Befolgung *ex post* nur bedingt zur *ethischen Legitimation* geeignet ist, denn die Befolgung kann aus vielerlei Gründen erfolgen.

[56] HOMANN (1999: 87): „Kooperationsgewinne werden in Dilemmastrukturen also über die *(Um-) Gestaltung der Situation* und der von ihr ausgehenden *Anreize* angeeignet. Recht und Moral lassen sich in Dilemmastrukturen nur über situative Bedingungen sicherstellen und nicht über persönliche Qualitäten der einzelnen Akteure.“

Doch auch die Gefahr eines rein fiktiven hypothetischen Konsenses für den Legitimationsanspruch wird thematisiert. Daher sollen inhaltliche Kriterien aufgestellt werden, „anhand derer getestet werden kann, ob für eine Lösung ein hypothetischer Konsens gefunden werden kann."[57] Die Grundlage dafür ist das beschränkt rationale Individuum: „Lösungen sind dann konsensfähig, wenn sie aneignungsfähige Kooperationsgewinne versprechen, die ohne die betreffende Lösung nicht zu erreichen wären."[58] Die ethische Rechtfertigung von konstitutionellen Rechtspositionen liegt damit in ihrer *relativen Vorteilhaftigkeit* im Vergleich zu anderen Regelungen.[59] Es kann angenommen werden, daß damit – wie bei Buchanan – der Status Quo als Ausgangspunkt dient,[60] womit aber die *theoretische* Relativität von Gerechtigkeitsüberlegungen nicht vermieden werden kann.

3.2. Konsens auf der einfachgesetzlichen Ebene

Interessant ist insbesondere die Möglichkeit, daß der Konsens-Test auch für einfachgesetzliche Regelungen (Gesetzgebung) und Rechtsprechung als Bewertungskriterium gelten könne. Da uns diese Ebene hier interessiert – die ökonomische Theorie des Rechts betrachtet in aller Regel primär die Ebenen unterhalb der Verfassung -[61] ist für uns die Brauchbarkeit des Kriteriums auf diesen Ebenen von Belang. Das Festhalten an dem Konsenskriterium ist solange gerechtfertigt, wie beteiligte Normsetzer und Normbetroffene übereinstimmen (etwa bei privatrechtlichen Verträgen). Dort handelt es sich in aller Regel um faktische(!) Zustimmung, weshalb auch von einer moralischen Legitimation gesprochen werden kann. Homann und Kirchner bemerken zu Recht, daß für die genannten *Verträge aller Hierarchien* das Konsenskriterium als legitimierendes Element gelten kann, *solange* es *keine externen Kosten* für Drittbetroffene gibt[62] und der Konsens ohne Zwang zustandegekommen ist. Dem kann zugestimmt werden. Dies betrifft jedoch nur einen kleinen Teil des Rechts,[63] anwendbar ist das Konsenskriterium m.E. *nicht* im Verwaltungsrecht (außer dem öffentlich-rechtlichen Vertrag), ebensowenig wie in vielen privatrechtlichen Fragen, die Externalitäten beinhalten.

Wie kann die Legitimation aussehen, wenn von dem Einstimmigkeitskriterium abgegangen wird? Der entscheidende Unterschied zwischen der verfassungsrechtlichen Ebene und der

---

[57] Vgl. KIRCHNER (1999: 133).
[58] Vgl. KIRCHNER (1999: 133).
[59] So KIRCHNER (1999: 140).
[60] Ebenso HOMANN (1997: 26) selbst: „Um Paradiesvergleiche zu vermeiden, bildet der Status Quo immer den Ausgangspunkt der Überlegungen, und er hat eine prima-facie-Legitimation. Vergleichspunkt sind relevante Regel-Alternativen: Solche Vergleiche bilden die Domäne der modernen Ökonomik und der ökonomischen Politikberatung."
[61] So etwa SCHÄFER; OTT (2000), COOTER; ULEN (1996), POLINSKY (1989) und der größte Teil der veröffentlichten Artikel. Anders allerdings POSNER (1998), Teil VII und neuerdings die ökonomische Analyse des Rechts im öffentlichen Recht, siehe ENGEL; MORLOK (1998) mit Beiträgen, die sich mehrheitlich auf Verfassungsfragen beziehen.
[62] HOMANN; KIRCHNER (1995) und KIRCHNER (1999) erläutern dies an dem Beispiel des Kartellvertrages.
[63] So auch ALEXY (1996b: 31): „Faktische Konsense sind, zumindest, was hinreichend konkrete praktische Fragen betrifft, selten." Man darf davon ausgehen, daß der Großteil der einfachen Gesetzgebung genau diese konkreten, praktischen Fragen betrifft.

einfachgesetzlichen Ebene ist der Übergang vom Einstimmigkeitsprinzip zum Mehrheitsprinzip.[64] Legitimiert ist diese Abkehr vom Konsensprinzip durch eine entsprechende Festlegung in der Verfassung, die einen Schutz vor zu erheblichen Willkürkosten etwa durch einen Grundrechtskatalog bietet.[65] Konstitutionell werden Schutzvorkehrungen gegen die Ausbeutung der Minderheit getroffen, welche „für jeden Einzelnen die Pareto-Superiorität der postkonstitutionellen Regeln (nicht der Einzelentscheidungen!) sicherstellen soll."[66] Homann nennt als solche Schutzvorkehrungen explizit: Menschenrechte, Rechtsstaatlichkeit, Gewaltenteilung, Föderalismus, demokratische Wahlen, Rechtswegegarantie, Pressefreiheit und ungehinderte öffentliche Diskussion.[67] Der verfassungsökonomische Konsens leistet dafür aber, wie gesehen, *theoretisch* keine Gewähr, weshalb auf subkonstitutioneller Ebene ein Legitimationsproblem auftauchen kann, nämlich dann, wenn die genannten verfassungsmäßigen Schutzvorkehrungen nicht wirklich beschlossen wurden.

3.3. Beurteilung der Ordnungsökonomik

Das Konsenskriterium in Form des hypothetischen *und* impliziten Konsenses ist grundsätzlich ein geeignetes Kriterium für eine *gesamte* Rechtsordnung im Allgemeinen und für die Beurteilung von Verfassungen im Besonderen. Das Einstimmigkeitskriterium ist insbesondere als regulative Idee von Interesse. Insbesondere verbinden die Ordnungsökonomen die Frage der sozialen Wirksamkeit mit der Frage nach der inhaltlichen Richtigkeit – ein ungelöstes Problem, welches die Rechtswissenschaft bereits lange beschäftigt. Die Reduzierung von Nutzen auf Kaufkraftmaximierung der praktizierten Wohlfahrtsökonomik und der ökonomische Theorie des Rechts in deren Nachfolge greift zu kurz, weshalb die Konsenstheorien jedenfalls besser geeignet sind, die vieldimensionalen Präferenzen der Menschen zu erfassen. Zudem liegt der gesellschaftliche Konsensgedanke auch dem juristischen Verfassungsverständnis zugrunde.

Die Verfassungsökonomik möchte – wie gesehen - einen Rahmen für komparative Institutionenanalyse liefern. Bei der komparativen Analyse geht es primär um die Veränderung des Rechts[68] *im Vergleich mit dem Status Quo*, also um die (inkrementelle) *Veränderung* von Handlungsbedingungen.[69] Es wird angenommen, daß der Status Quo,[70] wie

---

[64] Dazu und zum folgenden, siehe KIRCHNER (1999: 142ff.).

[65] KIRCHNER (1999: 143) und HOMANN (1999: 66).

[66] HOMANN (1999: 66). Zu einer Besprechung der Einwände aus diskurstheoretischer Sicht und dem Argument, daß die Einigung auf die Diskursregeln einen Hobbes´schen Vertrag stabiler machen würden, siehe ALEXY (1996b: 423ff.).

[67] Auch VANBERG (1994: Kap. 13) nennt etwa explizit territorialen und funktionalen Föderalismus. Dies kommt daher, weil er das „avoidence/cost"-Kriterium heranzieht, um den impliziten Konsens zu den Regeln „stichfester" zu machen.

[68] So für die Verfassungsebene Buchanan, für die einfachgesetzliche Ebene PIES (1993).

[69] Wenn daran Kritik geübt werden kann und geübt wird, so entspricht dies doch der Lage in den allermeisten Ländern. Verfassung werden mehr geändert, als neu geschrieben.

[70] BUCHANAN (1984: Vorwort: XI). Anders für den ursprünglichen Konsens BUCHANAN; TULLOCK (1962), wo Personen in idealisierte Situationen versetzt wurden, siehe dazu auch BUCHANAN, JAMES M. (1984): 9).

auch immer er aussieht, legitim sei, weil sich nur relativ zu ihm Gewinne realisieren lassen.[71] Die Kontingenz von real existierenden Verfassungsregeln (zumeist in Abhängigkeit von verschiedenen individuellen Präferenzen in Zeit und Raum; Pfadabhängigkeit) wird dabei von den Vertretern der Verfassungsökonomik anerkannt.[72] *Wenn* wir annehmen, daß der Status Quo des Verfassungsinhalts tatsächlich die Minimalgerechtigkeitserfordernisse erfüllt, die die Ordnungsökonomik voraussetzt, dann kann sie ein sinnvolles Kriterium für Verfassungsänderungen bieten. Wenn die Ordnungsökonomik aber annimmt, daß bestimmte Gerechtigkeitstopoi beschlossen werden, dann müssen bereits (analytisch oder empirisch) bestimmte Annahmen bezüglich der Situation der Menschen gemacht werden. Denn die Entscheidungen der Individuen sind abhängig von der Situation, in der sie sich befinden, mithin auch von ihrer Stärkeposition. Wenn die Situation nicht beschrieben werden kann und die Präferenzen nicht bekannt sind, dann ist es allerdings schwer zu wissen, ob überhaupt und für welche konstitutionellen Regeln sich die Individuen entscheiden werden. Die Frage, wem deshalb eine aus eigennützigen Individuen bestehende Verfassungsversammlung Rechte einräumt, ist aus normativ individualistischer Perspektive rein empirisch und kann analytisch grundsätzlich nicht beantwortet werden.[73] Zwar *könnten* Individuen der Einräumung von Grundrechten und einem Minimum an sozialer Gerechtigkeit zustimmen. Dies ist allerdings nicht zwingend in der Theorie angelegt (wie etwa bei Rawls), vielmehr ist dies eine empirische Frage und abhängig von den jeweiligen Situationen und Präferenzen der Individuen: dem sozio-moralischen Kontext. Daher kann – entgegen der Auffassung von Buchanan - das Problem, daß das Pareto-Prinzip zu inakzeptabler Einschränkung von Freiheitsrechten führen kann, mit dem Konsensprinzip dann (und nur dann) behoben werden, wenn ein (realer) Konsens auf Verfassungsebene darüber besteht, daß in bestimmten Fällen etwa das Freiheitsprinzip Vorrang vor dem Pareto-Prinzip hat. Um eine solche Kontingenz zu vermeiden, wäre es notwendig, einen (zeitlichen und konzeptionellen) Vorrang des liberalen Prinzips vor dem Pareto-Prinzip zu konstruieren, welcher von der Ordnungsökonomik aber nicht vorgesehen wird (etwa im Gegensatz zu Rawls) oder eine Meta-Ordnung zu setzen, die nur bestimmte Präferenzen zuläßt. Dies würde aber weitere „objektivistische" Annahmen erfordern, die die Konstitutionenökonomik gerade aufgrund des strikten normativen Indivi-

[71] BUCHANAN (1984): 121): „Der Status Quo definiert das, was vorhanden ist. Ohne Rücksicht auf seine Geschichte muß man ihn deswegen so bewerten, als ob er vertragstheoretisch legitim wäre." Diese Auffassung ruft allerdings sofort Kritik hervor, vgl. statt vieler COLEMAN (1990: 146f.): „Buchanan takes the status quo as the appropiate point of departure for social contract theory. This is a very different approach than one might to be inclined to take since there is nor reason to suppose that the status quo reflects a particularly fair distribution of holdings. ... This is simply status quoism of the worst kind. For its central claim, if true, is true regardless of the morality of the holdings."

[72] BUCHANAN (1984), BRENNAN; BUCHANAN (1993: 100): Es gilt auch hier, „daß die „Entscheidungen, die durch das Kollektiv im Zeitpunkt t_0 getätigt wurden, die künftigen Handlungsmöglichkeiten beeinflussen, und zwar indem sie die Restriktionen oder die Präferenzen oder beides zugleich verändern." HOMANN (1997: 17): „Historische, kulturelle, gruppenspezifische Kontingenzen von Moralsystemen lassen sich ... als Pfadabhängigkeiten begreifen, die daraus resultieren, daß in verschiedenen Situationen und/oder Populationen unterschiedliche Regelsysteme institutionell stabilisiert werden konnten."

[73] Vgl. dazu auch AAKEN; HEGMANN (2002).

dualismus nicht treffen möchte. Das liberale Paradox von Sen[74] kann daher auch hier auftreten.[75]

Die Kontingenz der Verfassungsökonomik im Hinblick auf die von ihr zumeist postulierten Gerechtigkeitstopoi könnte etwa behoben werden, wenn explizit eine theoretische Verbindung mit kantianischen Theorien versucht würde (etwa durch einen analytischen Rawls´schen Schleier oder auch eine Verbindung mit den analytischen Ansätzen der Diskurstheorie[76]), dann wäre die Ordnungsökonomik auch eine ihren eigenen Ansprüchen genügende gerechtigkeitsbegründende Theorie und mit der Rechtswissenschaft erheblich kompatibler als die Wohlfahrtsökonomik und auch rein kantianische Theorien, die die Frage der Realwissenschaft (mithin die Folgenanalyse) des Rechts in aller Regel außer Betracht lassen.

Die Frage, ob das Konsenskriterium zur *Beurteilung einzelner Gesetze oder der Rechtsprechung* tauglich ist, ist differenziert zu beantworten. Wenn in der Verfassungsversammlung tatsächlich die angenommenen Schutzvorkehrungen, wie etwa Grundrechte, beschlossen wurden, so kann eine subkonstitutionelle inhaltliche Richtigkeit der Regeln durch die Verfassung gesichert werden. Ein Konsens auf subkonstitutioneller Ebene ist dann *legitimationstheoretisch* nicht mehr notwendig, vielmehr bleibt es dafür dann bei der inhaltlichen Überprüfung anhand der Verfassungsprinzipien. Dies bedeutet, daß auf einen subkonstitutionellen Konsens verzichtet werden kann, wenn für die Legitimation Meta-Regeln, die bestimmten Kriterien genügen, vorhanden sind. Diese Kriterien wiederum bedürfen der Legitimation auf konstitutioneller Ebene.[77] Diese Art der Ableitung bedeutet selbstverständlich keine positive Bestimmung der einzelnen Rechtsregeln, sondern folgt dem negativen Ausschlußprinzip: Die Verfassung begrenzt dann die Regelalternativen. Innerhalb dieser Anforderungen aber kann dann die Ordnungsökonomik zu einzelnen Gesetzen keine legitimatorischen Aussage mehr machen.

---

[74] SEN (1970b).

[75] BUCHANAN ET AL. (1978b: 46): „I think that the whole Sen discussion is really a sort of 'much ado about nothing' because there is no contradiction between liberalism and the Paretian principle. All that is required is of course, that people be assigned rights. ... If you assign people rights, and if they agree to give up their opportunities for sleeping on their belly or living in Newcastle in exchange with other people, which would be the Paretian principle, then that's fine."
Hier setzt Buchanan einen Rahmen an Rechten voraus, die aber erst einmal begründet werden mußten (und genau das Paradox auslösen, da es ja gerade um die Entscheidung geht, nämlich ob jemand Rechte bekommt oder nicht). Buchanan setzt damit genau das voraus, worum es SEN (1970b) in seinem Artikel geht. Er bewegt sich damit auf einer nachgelagerten Ebene der Argumentation, denn er setzt voraus, daß liberale Rechte bereits alloziert sind. Buchanan entgeht dem Paradox also nur, indem er annimmt, daß bereits bestimmte liberale Rechte existieren, nämlich negative Rechte frei von Zwang einer bestimmten Art zu sein. Dies aber bedeutet nichts anderes als den Vorrang der Anwendung des liberalen Prinzips - dann ist es auch kein Wunder, daß das Paradox nicht mehr auftaucht, weil die Prinzipien bereits geordnet sind: zuerst werden die liberalen Rechte durch das liberale Prinzip zugewiesen, erst dann kommt das Pareto-Prinzip zum Tragen, wenn es um den Tausch der Rechte geht. Aber Sen´s Problem war gerade formuliert, um den Konflikt, der *vor* der Zuweisung von Rechten besteht, aufzuzeigen. Ich danke Jules L. Coleman für die weitere Klärung dieses Problems, Email an A.v.A. vom 12.07.2000.

[76] Vgl. dazu AAKEN (2002a).

[77] Diese Argumentation stammt von VANBERG (1999: 43).

4. Formale Effizienz oder normative Entscheidungstheorie

Der hier vorgeschlagene Ansatz setzt sich aus zwei Komponenten zusammen. Zum ersten wird die normative Entscheidungstheorie als Konzept einer formalen Effizienz vorgeschlagen, zum zweiten soll dieses grundsätzlich inhaltsleere Konzept als Mindestgehalt mit Verfassungsprinzipien als Entscheidungskriterien gefüllt werden.

4.1. Warum Verfassungsprinzipien?

Zur Verdeutlichung der Stellung des hier vorgeschlagenen Ansatzes im Vergleich zu den ökonomischen Kriterien wird auf die Unterscheidung zwischen Gerechtigkeitsbegründungstheorien und Gerechtigkeitserzeugungstheorien zurückgegriffen.[78] Erstere betreffen das *Anführen von Gründen* für die Behauptung der Gerechtigkeit, Effizienz etc., bzw. die Erkenntnis über die Richtigkeit von Prinzipien und obersten Entscheidungskriterien, während letztere danach fragen, wie das konkrete Handeln oder Entscheiden gemäß einem als richtig erkannten bzw. vorausgesetzten Maßstäben auszusehen hat. Die Entscheidungstheorie hat keine gerechtigkeitsbegründende, sondern nur eine gerechtigkeitserzeugende, dienende Funktion. Damit bleibt die Frage offen, welche Kriterien als Kriterien der richtigen Entscheidung gewählt werden. Da nun davon ausgegangen werden muß, daß die Versuche der ökonomischen Theorien zur Gerechtigkeitsbegründung unzureichend sind, so muß auf den Anspruch der Gerechtigkeitsbegründung von obersten Kriterien verzichtet werden. Wenn ökonomische Theorie im öffentlichen Recht betrieben werden soll, so wäre es vorteilhaft, sich anderweitig begründeter Rechtsprinzipien zu bedienen und diese in die Analyse einzubeziehen. Dazu wird folgend ein Vorschlag gemacht, der rechtsimmanente Prinzipien in ein formales Konzept der Effizienz inkorporiert und eine Art *verfassungsrechtliche Wohlfahrtsfunktion* vorschlägt. Um die Realfolgen von Gesetzen und Maßnahmen auf Prinzipien, hier verstanden als Verfassungsprinzipien oder Gesetzeszwecke, abschätzen zu können, muß zunächst eine Abgrenzung zwischen Regeln und Prinzipien vorgenommen werden.[79] Der für diese Unterscheidung wichtigste Punkt ist, daß Regeln Normen sind, die definitiv etwas gebieten. Sie sind entweder erfüllt oder nicht, d.h. sie gelten oder nicht. Prinzipien dagegen sind Normen, die gebieten, daß etwas in einem möglichst hohem Maße realisiert wird. Prinzipien sind demnach *Optimierungsgebote*, die dadurch charakterisiert sind, daß sie in unterschiedlichem Grade erfüllt sein können und daß das gebotene Maß ihrer Erfüllung sowohl von den tatsächlichen als auch von den rechtlichen Möglichkeiten abhängt. Der Verhältnismäßigkeitsgrundsatz impliziert den Prinzipiencharakter und umgekehrt.[80] Als Optimierungsgebote fordern Prinzipien eine möglichst weitgehende Realisierung. Während

---

[78] Siehe zu dieser Unterscheidung auch TSCHENTSCHER (2000: 88f.) m.w.N. zu dieser Unterscheidung in der Rechtsphilosophie.

[79] Hier wird der Unterscheidung von ALEXY (1996a: 71ff.) gefolgt. Siehe ausführlich zu der Regel- und Prinzipiendiskussion auch ALEXY (1995b). Vgl. zu dem folgenden auch ALEXY (2002a, 2002b), der zwar nicht explizit die Entscheidungstheorie verwendet, aber dessen Ansatz hier weitgehend gefolgt wird.

[80] So ALEXY (2002a, 2002b). Vgl. zu der Verbindung zwischen Verhältnismäßigkeit und Ökonomik auch BIZER (1999).

die Grundsätze der Geeignetheit und der Erforderlichkeit auf die tatsächlichen Möglichkeiten der Realisierung abstellen und daher einer sozialwissenschaftlichen Prognose bedürfen, erfordert die Verhältnismäßigkeit im engeren Sinne (Grundsatz der Proportionalität) die normative (rechtliche) Abwägung der Prinzipien. Die Verhältnismäßigkeit im engeren Sinne wird dann relevant, wenn die Erfüllung des einen Prinzips nicht ohne Beeinträchtigung des anderen (tatsächlich) möglich ist.[81] Eine solche Beziehung kann mit Hilfe von Indifferenzkurven, die ja nichts anderes als ein Substitutionsverhältnis von Gütern darstellen, verdeutlicht werden.[82] Auch hier – wie in der Ökonomik – kann die Grenzrate der Substitution verwendet werden: Je mehr ein Prinzip beeinträchtigt wird, desto höhere Zuwächse sind bei dem anderen Prinzip notwendig, um so die Einbuße an dem ersten Prinzip auszugleichen. Befindet man sich auf einer Indifferenzkurve, so kann eine Entscheidung über eine bedingte Präferenzordnung durch Dezision oder aber durch Begründung erfolgen. Die Begründungsregeln verweisen dann auf die Rechtswissenschaft zurück.

Eine solche Vorgehensweise ist in dem Sinne nicht mehr subjektivistisch – und umgeht daher die Meß- und Aggregationsprobleme bezüglich der individuellen Präferenzen -, weil davon ausgegangen wird, daß der individuelle Nutzen sich bereits aggregiert in Verfassungsprinzipien wiederfindet. Hier wird die Auffassung vertreten, daß die Ersetzung von zumeist monodimensionalen und intransparenten Zielen der normativen ökonomischen Theorie des Rechts durch eine Theorie der rationalen Wahl, welche diese Werte offen legt, der ökonomischen Theorie im öffentlichen Recht zu einer größeren Akzeptanz verhelfen kann. Durch einen solchen Ansatz wird auch die möglicherweise deontologische Begründung dieser Werte akzeptiert. Werte wie Gerechtigkeit und Fairneß sind in der Verfassung bereits enthalten, und zwar zudem in einer konkretisierten Form, die den Vorwurf der Manipulierbarkeit und Inhaltslosigkeit entschärft.[83] Die Analyse wird innerhalb und mit den Werten, die der Rechtswissenschaft immanent sind, durchgeführt; die Kriterien der Untersuchung sind somit nicht mehr fachfremd. Wir haben damit keine wohlfahrtsökonomische Wohlfahrtsfunktion mehr, sondern eine *verfassungsrechtliche Wohlfahrtsfunktion*, die zu optimieren ist. Dabei

[81] Vgl. ALEXY (1995a: 259).

[82] Siehe dazu auch ALEXY (1996a: 146ff.), dessen Theorie der Abwägung diesem Vorschlag maßgeblich zugrundeliegt.

[83] Der Vorwurf der Positivismusgefahr ist mir bewußt. Für die ökonomische Analyse im öffentlichen Recht ist dies in aller Regel nicht relevant, da sie unterhalb der Verfassungsebene analysiert. Dennoch kann eine Verfassung jedenfalls dann kritisiert werden, wenn sie geforderte Mindesttopoi von Gerechtigkeitstheorien nicht gewährleistet, vorausgesetzt man will Gerechtigkeitsbegründungstheorien heranziehen. Diese können jedoch auch nicht ein Mehr an Inhalten begründen, als in den Verfassungen westlicher Demokratien in aller Regel wiedergefunden werden kann. Auch die ökonomischen Konsenstheorien können nicht mehr als diese Topoi begründen, vgl. ausführlich dazu AAKEN/HEGMANN (2002).

Das hier vorgeschlagene Vorgehen erfüllt dieses Gebot der Transparenz, welches für die Verwaltung mittlerweile kodifiziert zu finden in Art. 41 der Charta der Grundrechte der Europäischen Union, denn es kann festgestellt werden, welche Prinzipien *konkret* - intendiert oder nicht-intendiert – in ihrem Zielerreichungsgrad betroffen werden.

können neben objektiven und subjektiven Verfassungsprinzipien,[84] die als Mindestinhalte einer solchen Funktion gelten, die jeweiligen Gesetzeszwecke eingeführt werden.
Insbesondere im öffentlichen Recht, also in Nicht-Markt-Situationen, können viele Probleme der ökonomischen Theorie des Rechts umgangen werden, wenn Verfassungsprinzipien ad hoc,[85] also je nach zu untersuchenden Normkomplexen, als Zielkriterien gewählt werden. Durch die hier vorgeschlagene Analyse wird weitaus klarer ersichtlich, welche Prinzipien durch bestimmte Regeln oder Rechtsanwendungsentscheidungen positiv oder negativ betroffen (bei Grundrechten: Eingriff) werden, da im öffentlichen Recht ein Rückgriff auf sozialen Nutzen oder den traditionellen Effizienzbegriff in der ökonomischen Theorie des Rechts, verstanden als „joint pay off", kaum möglich ist. Auch das Konstrukt des Konsenses muß zumindest durch gewisse (Mindest-)Rationalitätserfordernisse eingeschränkt werden.

4.2. Entscheidungstheorie

Effizienz als formales Konzept bedeutet Optimalität von Maßnahmen im allgemeinen und Regulierungen, Rechtsnormen, Legislativ- und Exekutivakten im (rechtlich) besonderen im Hinblick auf ein bestimmtes Zielsystem und unter Beachtung von Nebenbedingungen. Das Zielsystem ist dabei grundsätzlich unbestimmt; wenn also eine Aussage über Effizienz gemacht werden soll, so muß zunächst das zugrundeliegende Zielsystem bekannt sein. Die Frage lautet daher nicht „Effizienz versus andere Werte", sondern vielmehr, *welche Werte die formale Effizienz inkorporiert.* Ein formales Konzept der Effizienz bedeutet aber nichts anderes als einen Rückgriff auf die normative Entscheidungstheorie. Bei der normativen Entscheidungstheorie geht es um formale Regeln und Strategien für ein richtiges Entscheiden.[86] Sie zerlegt einzelne Entscheidungs- und Bewertungsschritte und ermöglicht so die oftmals in der Ökonomik und Rechtswissenschaft geforderte Transparenz. Die vom BVerfG[87] geforderte Rationalität richterlicher Entscheidungen und vermehrt noch die geforderte Rationalität der Gesetzgebung oder der Verwaltung kann durch die Entscheidungstheorie gefördert werden, da sie die *Strukturen* von Entscheidungen aufdeckt. Für die Rechtsanwendung sei betont, daß die Entscheidungstheorie sich auf die finale, nicht auf die

---

[84] Hier wird der Unterscheidung von ALEXY (1996a: 98ff.) gefolgt, der Prinzipien in Grundrechte einerseits und in objektive Verfassungsprinzipien bzw. kollektive Güter andererseits unterscheidet.

[85] Der Ausschnitt, der bei der Betrachtung gewählt wird, bestimmt also zunächst, was erstens das erwünschte Ziel/die Ziele sind und zweitens, welche anderen Ziele durch Neben-, Fern- und Folgewirkungen betroffen werden. Siehe dazu grundlegend MYRDAL (1933) für die Ökonomie und WEINBERGER (1988: 264) für die Rechtswissenschaft mit einer Diskussion bzgl. der auftauchenden Probleme. Siehe dazu auch ausführlich AAKEN (2002b).

[86] Sie wird denn auch von Philosophen (GOTTINGER; LEINFELLNER (1978)) und Juristen als Denkmodell vorgeschlagen. Für die Rechtsanwendung siehe PRIESTER (1970), SCHLINK (1972) m.w.N. für rechtsanwendungsspezifische Probleme, KILIAN (1974) im Hinblick auf die Automatisierung juristischer Entscheidungen). Für die Gesetzgebungswissenschaft siehe (MORAND (1988: 23), HOFFMANN-RIEM (1988: 350). WÄLDE (1979) verwendet die Entscheidungstheorie für die Gesetzgebung und die Rechtsanwendung. Grundlegend zu Präferenzrelationen im Recht PODLECH (1970). In Bezug auf die ökonomische Theorie des Rechts, siehe auch umfassend mit einer Darstellung der Entscheidungstheorie AAKEN (2002b).

[87] BVerfGE 34, 269-293.

konditionale Programmierung[88] bezieht und damit bei der regel*bildenden* Folgenorientierung und der Gesetzgebung besondere Relevanz bekommt. Anders ausgedrückt sind zwei grundlegende Operationen der Rechtsanwendung zu unterscheiden – die Subsumtion und die Abwägung. Während die Subsumtion als juristischer Syllogismus einer regelvollziehenden Rechtsanwendung gleichkommt und der normativen Entscheidungstheorie nicht bedarf, so ist das bei der Abwägung grundlegend anders.[89] Die juristische Entscheidung wird damit zu einem Sonderfall der normativen Entscheidungstheorie mit zu spezifizierenden Einschränkungen.[90] Die normative Entscheidungstheorie ist als formale Entscheidungsgrundlage insbesondere dann von Bedeutung, wenn die Folgenorientierung in der Rechtswissenschaft anerkannt wird und so die positive ökonomische Theorie Einzug hält. Sie bildet durch den Einbezug der Wirklichkeitszusammenhänge durch Hypothesen quasi die natürliche Ergänzung derselben.[91]

Betrachten wir nun die normative Entscheidungstheorie etwas genauer.[92] Ihre Grundfrage kann folgendermaßen formuliert werden: Wie kann der Entscheidende – handele es sich um eine einzelne Person oder eine (zielhomogene) Gruppe – aus den ihm bekannten alternativen Handlungsmöglichkeiten jene Alternative auswählen, deren Resultat ihm im Lichte der gesetzten Zielvorstellungen ein Optimum der Erreichung derselben verspricht? Wir können damit fünf Elemente einer (rechtlichen) Entscheidungssituation ausmachen: 1) den Entscheider (Gesetzgeber oder Rechtsanwender), 2) die möglichen Gesetzes- oder Rechtsprechungsalternativen „A" (Handlungsmöglichkeiten), 3) das Wertesystem bzw. die Zielvorstellungen, die als Bewertungsmaßstab für die Alternativen dienen „K", 4) die (Hypothesen über die) Wirkung der Alternativen im Hinblick auf das Ziel und eventuelle Neben-, Fern- und Folgewirkungen „H", 5) die Wahlregel bzw. Entscheidungsmaxime. Betrachten wir nun die Entscheidungssituation im Detail.

Der Entscheider ist annahmegemäß der Rechtsanwender oder Gesetzgeber, der keine Gegenspieler hat (im Gegensatz zur Spieltheorie) und somit auch keine Hypothesen über deren Reaktionen aufstellen muß.

Damit ist für uns eine (erste) juristische Entscheidungsmatrix[93] durch die Elemente A, K und H festgelegt, die folgend dargestellt wird. Der „Nutzen" der Alternativen N (nach Aggregation der Kriterienwerte „k") kann vorerst noch vernachlässigt werden, da diese erst die Bewertung der Entscheidungsfolgen betrifft.

---

[88] Siehe zu dieser Unterscheidung LUHMANN (1974).

[89] Über die Möglichkeit der rationalen Abwägung im Recht, vgl. ALEXY (2002a).

[90] So auch ALEXY (1996b: 34) für die Einschränkung des praktischen Diskurses. Einschränkungen sind in der *Rechtsprechung* insbesondere die Bindung an das Gesetz bzw. die Verfassung, die Berücksichtigung von Präjudizien sowie die Beachtung der juristischen Dogmatik.

[91] So WÄLDE (1979), der seine ganze Arbeit darauf aufbaut. Ebenso KILIAN (1974: 211ff.), anders nur jetzt DECKERT (1995), wohl aufgrund der Verkennung der Entscheidungstheorie.

[92] Grundlegend zur Entscheidungstheorie siehe immer noch GÄFGEN (1974) sowie LAUX (1998).

[93] Die dargestellte Matrix entspricht der Standarddarstellung von Entscheidungsmatrizen, vgl. etwa LAUX (1998: 35, 63).

	Kriterien							„Nutzen“ N* der je-
Alternativen	K_1	K_2	...	K_J	...	K_{n-1}	K_n	weiligen Alternative
A_1	k_{11}	k_{12}	...	k_{1j}	...	$k_{1(n-1)}$	k_{1n}	N_1
A_2	k_{21}	k_{22}	...	k_{2j}	...	$k_{2(n-1)}$	k_{2n}	N_2...
A_i	k_{i1}	k_{i2}	...	k_{ij}	...	$k_{i(n-1)}$	k_{in}	N_i...
A_{m-1}	$k_{(m-1)1}$	...	...	$k_{(m-1}$	...		$k_{(m-1)n}$	N_{m-1}
A_m	k_{m1}	k_{m2}	...	k_{mj}	...	$k_{m(n-1)}$	k_{mn}	N_m

Abbildung 1: Entscheidungsmatrix

„Nutzen“ = Aggregat der Kriterien K_{ij} von $j = 1$ bis $j = n$

Allgemein formuliert sieht eine Zielfunktion folgendermaßen aus: Wohlfahrt = W (K_1, K_2, ..., K_n). Festzuhalten ist hier, daß es nicht nur ein Ziel gibt, sondern die Analyse vielmehr vieldimensional ist. Zur Wahl steht dann eine Menge von Handlungsalternativen (A_1, A_2, ..., A_m), die gemäß den Kriterien (K_1, K_2, ..., K_n,: Ziele, Prinzipien, Rechte) ausgewertet werden. Dies trägt dem juristischen Einwand Rechnung, daß es in der Rechtswissenschaft nicht nur ein Ziel gibt, sondern jedenfalls mehrere, eventuell widerstreitende Ziele.[94] Die Prinzipien haben ein abstraktes Gewicht, welches ihnen unabhängig von einer konkreten Situation zukommt. Dabei kann das Gewicht verschiedener Prinzipien gleich sein, aber es gibt Prinzipien denen ein stärkeres Gewicht zukommt, etwa das Recht auf Leben.[95]

Die Alternativen (A_1, ... A_m) können sowohl verschiedene Gesetzesalternativen als auch verschiedene Rechtsprechungs- bzw. Anwendungsalternativen sein. Die Alternativenauswahl ist, je nach Entscheidungsebene (einfacher Gesetzgeber, Verwaltung, Rechtsprechung), durch das Recht verschieden begrenzt.[96] Die Kriterien (K_1, ... , K_n) bilden die Elemente des Zielsystems des Entscheiders. In der Rechtswissenschaft finden sich dort die jeweiligen Zwecke des Gesetzes (so in der finalen Programmierung der Rechtsanwendung, bzw. der Zweck des zu erlassenden Gesetzes in der Gesetzgebung) und/oder andere zu beachtende Verfassungsprinzipien. Der Kriterienwert k_{ij} ist der Wert des Kriteriums K_j bei der Wahl der Alternative A_i, also die Beeinträchtigung oder Förderung des Zweckes oder des Prinzips bei der Gesetzgebungs- oder Rechtsanwendungsalternative A_i. Der Zusammenhang zwischen A und K kann deterministisch oder stochastisch sein, in der Rechtswissenschaft ist er, weil realfolgenorientiert und daher sozialwissenschaftlich, stochastisch. Aus Gründen der Einfachheit wird hier eine Entscheidungsmatrix dargestellt, die von einem deterministischen

[94] Siehe dazu sowie zu dem Problem der Inkommensurabilität von Prinzipien SUNSTEIN (1994), sowie ALEXY (2002a: 14): „Es geht nicht um die unmittelbare Vergleichbarkeit irgendwelcher Gegenstände, sondern um die Vergleichbarkeit ihrer Bedeutung für die Verfassung, was freilich mittelbar zu ihrer Vergleichbarkeit führt.“

[95] Vgl. dazu ALEXY (2002a), der zwischen einem konkreten Eingriff und daher einer konkreten Eingriffsintensität in konkreten Fällen und dem abstrakten Gewicht eines Prinzips unterscheidet.

[96] Zu dem Problem, ob die Verfassung in nuce schon die einfachen Gesetze enthält und somit Grundordnung ist oder nur Rahmenordnung, sowie zu dem damit verbundenen Problem der Gewaltenteilung, siehe ALEXY (2002b), der sich mit den verschiedenen Gegenargumenten auseinandersetzt.

Zusammenhang zwischen A und K ausgeht. Das bedeutet, daß die Umwelt als bekannt angenommen wird, nur eine Hypothese besteht H und diese deterministisch ist. In realiter ist der Zusammenhang zwischen A_i und K_j ist durch entsprechende Prognosen herzustellen.[97]

Betrachten wir nun die möglichen Beziehungen zwischen mehreren Zielen (Prinzipien) bzw. Kriterien. Zwischen Zielen können folgende technologischen Beziehungen bestehen:[98] Ziele können *neutral* zueinander sein, d.h. die Maßnahmen zur Erfüllung eines Kriteriums in beliebigem Maße ändern die Erfüllung eines anderen nicht. Ziele können *antinomisch* (Konkurrenz) sein, d.h. bei der zusätzlichen Erfüllung eines Zieles muß in mehr oder weniger großem Ausmaß auf die Erfüllung eines anderen Zieles verzichtet werden. Dieser Fall ist in der Rechtswissenschaft wohlbekannt - er macht Abwägungen überhaupt erst notwendig. Sie können *harmonisch* (Komplementarität) sein, d.h. die zusätzliche Erfüllung eines Kriteriums bringt die zusätzliche Erfüllung eines anderen mit sich. Normalerweise können für eine Regel oder eine Gruppe von Regeln nicht nur ein, sondern mehrere Zwecke angegeben werden, die sich entweder gegenseitig ausschließen oder aber sich nur in gegenseitiger Einschränkung verwirklichen lassen. Dann ist es erforderlich, diese Zwecke als relevant auszuzeichnen, ihr Verhältnis zueinander zu bestimmen und eventuelle Mindesterreichungsgrade festzulegen. Selbiges gilt für Prinzipien.

Bei der Bewertung der Entscheidungsfolgen ergeben sich folgende Herausforderungen: die Kriterienwerte „k" müssen *gemessen* und *bewertet* werden, und die bewerteten Kriterienwerte können zu einem einzigen Wertausdruck „N" aggregiert werden. Grundsätzlich sind in der Entscheidungstheorie, wenn *nicht nur ein Kriterium* betrachtet wird (wie etwa Reichtumsmaximierung), die Kriterienwerte k_{ij} zu einem umfassenden Nutzenausdruck N_i pro Alternative zu aggregieren. Durch das Maß „Nutzen" wird, wie gesagt, nur die Vorzugswürdigkeit („Wünschbarkeit"[99]) einer Alternative in Abhängigkeit von den Kriterien gemessen.[100] Sind mehrere Kriterien vorhanden („multiple objectives"), so gibt es mehrere entscheidungs*theoretische* Möglichkeiten, zu entscheiden, ob $N_i > N_{i+1}$ ist, also die Alternative A_i der Alternative A_{i+1} vorzuziehen ist. Solche Entscheidungsregeln erlauben die Zusammenfassung des Nutzens einer Alternative *in Abhängigkeit von den einzeln bewerteten Kriterienwerten* (sachliche Aggregation der Kriterienwerte) und erlauben somit die Ableitung von Vorzugsrelationen zwischen den Alternativen. Der Wert würde dann den Gesamtnutzen N_i der gewählten Alternative A_i liefern. Rechtsprechungs- und Gesetzesalternativen könnten so in ordinale oder in befriedigende Ordnungen gebracht werden.[101] Es sei an dieser Stelle bemerkt, daß die Kriterienwerte *nicht* zu einem Wohlfahrtswert „N" der betreffenden

97 Siehe zu der Bedeutung der Unwissenheit über den empirischen Zusammenhang zwischen A und K auch ALEXY (2002a). Je höher die Unsicherheit über den empirischen Zusammenhang zwischen der Realisierung von A und der Beeinträchtigung von K ist, desto eher kann eine Beeinträchtigung des Prinzips erfolgen.

98 Siehe dazu LAUX (1998: 65).

99 So der Ausdruck von SCHLINK (1972). Ebenso verwenden KILIAN (1974: 228f.) und WÄLDE (1979: 71ff.) diesen Ausdruck.

100 So auch GÄFGEN (1974: 153).

101 Siehe dazu ausführlich GÄFGEN (1974: 20ff.).

Alternative A_i zusammengefaßt werden *müssen*. Der „Nutzenwert" kann auch mehrdimensional bleiben.[102] Für das Recht ist es ausreichend, wenn die Beeinflussung der Kriterien K_1 bis K_n durch die Alternative A_i aufgezeigt wird, also die Kriterienwerte k_{i1} bis k_{in} betrachtet werden.

Die Messung und auch Bewertung kann anhand verschiedener Skalen erfolgen,[103] wobei die bei der *Messung* verwendete Skala die Wahl der *Bewertungs*skala einschränkt (sogenannte Skalenkonsistenz). Die Bewertung der Kriterienwerte erfolgt durch Zuordnung eines Nutzenindexes. Diese Skalen sind in ihren Anforderungen unterschiedlich streng und ermöglichen daher verschiedene Aussagen. Es gibt *Nominalskalen* (Namen: Aussage: „trifft zu oder nicht"); *Ordinalskalen* (etwa Schulnoten, Nutzen; Aussage:[104] „mehr/besser"; „weniger/schlechter", „gleich"), und als stärkste Form *Kardinalskalen*[105] (etwa Zahlen, Preise, Mengen; Aussage:[106] „mehr/besser als und um wieviel" bzw. "weniger/schlechter als und um wieviel"). Für das Recht sind Nominalskalen interessant, wenn es etwa um die Erfüllung von Mindeststandards geht, denn diese können erfüllt oder nicht erfüllt sein. Weiterhin interessant für das Recht sind die Ordinalskalen. Kardinalskalen stellen strengere Anforderungen als nur Präferenz oder Indifferenz. Es kann davon ausgegangen werden, daß die bei kardinalen Messungen notwendigen Anforderungen an *qualitative Werte* nicht gestellt werden können, ohne zu starke Werturteile zu fällen.[107] Denn die Kriterien müßten mit einer Skala, wie etwa einer Geldeinheit, gemessen und bewertet werden. Für das Recht sind sie daher nur begrenzt verwendbar. Wir werden nun die Möglichkeiten betrachten, die für die Rechtswissenschaft in Frage kommen.[108]

1) Eine Möglichkeit der Aggregation ist das Pareto-Kriterium (auch „natürliche Ordnung" genannt), wenn etwa bei der Alternative A_i ein Kriterienwert besser und keiner schlechter ist als bei der Alternative A_{i+1}.[109] Das Pareto-Kriterium kann damit zur Elimination von Alternativen verwendet werden, da alle sub-optimalen Lösungen ausgeschlossen werden können.[110] Dieses Kriterium liefert eine transitive und ordinale Ordnung, aber ist unvollständig, nämlich immer dann, wenn es *keine* Alternative gibt, die in allen Kriterienwerten indifferent zu den anderen Alternativen ist und in mindestens einem

---

[102] Dies ist beispielsweise bei einer lexikographischen Ordnung der Fall. Siehe dazu GÄFGEN (1974: 154f.).

[103] Siehe dazu GÄFGEN (1974: 144 – 165).

[104] In entscheidungstheoretischer Terminologie: „präferiert vor oder indifferent, befriedigend/unbefriedigend".

[105] Vgl. GÄFGEN (1974: 156ff.).

[106] In entscheidungstheoretischer Terminologie: „präferiert vor und um wieviel".

[107] Siehe aber nun ALEXY (2002a), der Kardinalskalen in der Abwägungstheorie einsetzt.

[108] Siehe auch die Auswahl von KILIAN (1974: 219ff., 229), der die Bayessche Regel, das Minimax-Prinzip und die Theorie des befriedigenden Niveaus als die für die Rechtsanwendung relevantesten betrachtet. Es gibt zahlreiche andere Entscheidungsregeln, die zwischen Maximin und Minimax liegen (so etwa die Hurwicz-Regel), die aber für die Rechtswissenschaft aufgrund der Informationsermittlungs- und -verarbeitungsanforderungen kaum in Betracht kommen. Allerdings können an die Gesetzgebung höhere Anforderungen als an die Rechtsanwendung gestellt werden.

[109] Formal kann das folgendermaßen dargestellt werden: Aggregationsregel: $N_i > N_{i+1}$ wenn für *alle* j gilt: $k_{ij} \geq k_{(i+1)j}$ und für *mindestens* ein j: $k_{ij} > k_{(i+1)j}$.

[110] ALEXY (2002a) und WÄLDE (1979: 77f.) besprechen ebenfalls das Pareto-Kriterium.

Kriterienwert präferiert wird. Das Pareto-Kriterium kann, wenn nicht präferenzindividualistischer Nutzen in wohlfahrtstheoretischem Sinne zugrundegelegt werden soll, auch andere Ziele aggregieren, so etwa Grundgüter, Rechte und Verfassungsprinzipien, ebenso auch bestimmte Vorstellungen von Verteilungsgerechtigkeit (etwa einen bestimmten Gini-Koefizienten).

3) Eine weitere Möglichkeit ist die lexikographische Ordnung. Eine lexikographische Ordnung ist eine Ordnung, bei der ein Kriterium dominant ist, wie etwa beim Lexikon der erste (dann zweite, etc.) Buchstabe des Alphabets. Die Kriterien werden also nach ihrer Wichtigkeit geordnet. Eine solche Ordnung kann der juristischen Idee der absoluten Werte nahekommen.[111] Damit wird das Aggregationsproblem *teilweise* umgangen, da gemäß einem vorgelagerten Werturteil erst einmal nur nach einem Kriterium geurteilt wird. Eine solche Ordnung ergibt eine schwache, ordinale Ordnung mit den Eigenschaften der Konsistenz, der Transitivität und der Vollständigkeit. Die Vollständigkeit ist aber nur dann gegeben, wenn alle Kriterien in diese lexikographische Ordnung gebracht werden, wenn nur einige Kriterien ihr unterliegen, dann ist bezüglich der anderen die Ordnung unvollständig und bedarf einer anderen Aggregationsregel.

4) Eine weitere Möglichkeit der Aggregation ist die Theorie des erwünschten Niveaus.[112] Dies entspricht auch der Regel der sicheren Befriedigung bei Entscheidungen unter Unsicherheit (*Simon*-Regel[113]). Dabei wird ein Mindeststandard für ein oder mehrere Kriterien K_j, d.h. ein Wert k* (erwünschtes Niveau, man denke nur an den Wesensgehalt der Grundrechte) festgelegt. Damit eine Alternative als befriedigend gilt, muß $k_{ij} \geq k_j^*$ für alle die Kriterien sein, für die ein Mindeststandard festgelegt wurde. Wird dieser Standard nicht erreicht, so gilt die Alternative als unbefriedigend und wird aus der Alternativenwahl ausgeschlossen. Auch die Festlegung eines (erwünschten oder befriedigenden) Mindeststandards beinhaltet ein vorgelagertes Werturteil.[114] Dies ist in der Rechtswissenschaft immer dann der Fall, wenn es rechtliche Restriktionen gibt, die beachtet werden müssen. Bekannt ist das aus dem Mephisto-Urteil des BVerfG,[115] in dem bei der Abwägung von Kunstfreiheit und Persönlichkeitsrecht zwar grundsätzlich eine Güter- und Interessenabwägung stattfindet, diese aber ausgeschlossen ist, sobald die Intimsphäre betroffen ist. In diesem Bereich ist eine Abwägung unzulässig. Eine solche Ordnung ist schwach binär (Nominalskala: „trifft zu oder

[111] Siehe zu der Auffassung, daß es keine „absolutes" gibt ALEXY (1995a, 1996a). Ebenso auch HOLMES; SUNSTEIN (1999: 87ff.)

[112] Siehe GÄFGEN (1974: 240ff.). SCHLINK (1972: 339) nennt dies ein Wünschbarkeitsminimum. Er betrachtet ein Normenkontrollverfahren gem. § 47 VwGO bezüglich eines Bebauungsplanes. Gemäß Schlink darf bei der Abwägung der Interessen das Vermögensinteresse des Antragstellers nur auf ein Minimum reduziert werden. Würde dieses unterschritten, so wäre die Sozialpflichtigkeit des Eigentums, Art. 14 GG, überstrapaziert. Allerdings kann möglicherweise mit Entschädigungszahlungen das Wünschbarkeitsminimum verändert werden. Auch KILIAN (1974: 210) und WÄLDE (1979: 76f.) benennen diese Entscheidungsregel als für das Recht relevant.

[113] SIMON (1957) übernahm diese Regel in die ökonomische Entscheidungstheorie.

[114] Ähnlich ist dies als Untragbarkeitsargument zu finden bei ALEXY (1996b: 345) m.w.N.

[115] BVerfGE 30, 173-200 (179).

nicht") und hat die Eigenschaften der Vollständigkeit und der Konsistenz; die Transitivität ist gegenstandslos, da sie erst auftaucht, wenn mehr als zwei Indifferenzklassen gegeben sind. Problematisch ist dabei, daß innerhalb der beiden Klassen „befriedigend" und „unbefriedigend" nicht weiter systematisch geordnet werden kann. Allerdings kann diese Ordnung als *Vorauswahl der Alternativen* verwendet werden: zwischen den übriggebliebenen Alternativen kann dann mittels einer anderen Aggregationsmethode gewählt werden. Weiterhin muß beachtet werden, daß die erwünschten Niveaus nicht so hoch angesetzt werden, daß die Menge der befriedigenden Alternativen leer bleibt. Diese Situation beobachtet man oftmals bei der symbolischen Gesetzgebung: es ist bekannt, daß die erwünschten Niveaus nicht erreicht werden können, aber die Alternative wird dennoch gewählt, und es wird vorgegeben, daß man in der Lage sei, das erwünschte Niveau zu erreichen. Entscheidungstheoretisch ist das als irrational zu bezeichnen.
Spielen wir zum Schluß ein einfaches Beispiel durch: Nehmen wir an, es gibt die Regel R_1 und R_2[116] zu beurteilen. Wir wissen, daß die Prinzipien P_1 und P_2 (Grundrechte oder kollektive Güter) durch die Regeln (faktisch) betroffen werden, d.h. bei der Regel R_1 ergibt sich die Folge F_1, die aufgrund der positiven Folgenanalyse ermittelt wurde. R_1 und R_2 sind zwei Mittel für den Zweck Z, dessen Verfolgung von P_1 gefordert wird oder der mit P_1 identisch ist. Fraglich ist nun, wie R_1 oder R_2 beurteilt werden. Nun sind folgende Konstellationen denkbar:

(1) R_1 und R_2 realisieren P_1 gleich gut und beeinflussen P_2 ebenfalls in der gleichen Weise. Dann kann zwischen R_1 und R_2 nicht diskriminiert werden.

(2) R_1 und R_2 realisieren P_1 gleich gut, aber R_1 beeinträchtigt P_2 mehr als R_2. (oder umgekehrt). Dann wäre als Regel R_2 zu wählen, da P_2 (bei gleichem Zielerreichungsgrad von P_1) weniger beeinträchtigt wird.

(3) Wenn wir wissen, daß P_1 zu einem höheren Grade durch R_1 realisiert wird, aber R_1 dafür P_2 mehr beeinträchtigt als R_2, dann kann grundsätzlich nicht diskriminiert werden. Dies ist aber dann möglich, wenn man P_2 als Nebenbedingung formuliert (als fixes Ziel), welches zu einem bestimmten Grad noch realisiert werden muß. Dann kann wiederum R_2 gewählt werden. Ebenso kann diskriminiert werden, wenn die Wahrscheinlichkeiten der Beeinträchtigung einbezogen werden.

Eine solche Vorgehensweise erlaubt es, Gesetze und Rechtsanwendungsentscheidungen gemäß ihrer Folgen in der Wirklichkeit anhand der Theorie der rationalen Wahl zu beurteilen, ohne aber ihre normativen Zielsetzungen, die im Recht zu finden sind, zu vernachlässigen.

[116] R kann alle Formen von materiellen Gesetzen annehmen (d.h. sowohl Legislativakt als auch Rechtsverordnung) sein. Ebenso können darunter höchstrichterliche Entscheidungen fallen.

5. Schlußbemerkung

Die normative ökonomische Theorie konzentriert sich sowohl in der wohlfahrtsökonomischen als auch in konsenstheoretischen Variante primär auf Konstellationen, in denen die Individuen eine Stimme haben bzw. ihr Nutzen erfasst werden kann. In öffentlich – rechtlichen Konstellationen versagt gerade dieser Mechanismus zumeist. Dies gilt insbesondere für administrative und gesetzgeberische Entscheidungen im öffentlichen Recht, in denen ein „öffentlicher" Nutzen erfasst werden muß. Im öffentlichen Recht ergeben sich damit drei Möglichkeiten für die ökonomische Analyse:

1) Wenn sich die normative ökonomische Theorie als Theorie mittlerer Reichweite versteht, die zum einen die rechtsimmanenten Werte respektiert und zum anderen die Nachvollziehbarkeit und Transparenz des zugrundegelegten Bewertungssystems in Rechtsanwendung und Gesetzgebung aufzeigt, dann kann sie ausgesprochen nützliche Partialanalysen, insbesondere im sozialwissenschaftlichen Bereich liefern.

2) Wenn sich die normative ökonomische Theorie des Rechts als Sozialphilosophie versteht und umfassende rechtspolitische Forderungen erhebt, dann muß sie sich bezüglich des Begründungsaufwandes auch konkurrierenden Theorien anpassen. Zudem kann sie nur dann umfassende Vorschläge machen, wenn die zugrundegelegten Werte nicht mehr aggregiert werden, sondern die „Trade-offs" deutlich aufgezeigt und thematisiert werden. Wenn sie bestimmte Gerechtigkeitstopoi nicht begründen kann, dann muß sie sich auf die mittlere Reichweite beschränken und anderweitig begründete Topoi anerkennen.

5) Eine solche Möglichkeit bietet die normative Entscheidungstheorie an, die es erlaubt, rechtsimmanente Werte als Zielkriterien zu verwenden und sodann verschiedene Entscheidungsalternativen des Gesetzgebers oder des Rechtsanwenders im Hinblick auf ihre Kosten und Nutzen auf rationale Weise, die sozialwissenschaftliche Erkenntnisse der positiven ökonomischen Theorie als Folgenanalyse einbezieht, zu evaluieren. Gerade die Verhältnismäßigkeit erfordert nämlich auch den Realitäts- und Prognosebezug, zu dem die (nicht-normative) Ökonomik einiges beitragen kann. Eine solche Vorgehensweise, die eine formale Effizienz mit rechtsimmanenten Werten füllt, trägt den juristischen Bedenken bezüglich der normativen ökonomischen Theorie des Rechts Rechnung, ohne auf die Vorteile der positiven ökonomischen Analyse zu verzichten.

Literatur

Aaken, A.v. (2002a), Deliberative Institutionenökonomik oder: Argumentiert der homo oeconomicus? Entwurf zu einer Kombination von Neuer Institutionenökonomik und Diskurstheorie. In: W. Ötsch; S. Panther (Hrsg.), Ökonomie als Sozialwissenschaft, Marburg: 211-251.

Aaken, A.v. (2002b), Rational-Choice in der Rechtswissenschaft. Zum Stellenwert der ökonomischen Theorie im Recht, Baden-Baden.

Aaken, A.v.; H. Hegmann (2002), Konsens als Grundnorm? Chancen und Grenzen der Ordnungsökonomik in der normativen Theorie des Rechts, Archiv für Rechts- und Sozialphilosophie 88: 28-50.

Alessi, L.d. (1992), Efficiency Criteria for Optimal Laws: Objective Standards of Value Jugdements?, Constitutional Political Economy 3: 321-342.

Alexy, R. (1994), Begriff und Geltung des Rechts, 2. Aufl. (zuerst 1992), Freiburg et al.

Alexy, R. (1995a), Individuelle Rechte und kollektive Güter. In: R. Alexy (Hrsg.), Recht, Vernunft, Diskurs : Studien zur Rechtsphilosophie, Frankfurt a.M.: 232-261.

Alexy, R. (1995b), Zum Begriff des Rechtsprinzips. In: R. Alexy (Hrsg.), Recht, Vernunft, Diskurs : Studien zur Rechtsphilosophie, Frankfurt a.M.: 177-212.

Alexy, R. (1996a), Theorie der Grundrechte, 3. Aufl. (zuerst 1985), Frankfurt a.M.

Alexy, R. (1996b), Theorie der juristischen Argumentation. Die Theorie des rationalen Diskurses der juristischen Begründung, 3. Aufl. (zuerst 1978), Frankfurt a.M.

Alexy, R. (2002a), Die Gewichtsformel. In: J. Jickeli; P. Kreutz; D. Reuter (Hrsg.), Gedächtnisschrift Jürgen Sonnenschein, Berlin.

Alexy, R. (2002b), A Theory of Constitutional Rights, Postscript, 388-425, Oxford.

Arrow, K.J. (1951), Social Choice and Individual Values, New York et al.

Bizer, K. (1999). Die Ökonomik der Verhältnismäßigkeitsprüfung. Sofia-Diskussionsbeiträge zur Institutionenanalyse, Darmstadt, Nr. 99-1: S.

Brennan, G.; J.M. Buchanan (1993), Die Begründung von Regeln: konstitutionelle politische Ökonomie, Tübingen.

Buchanan, J.M. (1978a), A Contractarian Perpective on Anarchy. In: J.R. Pennock; J.W. Chapman (Hrsg.), Anarchism, New York: 29-42.

Buchanan, J.M. (1984), Die Grenzen der Freiheit: zwischen Anarchie und Leviathan, Tübingen.

Buchanan, J.M. (1985), Constitutional Democracy, Individual Liberty, and Political Equality, Jahrbuch für Neue Politische Ökonomie 4: 35-47.

Buchanan, J.M.; G. Tullock (1962), The Calculus of Consent, Ann Harbor.

Buchanan, J.M.e.a. (1978b), The Economics of Politics, London.

Coase, R.H. (1960), The Problem of Social Cost, Journal of Law and Economics 3: 1-44.

Coleman, J.L. (1988), Markets, Morals, and the Law, Cambridge.

Coleman, J.L. (1990), Constitutional Contractarianism, Constitutional Political Economy 2: 135-148.

Cooter, R.D.; P. Rappoport (1984), Were the Ordinalists Wrong About Welfare Economics?, Journal of Economic Literature 22: 507-530.

Cooter, R.D.; T. Ulen (1996), Law and Economics, 2. Aufl., Reading (Mass.) et al.

Deckert, M. (1995), Folgenorientierung in der Rechtsanwendung, München.

Eidenmüller, H. (1995), Effizienz als Rechtsprinzip, Tübingen.

Endres, A. (1999), Wirtschaft im ökologisch-systemaren Zusammenhang. In: W.e.a. Korff (Hrsg.), Handbuch der Wirtschaftsethik, Gütersloh: 350-372.

Engel, C.; M. Morlok (1998, Hrsg.), Öffentliches Recht als Gegenstand ökonomischer Forschung, Tübingen.

Fezer, K.-H. (1986), Aspekte einer Rechtskritik an der economic analysis of law und am property rights approach, Juristenzeitung 41: 817 - 824.

Gäfgen, G. (1974), Theorie der wirtschaftlichen Entscheidung, 3 Aufl., Tübingen.

Gottinger, H.W.; W. Leinfellner (1978, Hrsg.), Decision Theory and Social Ethics, Dordrecht et al.

Hegmann, H. (1998), Wissenssoziologische Aspekte der Verfassungsökonomik - Das Beispiel der Nachhaltigkeitsdebatte. In: A. Renner; F. Hinterberger (Hrsg.), Zukunftsfähigkeit und Neoliberalismus: Zur Vereinbarkeit von Umweltschutz und Wettbewerbswirtschaft, Baden-Baden: 175-195.

Hirschman, A.O. (1970), Exit, Voice and Loyalty, Cambridge (Mass.).

Hoffmann-Riem, W. (1988), Sachverstand: Verwendungsuntauglich? Eine Fallanalyse zur Politikberatung im Rahmen der Enquete-Kommision "Neue Informations- und Kommunikationstechniken". In: D. Grimm; W. Maihofer (Hrsg.), Gesetzgebungstheorie und Rechtspolitik, Opladen: 350-402.

Holmes, S.; C.R. Sunstein (1999), The Cost of Rights, New York et al.

Homann, K. (1985), Legitimation und Verfassungsstaat - Vertragstheoretische Interpretation der Demokratie. In: (Hrsg.), Jahrbuch für Neue Politische Ökonomie, Tübingen: 48-72.

Homann, K. (1997), Sinn und Grenze der ökonomischen Methode in der Wirtschaftsethik. In: D. Aufderheide; M. Dabrowski (Hrsg.), Wirtschaftsethik und Moralökonomik, Berlin: 11-42.

Homann, K. (1999), Die Legitimation von Institutionen. In: W.e.a. Korff (Hrsg.), Handbuch der Wirtschaftsethik, Gütersloh: 50-95.

Homann, K.; C. Kirchner (1995), Ordnungsethik. In: P. Herder-Dorneich; K.-E. Schenk; D. Schmidtchen (Hrsg.), Jahrbuch für Neue Politische Ökonomie, Tübingen: 189-211.

Kaplow, L.; S. Shavell (2001), Fairness Versus Welfare, Harvard Law Review 114: 961-1388.

Kilian, W. (1974), Juristische Entscheidung und elektronische Datenverarbeitung. Methodenorientierte Vorstudie, Frankfurt a.M.

Kirchner, C. (1997), Ökonomische Theorie des Rechts, Berlin et al.

Kirchner, C. (1999), Formen innerstaatlicher Interaktionsregeln für wirtschaftliche Prozesse. In: W.e.a. Korff (Hrsg.), Handbuch der Wirtschaftsethik, Gütersloh: 127-185.

Kleinewefers, H. (1972), Wohlfahrtsökonomie und Politik, Wirtschaft und Recht 24: 153-166.

Laux, H. (1998), Entscheidungstheorie, 4. neubearb. u. erw. Aufl., Berlin et al.

Luhmann, N. (1974), Rechtssystem und Rechtsdogmatik, Stuttgart et al.

Morand, C. (1988), Die Erfordernisse der Gesetzgebungsmethodik und des Verfassungsrechts im Hinblick auf die Gestaltung der Rechtsvorschriften. In: D. Grimm; W. Maihofer (Hrsg.), Gesetzgebungstheorie und Rechtspolitik, Opladen: 11-29.

Myrdal, G. (1933), Das Zweck-Mittel-Denken in der Nationalökonomie, Zeitschrift für Nationalökonomie IV: 305-329.

Nozick, R. (1974), Anarchy, State and Utopia, New York.

Pies, I. (1993), Normative Institutionenökonomik: Zur Rationalisierung des politischen Liberalismus, Tübingen.

Pigou, A.C. (1979), The Economics of Welfare, (zuerst 1934)., London.

Podlech, A. (1970), Wertungen und Werte im Recht, Archiv für öffentliches Recht 95: 185-223.

Polinsky, A.M. (1989), An Introduction to Law and Economics, 2.Aufl.

Posner, R.A. (1977), Economic Analysis of Law, 2. Aufl., Boston et al.

Posner, R.A. (1979), Utilitarianism, Economics, and Legal Theory, Journal of Legal Studies 8: 103-140.

Posner, R.A. (1980), The Value of Wealth: A Comment on Dworkin and Kronman, Journal of Legal Studies 9: 243-252.

Posner, R.A. (1998), Economic Analysis of Law, 5. Aufl. (zuerst 1973), New York.

Priester, J.-M. (1970), Rationalität und funktionale Analyse. In: (Hrsg.),, Düsseldorf: 457-489.

Rawls, J. (1990), Eine Theorie der Gerechtigkeit, 5. Aufl. (zuerst 1979), Frankfurt a.M.

Röhl, K.F. (1994), Allgemeine Rechtslehre, Köln et al.

Schäfer, H.-B.; C. Ott (2000), Lehrbuch der ökonomischen Analyse des Zivilrechts, 3. Aufl., Berlin et al.

Schlink, B. (1972), Inwieweit sind juristische Entscheidungen mit entscheidungstheoretischen Modellen zu erfassen und praktisch zu bewältigen? In: H. Albert; N. Luhmann; W. Maihofer; O. Weinberger (Hrsg.), Rechtstheorie als Grundlagenwissenschaft der Rechtswissenschaft, Düsseldorf: 322-346.

Sen, A.K. (1970a), Collective Choice and Social Welfare, San Francisco et al.

Sen, A.K. (1970b), The Impossibility of a Paretian Liberal, Journal of Political Economy 78: 152-157.

Sen, A.K. (1976), Liberty, Unanimity and Rights, Economica 43: 217-245.

Sen, A.K. (1977), Rational Fools: A Critique of the Behavioral Foundations of Economic Theory, Philosophy and Public Affairs 6: 317-344.

Sen, A.K. (1979), Personal Utilities and Public Judgement: Or what´s wrong with welfare economics?, Economic Journal 89: 537-558.

Sen, A.K. (1997a), Choice, Orderings and Morality. In: A.K. Sen (Hrsg.), Choice, Welfare and Measurement, Cambridge (Mass.): 74-83 (zuerst 1972).

Sen, A.K. (1997b), Liberty, Unanimity and Rights. In: A.K. Sen (Hrsg.), Choice, Welfare and Measurement, Cambridge (Mass.): 291-326 (zuerst 1976).

Sen, A.K. (1997c), On Ethics and Economics, 8. Aufl., Oxford et al.

Sen, A.K.; B. Williams (1996, Hrsg.), Utilitarianism and Beyond, Cambridge.

Simon, H.A. (1957), Models of Man, London et al.

Sunstein, C.R. (1994b), Incommensurability and Valuation in Law, Michigan Law Review 92: 779-861.

Tschentscher, A. (2000), Prozedurale Theorien der Gerechtigkeit: Rationales Entscheiden, Diskursethik und prozedurales Recht, Baden-Baden.

Vanberg, V. (1994), Rules and Choice in Economics, London et al.

Vanberg, V. (1997), Rule-Following. Abandoning the Hypothesis of Omniscience in Economics: What are the Implications?, Fribourg (Schweiz).

Vanberg, V. (1999), Die Akzeptanz von Institutionen. In: W.e.a. Korff (Hrsg.), Handbuch der Wirtschaftsethik, Gütersloh: 38-50.

Wälde, T.W. (1979), Juristische Folgenorientierung. "Policy Analysis" und Sozialkybernetik: Methodische und organisatorische Überlegungen zur Bewältigung der Folgenorientierung im Rechtssystem, Königstein.

Weinberger, O. (1988), Rechtspolitische Institutionenanalyse. In: D. Grimm; W. Maihofer (Hrsg.), Gesetzgebungstheorie und Rechtspolitik, Opladen: 246-289.

Der Konsensbegriff in Vertrags- und Diskurstheorien[1]

Axel Tschentscher

1. Einleitung

Wer in unseren Breitengraden an Verträge denkt, sieht sich in der Warteschlange im Supermarkt. Die vertraute Situation an der Ladenkasse offenbart die Alltäglichkeit von *Konsensen,* d.h. der *Einigung aller Beteiligten,* die als ein zentraler und, wie es zunächst scheint, verbindender Baustein in Vertrags- wie auch Diskurstheorien fungiert[2]. Bestünde diese Gemeinsamkeit tatsächlich, so würde sich darin eine Chance bieten, um zwischen den bisher unversöhnlichen Forschungsrichtungen der rationalen Entscheidung einerseits (*rational choice*), also demjenigen Paradigma, das diverse Strömungen der ökonomischen Theorie nach wie vor eint, und diskursiver Rechtsbegründung andererseits, verstanden als Basistheorie des demokratischen Verfassungsstaates[3], zu vermitteln. Bei genauerer Betrachtung entpuppt sich das vermeintlich Gemeinsame und Verbindende aber als trügerisch. Die Theoriegruppen unterscheiden sich nicht nur grundlegend in ihrem Konsensverständnis, sondern der Konsens spielt im normativen Begründungsprogramm der Theorien auch eine weit weniger tragende Rolle als es deren Kennzeichnung als 'Konsenstheorien' zunächst vermuten läßt. Beginnend mit der Situation an der Ladenkasse soll diese konvergenzskeptischen These im folgenden belegt werden.

2. Vertrag, Sozialvertrag und Verfassungsökonomik

2.1. Konsens in realen Verträgen

Der alltägliche Konsens an der Ladenkasse kommt motivational deshalb zustande, weil er den Beteiligten jeweils aus ihrer Sicht und Interessenlage einen *individuellen Vorteil* verschafft – der Käufer also beispielsweise die Milch dem Geldbetrag von 1,19 DM vorzieht, der Verkäufer dagegen das Geld lieber hat als die Milch. Ohne dieses positive Saldo im individuellen Nutzenkalkül, etwa bei einem zu hohen oder zu niedrigen Preis, bliebe der Konsens aus.

---

[1] Der Beitrag ist zuerst erschienen in Rechtstheorie 34 (2002), S. 43-59. Wir danken für die freundliche Genehmigung des Wiederabdrucks.

[2] Vgl. KAUFMANN (1989: 10f.) – Konsens als verbindendes Element von Vertrags- und Diskurstheorien. Nach BRUGGER (2000: 425) sind „Konsenstheoretiker" diejenigen, die eine soziale Ordnung als richtig beurteilen, wenn sie die Zustimmung aller Beteiligten verdient. Anders als hier DREIER (1991: 115): 'Konsensmodell' als Synonym (nur) für das 'Vertragsmodell'.

[3] So vor allem ALEXY (1991: 417); ALEXY (1995: 164); ALEXY (1996: 343ff.); zustimmend TSCHANNEN (1995: 388, 391ff.); TSCHENTSCHER (2000: 338, 347); ähnlich bereits MÜLLER (1993: 146).

Das mögliche Ausbleiben des Konsenses weist auf die *Freiwilligkeit* als notwendiges Element konsensueller Einigung hin. Sie ist regelmäßig durch rechtliche Zwangsnormen bewehrt. Wer zum Kauf genötigt oder mit einer wassergefüllten Milchpackung getäuscht wird, dem steht dagegen das Straf-, Delikts- und Vertragsrecht zur Seite. Solcher Schutz deutet darauf hin, daß es sich um ein unverzichtbares Element handelt. Und tatsächlich: ohne die Freiwilligkeit würde der vertragliche Konsens seiner legitimierenden Kraft beraubt. Denn diese Kraft folgt aus dem Satz *,volenti non fit iniuria'* – der Einwilligende kann nicht verletzt werden. Der Satz erklärt es als legitim, auch diejenigen am Vertragsschluß festzuhalten, die ihre Meinung später geändert haben. Für die Wirkung des vertraglichen Konsenses ist es also irrelevant, ob die Einigkeit der Beteiligten auch zukünftig bestehen bleibt.

Damit finden wir die Freiwilligkeit des vertraglichen Konsenses schon ein Stück weit relativiert. Doch auch innerhalb der äußersten Grenzen von zielgerichtetem Zwang, Drohung oder Täuschung ist es mit der Freiwilligkeit der vertraglichen Einigung nicht weit her. Angenommen, der Käufer benötigt die Milch äußerst dringend für ein hungriges Baby, hat aber gerade so knapp Geld, daß er sich selbst die 1,19 DM bei verantwortlicher Haushaltsführung nicht mehr leisten kann; würde ihm dann die Kassiererin die Milch für 50 Pfennige geben? Regelmäßig erweist sich eine solche Zwangslage für den vertraglichen Konsens als irrelevant. Es ist sogar denkbar, daß eine besonders verzweifelte Nachfrage den Preis erhöht – Hamsterkäufe in Krisensituationen haben diesen Effekt. Am Beispiel der Babymilch zeigt sich, daß der Markt kein Mitleid kennt; Wirtschaften ist keine moralische Veranstaltung. Der vertragliche Konsen läßt eine *ungleiche Verhandlungsmacht* der Beteiligten zu. Beim Milchpreis im Supermarkt mag das nicht besonders wichtig sein, aber beim Gebrauchtwagenkauf zeigen Studien durchaus, daß diejenigen, die ohnehin schon sozial privilegiert sind, auch noch einen besseren Preis aushandeln können[4].

2.2. Konsens in Sozialvertragstheorien

Vorteilhaftigkeit, Freiwilligkeit, Verhandlungsmacht – wie ist es mit diesen Charakteristika des realen vertraglichen Konsenses in den Sozialvertragstheorien bestellt? Auch diese Theorien basieren auf der legitimierenden Kraft des *,volenti non fit iniuria'*. Indem sie zu zeigen versuchen, daß eine vertragliche Einigung bestehen könnte, begründen sie, daß auch die ungeliebten Vertragsinhalte (etwa die Pflicht, Steuern zu zahlen) für die Beteiligten legitimerweise bindend sein können.

Damit enden aber auch schon die Parallelen zum realen Vertragsschluß. Denn Gegenstand von Sozialvertragstheorien sind ausschließlich hypothetische Konsense: der Theoretiker malt eine gedachte Situation aus, in der sich alle Beteiligten einigen *müßten*, weil der Vertragsinhalt für jeden einzelnen Beteiligten vorteilhaft wäre. Wenn als hypothetische Beteiligte dann

---

4 AYRES/SIEGELMANN (1995: 307f.): Schwarze zahlen mehr als Weiße, weiße Frauen mehr als weiße Männer; dazu mit weiteren Nachweisen EMMENEGGER (1999: 70f.). Zu Nachteilen durch schichtenspezifisches Verhalten bereits CAPLOVITZ (1967: XXVff., 81ff.).

alle Bürgerinnen und Bürger ins Spiel gebracht werden und der hypothetische Vertragsinhalt die Grundregeln der sozialen Ordnung umfaßt, dann ist das Projekt gelungen: der Theoretiker hat die Legitimität dieser Ordnung bewiesen.

Zum Gelingen des Beweises werden allerdings regelmäßig Annahmen eingeführt, die mit den Beteiligten und Situationen realer Verträge nicht harmonieren. So mußte schon *Hobbes,* der ansonsten in seinem ‚*homo homini lupus est*' die Interessenkonkurrenz unter Menschen schonungslos herausgearbeitet hat, die künstlich wirkende Annahme einführen, letztlich seien die Menschen doch im wesentlich gleich, denn auch der Schwächste könnte den Starken überlisten oder mit anderen überfallen[5]. Erst dadurch wird ihm ein Konsens möglich, bei dem alle Beteiligten mit der Niederlegung der Waffen einverstanden sind. In neueren Theorien tritt solche Voraussetzungskosmetik noch stärker zutage: *Rawls* hat hinter seinem Schleier des Nichtwissens die Vertragsbeteiligten zu gleichgeschalteten Unpersonen denaturiert, die über ihre individuellen Unterschiede nichts wissen sollen, damit sie eine soziale Ordnung zum Konsens bringen, in der Leistungssportler und Behinderte, Kleingärtner und Großindustrielle gleichermaßen berücksichtigt sind, ohne daß es auf ihre real unterschiedliche Vertragsmacht noch ankäme.

Andere Theoretiker idealisieren nicht die Vertragsparteien, sondern unmittelbar den Vertragsinhalt. So lebt *Höffes* Modell der Tauschgerechtigkeit davon, daß es nur einen Pakettausch gelten läßt: der einzelne darf nur insgesamt mit *allen* anderen Menschen die Einräumung *sämtlicher* Freiheiten vereinbaren und beispielsweise nicht den Rechtetausch unter Ausschluß von Behinderten oder der Religionsfreiheit – selbst wenn das für ihn als nichtbehinderten religiösen Eiferer vielleicht noch vorteilhafter wäre.

2.3. Konsens in der Verfassungsökonomik

Warum greifen Vertragstheoretiker zu solchen Mitteln? Warum übertragen sie nicht einfach die ungehinderte Verfolgung des individuellen Interesses, wie sie dem voluntativen Rationalitätskonzept des Vertrags entspricht, in die hypothetische Situation des Sozialvertrags? Es gibt tatsächlich einzelne, die das versucht haben. Die im wesentlichen auf *Buchanan* zurückgehende Theorie der öffentlichen Entscheidung (*public choice*) hat insoweit einen Zweig entwickelt, der in Anlehnung an den amerikanischen Sprachgebrauch als Verfassungsökonomik bezeichnet wird[6]. Konsequenz der uneingeschränkten Übertragung des rationalen Entschei-

---

[5] HOBBES (1651: Kapitel 13): »Nature has made men so equall, in the faculties of body, and mind; ... the weakest has strength enough to kill the strongest, either by secret machination, or by confederacy with others, that are in the same danger with himselfe. ... And the life of man, [is] solitary, poore, nasty, brutish, and short.«

[6] Grundlegend BUCHANAN/TULLOCK (1962); BRENNAN/BUCHANAN (1985); BUCHANAN (1991); neuerdings außerdem COOTER (2000). Von dieser normativen Verfassungsökonomik grenzt sich neuerdings eine „positive" Verfassungsökonomik ab, die auf der Basis normativer Setzungen deren systemkonforme Konsequenzen analysiert; vgl. dazu VOIGT (1997); VOIGT (1999). Anders als in der Rechtswissenschaft wird ‚Verfassung' in der Ökonomik nicht primär als Staatsverfassung verstanden, sondern bezeichnet jede grundlegende Rahmensetzung (auch: soziale Regeln, einzelne Rechtsnormen); das diesen Rahmen ausfüllende Recht wird

dungskalküls (*rational choice*) auf Sozialverträge ist, wie bei *Buchanan,* die Rechtfertigung selbst von Sklavenhaltung. Wollen Theoretiker hingegen ein moralisches Ergebnis rechtfertigen, so bleibt ihnen nur die moralische Aufladung des Vertragsmodells. Eine Schlüsselstelle für diesen Wandel ist der Konsensbegriff. Während bei realen Verträgen die wirkliche Einigung aller Beteiligten den Konsens markiert – man könnte insoweit von einem empirischen Konsensbegriff sprechen – kommt es beim hypothetischen Vertragsschluß auf eine Einigung an, wie sie von allen Beteiligten richtigerweise getroffen werden *sollte.* Der Konsensbegriff mutiert in Vertragstheorien unvermittelt von einem empirischen zu einem normativen.

2.4. Konsens als Faktum und These

Was ist mit einem solchen normativen Konsens überhaupt noch gewonnen? Der Konsens wandelt sich vom Faktum zur These. Mit der These der Konsensbildung behauptet der Theoretiker, ein bestimmtes Verhandlungsergebnis würde die gegenläufigen Interessen aller Beteiligten derart ausgewogen in Einklang bringen, daß sich die Beteiligten selbst einer Zustimmung – jedenfalls mit vernünftigen Argumenten – nicht mehr verschließen könnten. Der hypothetische Konsens wird so zum Platzhalter für das gelungene Sozialvertragsprojekt. Legitimierende Kraft kann er anders als in realen Verträgen indes nicht mehr entfalten[7]. Diese basiert allenfalls auf den Gründen, die der Theoretiker für die Richtigkeit des von ihm vorgeschlagenen Vertragsinhalts anführt.

3. Diskurs und Diskurstheorien

Hinsichtlich ihrer Aussagen zur Wahrheits- oder Richtigkeitsverbürgung durch Konsense wie auch im Verständnis dessen, was (noch) einen realen Diskurs ausmacht, unterscheiden sich die einzelnen Diskurstheorien. So erhebt beispielsweise die transzendentalpragmatische Richtung, die maßgeblich auf *Karl-Otto Apel* zurückgeht, einen philosophischen Letztbegründungsanspruch[8]. In bezug auf letztbegründete Aussagen kann es auf das Vorliegen oder Nichtvorliegen eines Konsenses dann schon konzeptuell nicht mehr ankommen. Die analytisch-liberalistische Richtung der Diskurstheorie, die von *Robert Alexy* vertreten wird, zeichnet sich unter anderem durch einen relativierten Richtigkeitsbegriff aus[9]. Ein solcher

---

als ‚postkonstitutionell' bezeichnet (z.B. einfaches Gesetzesrecht im Verhältnis zur Staatsverfassung), ist also nicht identisch mit den ‚nachkonstitutionellen' Gesetzen der Jurisprudenz.

7 RAZ (1998: 162f.): „So even if real consent is a source of authority, it is far from clear that hypothetical consent is. I know of no argument which shows that is is."

8 APEL (1973: 222): „In einer modernen Transzendentalphilosophie geht es m.E. primär um die Reflexion auf den Sinn ... des Argumentierens überhaupt. Dies allerdings ist für den, der argumentiert ... offenbar das *Letzte, Nichthintergehbare.*" (Hervorhebung bei APEL). Bestätigung des Letztbegründungsanspruchs in APEL (1986: 223); APEL (1988: 35, 345ff.). Ausführlich zudem KUHLMANN (1985).

9 ALEXY (1991: 415): Aufspaltung des Richtigkeitsbegriffs in einen absoluten und einen relativen prozeduralen Begriff der Richtigkeit.

trägt dem Umstand Rechnung, daß die erfolgreiche Einlösung oder Auflösung eines problematischen Geltungsanspruchs im Diskurs nicht garantiert werden kann.

Hier ist nicht der Platz, um einzelnen Varianten der Diskurstheorie nachzugehen. Vielmehr soll eingangs nur ein Schlaglicht auf die Konsensustheorie von *Jürgen Habermas* (1.) geworfen werden, bevor analog zu den Vertragstheorien nach dem Konsens in Diskursen (2.) und Diskurstheorien (3.) gefragt wird.

3.1. Konsensustheorie der Wahrheit

Die von *Jürgen Habermas* entwickelte universalpragmatische Richtung der Diskurstheorie beschränkt sich nicht auf Aussagen der praktischen Philosophie – also auf Wert- und Normurteile, die allenfalls richtig oder falsch sein können[10]. Sie erstreckt sich vielmehr als eine 'Konsensustheorie der Wahrheit' zusätzlich auf theoretische Aussagen – also Tatsachenbehauptungen, die wahr oder falsch sein können[11]. Wahrheits- und Richtigkeitsfragen werden bei *Habermas* zwar nicht gleichgesetzt, aber doch erkenntnistheoretisch parallelisiert, was gerade für das Recht attraktiv ist, weil in ihm außer den Fragen des richtigen Handelns häufig auch damit verbundene Wahrheitsfragen berücksichtigt werden müssen[12]. Nach der Konsensustheorie der Wahrheit muß ein Geltungsanspruch der Aussagenform „X ist wahr" kommunikativ einlösbar sein, indem unter Diskursbedingungen[13] hinreichende Gründe für die intersubjektive Anerkennungswürdigkeit der Aussage vorgebracht werden können, so daß mit einer Zustimmung aller Diskursteilnehmenden zu rechnen ist. Der Konsens unter diesen Bedingungen, die Zustimmung aller Erkenntnissubjekte, bildet dabei also das notwendige und hinreichende Kriterium für Wahrheit.

Der naheliegende Einwand gegen diese Theorie richtet sich darauf, daß Wahrheit unabhängig von den Überzeugungen der Diskursteilnehmenden in der Übereinstimmung einer Aussage mit der Wirklichkeit besteht (*adaequatio rei et intellectus*, Korrespondenztheorie) oder jedenfalls in der methodisch stringenten, schrittweisen Annäherung einer Aussage an die Wirklichkeit (Konvergenztheorie)[14]. Besonders energisch erhebt *Hans Albert* diesen Vorwurf: Es

---

[10] Zurückhaltende Beschränkung auf praktische Fragen hingegen bei ALEXY (1989: 118).

[11] Vgl. HABERMAS (1973: 128f.): „[W]ahr ist eine Aussage dann und nur dann, wenn sie einen wirklichen Sachverhalt oder eine Tatsache wiedergibt ... Wahrheit ist ein Geltungsanspruch, den wir mit Aussagen verbinden, indem wir sie behaupten"; 135: „*einlösen* läßt sich ein Wahrheitsanspruch nur durch Argumente" – Hervorhebung bei *Habermas*). Mit entsprechendem Ansatz einer Erkenntniskritik durch Gesellschaftstheorie noch früher HABERMAS (1999: 9, 59ff., 88ff., sowie insbesondere im Nachwort (1973), 388f. (Parallelisierung von Rechtsansprüchen und Wahrheitsansprüchen) und 393: „Die Argumentation steht in *allen* Wissenschaften unter *denselben* Bedingungen der diskursiven Einlösung von Wahrheitsansprüchen." (Hervorhebung bei *Habermas*).

[12] Siehe HÄBERLE (2001).

[13] Siehe dazu die Nachweise in Fn. 33 zur Definition des idealen Diskurses (D_{Di}).

[14] Zur Konvergenztheorie, insbesondere aus juristischer Sicht, KAUFMANN (1986: 440ff.); KAUFMANN (1989: 19); zustimmend etwa GRIL (1998: 161ff.); HÄBERLE (2001: 22). Neben Korrespondenz-, Konsensus- und Konvergenztheorie gibt es noch eine Vielzahl anderer Ansätze, etwa die von *Adorno* beschriebene „Residualtheorie der Wahrheit", bei der gilt: „die Wahrheit soll das sein, was unter Abzug des Sinnenhaften, Ver-

sei eine „Perversion", den Wahrheitsbegriff durch Rekurs auf einen wie auch immer gearteten Konsens zu definieren[15]; in Erkenntnisfragen den Konsens als Kriterium anzubieten bedeute, „das Pferd beim Schwanz aufzuzäumen"[16]; die „Pointe" der Konsensustheorie der Wahrheit liege großenteils darin, „die Idee der objektiven Wahrheit zu unterminieren."[17]

Entgegen solcher Kritik spricht allerdings zweierlei für *Habermas* Theorie: Erstens zielt Sprache auf Verständigung, so daß Prädikate wie „wahr" oder „falsch" letztlich Zuschreibungen sind, deren Inhalt von den Kommunikationspartnern im Interesse dieser Verständigung frei bestimmt werden können[18]; daran knüpft die gelegentlich als „Heideggersche Wende" bezeichnete Position der universalen Hermeneutik an[19]. Zweitens ist die Wahrheit von Aussagen eine erkennbar zeitgebundene Größe[20]. Um das zu belegen, muß man gar nicht die im Anschluß an *Thomas Kuhn* vielbeschworenen Paradigmenwechsel heranziehen[21], sondern es genügt, einen der vielen Entwicklungsschritte in den Naturwissenschaften anzuschauen, bei dem sich bisher für wahr Gehaltenes zumindest teilweise als falsch erweist: die Grundgesetze der Physik, die mit dem ausgehenden 19. Jahrhundert in Gestalt der Newtonschen Mechanik und des Maxwellschen Elektromagnetismus als abgeschlossen angesehen wurden[22], sind wenig später durch die Quantenphysik widerlegt worden[23]. Keine Theorie, auch keine naturwissenschaftliche, ist wirklich endgültig[24] – ja die naturwissenschaftlichen Erkenntnisse sind von *Immanuel Kant* sogar als weniger gewiß angesehen worden als die Sätze der praktischen Philosophie[25]. Solche Widerlegungsprozesse, die fortwährend neu auftreten[26] und mit Recht als

gänglichen, deshalb Trügerischen, übrigbleibt"; ADORNO (1959, 1995: 43). Zu weiteren Theorievarianten vgl. die Überblicke bei PUNTEL (1978); SKIRBEKK (1996).

[15] Siehe ALBERT (1975: 150).

[16] Siehe ALBERT (1975: 150).

[17] ALBERT (1996: 25); vgl. auch PAULY (1989: 142): mangelhafter Realitätsbezug.

[18] Zur anspruchslosen „wirklichen Funktion" des Wortes „wahr" in der Kommunikation (im Gegensatz zur sprechakttheoretischen Analyse bei JOHN L. AUSTIN) vgl. STRAWSON (1950: 272).

[19] Kritisch dazu ALBERT (1972: 240 m.w.N.); polemisch zugespitzt außerdem in ALBERT (1975: 12ff., 50, 152).

[20] Vgl. JASPERS (1973: 74): „Aus dieser Situation der Existenz in der Zeit folgt erstens, daß, wenn *Wahrheit an Kommunikation gebunden* ist, die *Wahrheit* selbst nur *werdend* sein kann, daß sie in ihrer Tiefe nicht dogmatisch, sondern kommunikativ ist." (Hervorhebungen bei *Jaspers*).

[21] Vgl. KUHN (1970: 111ff.).

[22] Zu dieser Einschätzung RAE (1986: 12f.); als neueres wissenschaftskritisches Pendant vgl. HORGAN (1996: 59ff. (Das Ende der Wissenschaftstheorie), 103ff. (Das Ende der Physik), 231ff. (Das Ende der Sozialwissenschaften); knapper und pauschaler bereits STENT (1969: 77ff.) (The End of Progress); 97ff., 121 (The End of the Arts and Sciences).

[23] Vgl. FEYNMAN (1965: 157ff., 183ff.; HORGAN (1996: 103ff.). Am 14. Dezember 1900 hatte *Max Planck* die Entwicklung der Quantentheorie und der modernen Atomphysik angestoßen – mit einem Vortrag zur Theorie der Strahlung schwarzer Körper vor der Deutschen Physikalischen Gesellschaft.

[24] HORGAN (1996: 103), unter Berufung auf *Einstein*; ähnlich HABERMAS (1999: 392f.: Quantentheorie als Beispiel für die „Mannigfaltigkeit der Interpretationen" bei gleichzeitiger „Identität der Erfahrungen".

[25] Etwa bei KANT (1781, 1787: A 480f./B 508f.) (‚A' für die Seitenzählung der Erstauflage 1781, ‚B' für diejenige der Zweitauflage 1787): „In den allgemeinen Prinzipien der Sitten kann nichts Ungewisses sein, weil die Sätze entweder ganz und gar nichtig und sinnleer sind, oder bloß aus unseren Vernunftbegriffen fließen müssen. Dagegen gibt es in der Naturkunde eine Unendlichkeit von Vermutungen, in Ansehung deren niemals Gewißheit erwartet werden kann, weil die Naturerscheinungen Gegenstände sind, die uns unabhängig von un-

Paradoxien des wissenschaftlichen Fortschritts bezeichnet worden sind[27], ändern aber nichts daran, daß die Forscher des 19. Jahrhunderts *ihre* Wahrheit, die Wahrheit *ihrer* Zeit, methodisch und kommunikativ richtig erkannt haben. Als „Wahrheit" kann, will man Antinomien vermeiden, nur das gelten, was als „Bewährung" seine zeitliche Kontingenz anerkennt[28]. Zwar ist es üblich, zwischen dem Begriff der Wahrheit und dem Prozeß ihrer Gewinnung zu unterscheiden[29]. Ob es aber jenseits der jeweils erkennbaren auch noch eine absolute, zeitunabhängige Wahrheit gibt und was ihr Inhalt sei, ist uns Menschen als kontingenten Existenzen verborgen, so daß wir nur über eine zeitrelativ verstandene Wahrheit, die Wahrheit unserer Zeit, überhaupt sinnvoll sprechen können[30]. Fraglich wird durch solche Relativierung nicht der kommunikative Prozeß der Wahrheitsfindung, zu dem es keine Alternative gibt, sondern nur die Vorstellung von der Abgeschlossenheit des Prozesses im Moment eines Konsenses[31]. Mehr noch: die Infragestellung des vermeintlich sicher Erkannten, die Suche nach dem Widerspruch, ist die eigentliche Triebfeder der Wissenschaft[32].

Allerdings spielt auch für die zeitrelativ und kommunikativ verstandene Wahrheit oder Richtigkeit der Konsens weder in realen Diskursen (2.) noch in der Theorie (3.) eine so greifbare Rolle, wie es die Bezeichnung ‚Konsensustheorie der Wahrheit' vermuten lassen könnte.

3.2. Konsens in realen Diskursen

Während der reale Vertragsschluß unstreitig und vielfältig Anschauung in unserem Leben findet, ist dies beim realen Diskurs nicht ganz so einfach. Ein Diskurs im Sinne der Diskurstheorie ist – anders als beim inflationär gebrauchten Modebegriff des Diskurses – nicht jede beliebige Diskussion, sondern nur ein bestimmtes Ideal der Verständigung und die nach den Umständen angemessene Annäherung an dieses Ideal. Ersteres wird als idealer, letzteres als realer Diskurs eingestuft; beide lassen sich definieren:

---

seren Begriffen gegeben werden, zu denen also der Schlüssel nicht in uns und unserem reinen Denken, sondern außer uns liegt, und eben darum in vielen Fällen nicht aufgefunden, mithin kein sicherer Aufschluß erwartet werden kann."

26 Ein weiterer Kandidat für solche Prozesse ist die bisher nicht widerlegte Theorie der Schwerkraftgeometrie; vgl. dazu MISNER/THORNE/WHEELER (1973: 1066): „To say that Einstein's geometrodynamics is ‚battle-tested' is to say it has won every time it has been tried against a theory that makes a different prediction."

27 STENT (1978: 1ff., 95ff., 113): („verfrühte" und „romantische" Erkenntnis, „kreativer" Charakter von Entdeckungen).

28 Vgl. CARNAP (1936: 89f.).

29 Dazu m.w.N. HABERMAS (1973: 159).

30 Vgl. HABERMAS (1973: 133): „Die Korrespondenztheorie der Wahrheit versucht vergeblich, aus dem sprachlogischen Bereich auszubrechen, innerhalb dessen der Geltungsanspruch von Sprechakten allein geklärt werden kann."

31 Vgl. CARNAP (1936: 90): „Die Sätze der Wissenschaft sind so beschaffen, daß sie niemals endgültig anerkannt oder abgelehnt werden können, sondern nur gradweise mehr oder weniger bewährt oder erschüttert werden."

32 Vgl. JASPERS (1960: 6): „Der Wahrheitswille der Forscher sucht gerade das, was den bis dahin gefundenen Ordnungen widerspricht. ... aber nicht um sich preiszugeben, sondern um sich in besserer Erkenntnis zurückzugewinnen. ... Daher gibt es heute kein gültiges Weltbild mehr."

Ein *idealer Diskurs* (D_{Di}) ist ein Diskurs, bei dem „unter den Bedingungen unbegrenzter Zeit, unbegrenzter Teilnehmerschaft und vollkommener Zwanglosigkeit im Wege der Herstellung vollkommener sprachlich-begrifflicher Klarheit, vollkommener empirischer Informiertheit, vollkommener Fähigkeit und Bereitschaft zum Rollentausch und vollkommener Vorurteilsfreiheit die Antwort auf eine ... Frage gesucht wird.“[33]

Ein *realer Diskurs* (D_{Dr}) ist ein Diskurs, bei dem unter Bedingungen, die so weit, wie es nach den Umständen angemessen ist, denen des idealen Diskurses angenähert sind, mindestens aber den Verzicht aller Beteiligten auf die absichtliche Ausübung von Zwang durch Gewalt und Drohung beinhalten, die Antwort auf eine Frage gesucht wird[34].

Als allgemeine Regel, wann eine Behauptung als diskursiv begründet angesehen werden kann, läßt sich ein Theorem über den Konsens (T_{Ko}) formulieren: Im Diskurs begründet ist eine Behauptung genau dann, wenn sie von allen Diskursteilnehmern als richtig beurteilt wird (Konsens)[35]. Bei realen Diskursen zeigt sich allerdings, daß der Konsens dadurch nicht zum *notwendigen* Kriterium für Wahrheit oder Richtigkeit des Behaupteten wird (b). Außerdem genügt nicht irgendein Konsens, sondern nur ein von Gründen getragener als *hinreichendes* Kriterium (c). Bevor dies belegt wird, seien aber die grundlegenden Unterschiede des diskursiven Konsensverständnisses zum vertraglichen Konsens betont, die es so schwierig werden lassen, in der Lebenswirklichkeit überhaupt reale Diskurse auszumachen (a).

3.2.1. Diskursives versus vertragliches Konsensverständnis

Bereits in den Definitionen des idealen und realen Diskurses (D_{Di}, D_{Dr}) wird ein Unterschied zum Vertrag augenfällig: Zwang ist bei beiden ausgeschlossen. Der Konsens im Diskurs darf – anders als derjenige des Vertrages – nicht auf der unterschiedlichen Verhandlungsmacht der Beteiligten beruhen. Die Einigung ist also in einem viel weitergehenden Sinne freiwillig: im Sinne von umfassender Herrschaftsfreiheit. Während Vertragspartner ihre ungleiche Verhandlungsmacht ausspielen dürfen, müssen Diskurspartner solche Unterschiede im Interesse universeller Richtigkeit ihrer Argumentation zurückstellen.

Weniger offensichtlich, aber nicht minder bedeutsam ist der Unterschied hinsichtlich der individuellen Vorteilhaftigkeit der Einigung. Während sie im Vertrag das entscheidende Einigungsmotiv bildet, spielt sie für den Diskurs keine Rolle. Diskurstheorien sind Argumentationstheorien und dadurch von Verhandlungs- und Entscheidungstheorien abzugrenzen. Für den Diskurs ist es deshalb charakteristisch, daß die Teilnehmer um das beste Argument ringen (Verständigungsorientierung, *arguing*), nicht um den besten Weg zur Durchsetzung der je ei-

---

[33] Alexy (1989: 113); Alexy (1991a: 412); Alexy (1991b: 35); inhaltsgleich, wenn auch weniger detailliert, bereits zuvor Habermas (1973: 177ff.).

[34] Vgl. im einzelnen Tschentscher (2000: 219ff., 291ff.).

[35] Vgl. Tschentscher (2000: 230).

genen Interessen (Erfolgsorientierung, *bargaining*). Wer einen Einigungsvorschlag damit begründet, daß er nur für ihn selbst vorteilhaft sei, wird in der Vertragsverhandlung gehört, im Diskurs nicht.

Mit ihrem anspruchsvollen Konsensverständnis geraten Diskurstheorien in ein Dilemma. Wenn sie die Anforderungen an das, was noch einen realen Diskurs ausmacht, allzu hoch schrauben, dann gibt es solche Diskurse in der Lebenswirklichkeit überhaupt nicht mehr[36]. Wenn sie dagegen die Anforderungen senken, kommt es zwangsläufig zu einem Auseinanderfallen des Konsensbegriffs in realer und idealer Betrachtung. Praktisch schlägt sich dieses Dilemma in dem Streit um die Sonderfallthese nieder. Vielfach wird behauptet, daß die juristische Argumentation kein Sonderfall des allgemeinen praktischen Diskurses sei, weil sie so vielen spezifisch-juristischen Beschränkungen unterliege, daß es sich im Ergebnis nicht mehr um eine angemessen Annäherung an das Diskursideal handle; parlamentarische Gesetzgebung und gerichtliches Verfahren wären danach keine Diskurse[37]. Überhaupt bliebe dann als mögliches Beispiel für einen realen Diskurs nur noch die entspannte Unterhaltung von Wissenschaftlern oder Freunden übrig, die am Kamin über ein Thema sprechen, das sie pragmatisch und emotional nicht selbst betrifft. Im übrigen gäbe es keine Diskurse in der Realität.

Diese Konsequenz wird von Diskurstheoretikern selten ausdrücklich eingeräumt. Sie würde dazu führen, daß der reale Diskurs nahezu bedeutungslos wäre und sich alles auf die abgehobenen Gefilde der Theoriebildung konzentrierte. Vorzugswürdig ist demgegenüber ein weniger anspruchsvolles Verständnis, bei dem die Argumentation in juristischen Verfahren sowie der nichtstrategische Teil der politischen Meinungsbildung und zivilgesellschaftlichen Kommunikation in den Kreis der nach den Umständen angemessenen Annäherungen an das Diskursideal einbezogen bleibt (vgl. D_{Dr}). Das relativiert zwar – sofern überhaupt Konsense eintreten – die Funktion von Konsensen als Indikator richtiger Ergebnisse. Immerhin gewinnt man aber eine Grundlage dafür, Verbesserungen der Diskursbedingungen (z.B. größere Transparenz, geringere Verzerrungen durch Machtdifferenzen, gleichmäßigere Repräsentation) als diskurstheoretische Forderungen an die juristischen, politischen und zivilgesellschaftlichen Verfahren heranzutragen und damit als einen Beitrag zur Richtigkeitsgewähr in der sozialen Ordnung zu begreifen. Auch für einen solchen, gewissermaßen in die Lebenswelt zurückgeholten Begriff des realen Diskurses bleibt es indes dabei, daß die in den Verfahren gesuchten Konsense eine grundlegend andere, nämlich richtigkeitsorientierte Natur haben als die vorteilsgeleiteten Einigungen in realen Verträgen.

3.2.2. Dissens und diskursive Kontrolle

Auch bezüglich der Wirkung des Konsenses besteht ein wichtiger Unterschied zwischen realen Verträgen und realen Diskursen. Während Verträge zukunftsgerichtet Bindungswirkung

---

[36] Vgl. WESCHE (1999: 92).

[37] Vgl. etwa WEINBERGER (1996: 428ff.); KÜSTERS (1983: 98ff.); KRAWIETZ (1984: 438); NEUMANN (1986: 77, 84f.) (zur Gerichtsverhandlung); NEUMANN (1996: 417ff.); BRAUN (1988: 258ff.).

entfalten, ist das bei Diskursen gerade nicht der Fall. Die ideale Voraussetzung, die bei realen Diskursen niemals vollständig verwirklicht werden kann, ist die Unendlichkeit des Diskurses, d.h. sein Stattfinden unter den Bedingungen unbegrenzter Zeit[38]. Im idealen Diskurs argumentieren die Teilnehmenden selbst dann weiter, wenn sie bereits einen Konsens erzielt haben, denn es ist nie ausgeschlossen, daß neue Argumente entdeckt werden, die den Konsens zusätzlich stützen, oder ihn beseitigen. Wem, vereinfacht gesprochen, später noch etwas Neues einfällt, der kann es im Diskurs auch nach dem einmal erreichten Konsens sinnvoll äußern; nach dem Vertragesschluß würde er damit nicht mehr gehört.

Will man diese Unendlichkeit so weit wie möglich real verwirklichen, so muß man sie als eine *potentielle* Unendlichkeit des Diskurses verstehen[39]. Einen realen Diskurs kann man demzufolge allenfalls vorläufig abschließen[40]. Es muß möglich sein, daß die Beteiligten, die zunächst den Diskurs mit einem Konsens beenden, ihn beim Auffinden neuer Argumente wieder aufnehmen. Potentielle Unendlichkeit bedeutet also beim realen Diskurs, daß die Entscheidung einer fortgesetzten diskursiven Kontrolle unterliegt[41]. Auch bei einem realen Diskurs, also einem, der nach den Umständen angemessen an das Ideal angenähert ist (D_{Dr}), wirkt ein erreichter Konsens grundsätzlich nicht endgültig oder definitiv[42]. Die Herrschaftsfreiheit, die in den Diskursregeln ausgedrückt ist, gebietet vielmehr, daß die Argumentation keinen zwingenden Schlußpunkt erfährt.

Das Fehlen eines zwingenden Schlußpunktes führt mit dazu, daß beim realen Diskurs nicht in jedem Fall ein Konsens für die Wahrheit oder Richtigkeit des Behaupteten nötig ist[43]. Ein realer Diskurs kann mit einem Dissens enden und seine Durchführung dennoch Wahrheit oder Richtigkeit in einem relativen Sinne erzeugen – im Sinne eines umstandsabhängigen Vergewisserns über begründete Antworten auf die behandelte Frage. Wahr oder richtig ist dann das, was unter angemessener Verwirklichung der diskursiven Rahmenbedingungen durch ‚gute Gründe' gestützt wurde. Solche Argumente müssen nicht zur Einigkeit aller Beteiligten führen, um die aktuell bestmögliche Richtigkeitsgewähr und damit relative Richtigkeit zu belegen. So endet die parlamentarische Deliberation typischerweise mit einem Dissens, in dem eine Reihe von Lösungen als gut begründet hervortritt. Der diskursiv erzeugbare Mehrwert ist damit erreicht, der reale Diskurs beendet und eine (nicht diskursive!) Mehrheitsentscheidung

---

[38] Vgl. HABERMAS (1973: 179); MÜLLER (1993: 148f.).

[39] Zur Unterscheidung zwischen potentieller und aktualer Unendlichkeit vgl. ALEXY (1989: 115). Aktuale Unendlichkeit würde bedeuten, daß alle möglichen Argumente vorgetragen und gewürdigt wurden.

[40] Vgl. das relativierende „vorerst" bei HABERMAS (1999: 385): „Wenn aber ein Sachverhalt der diskursiv thematisierte Inhalt einer problematisierten Aussage ist, dann nennen wir Tatsache den in einem (vorerst) abgeschlossenen Diskurs thematisiert gewesenen Inhalt einer inzwischen entproblematisieren Aussage: das, was wir nach einer diskursiven Prüfung als wahr behaupten möchten."

[41] Zum Kriterium der fortgesetzten diskursiven Kontrolle TSCHENTSCHER (2000: 220 f.).

[42] So für ideale Diskurse, ALEXY (1989: 116). Einschränkungen gelten für den Ausnahmefall der diskursiven Notwendigkeit einzelner Normen; vgl. TSCHENTSCHER (2000: 312).

[43] So auch ALEXY (1989: 119): „Nicht der Konsens ist für sie [die Diskurstheorie] entscheidend, sondern die Durchführung der Prozedur." Zustimmend WESCHE (1999: 92).

unter den so gerechtfertigten Varianten legitim. Der Konsens im realen Diskurs ist folglich keine notwendige Bedingung für Wahrheit oder Richtigkeit.

3.2.3. *Begründete Konsense*

Auch als hinreichende Bedingung für Wahrheit oder Richtigkeit kann die Einigung nicht immer angesehen werden. Von „Konsens" in einem unbegrenzt weiten Sinne könnte man bereits bei rein tatsächlicher, inhaltlich nicht begründeter Einigkeit aller Beteiligten sprechen[44]. Als Wahrheits- oder Richtigkeitskriterium tauglich und im Theorem über den Konsens gemeint (vgl. T_{Ko}) ist hingegen nur ein begründeter, d.h. „argumentativ erzielte[r] Konsensus"[45]. Diese Erwiderung *Habermas'* gilt dem Vorwurf, daß die Diskurstheorie, indem sie den Konsens zum Kriterium für Wahrheit mache, die Argumentation letztlich funktionslos werden lasse. Der in der Diskurstheorie gemeinte Konsens ist aber nicht der zufällig faktische, sondern nur der begründete und damit (idealiter) der potentiell universale Konsens unter allen möglichen Diskursteilnehmern[46]. Genau betrachtet ist darum nicht die schlichte Einigung aller Beteiligten das Kriterium für Wahrheit oder Richtigkeit, sondern es sind die hinter dieser Einigung stehenden, im Argumentationsverfahren angeführten 'guten Gründe'. Auch dies macht den Konsensbegriff des Diskurses anspruchsvoller als denjenigen des Vertrages, denn erstens kommt es für Verträge nicht darauf an, ob 'gute Gründe' hinter der Einigung stehen, und zweitens sind für die vertragliche Einigung die Ansichten der nicht am Vertrag beteiligten Personen irrelevant, während in der diskursiven Einigung auch die Argumente von nicht betroffenen Externen möglichst umfassend einbezogen werden müssen[47].

3.2.4. *Zwischenergebnis*

Vom vertraglichen Konsens unterscheidet sich der Konsens, den die Diskurstheorie als Konsensustheorie der Wahrheit und Richtigkeit zum Kriterium für die Einlösung oder Auflösung von Geltungsansprüchen erhebt, grundlegend, indem er herrschaftsfrei, interessenunabhängig, jederzeit revisibel, argumentativ erzeugt und möglichst universell mitgestaltet sein muß.

---

[44] Bei dem Beispiel von BRAUN (1988: 256), dem durch Massenpsychose erzeugten allgemeinen „Konsens" fehlt es allerdings schon an einer angemessenen Annäherung an das Diskursideal, denn Manipulationen dieser Art sind unter allen Umständen verzichtbar. Neuralgisch sind aber Fälle, in denen die Teilnehmer trotz diskursiver Rahmenbedingungen keine Argumente austauschen, sei es aus Gleichgültigkeit, Müdigkeit, Desinteresse oder ähnlichem.

[45] HABERMAS (1999: 406) mit Fn. 60; zuvor bereits HABERMAS (1973: 160f. sowie S. 180): nicht jeder faktische Konsens sei ein „hinreichender Indikator für einen begründeten Konsens".

[46] PUNTEL (1987: 163), dort allerdings mit der weitergehenden, nicht überzeugenden Gleichsetzung des diskurstheoretischen Konsenses mit ‚universaler Kohärenz'; vgl. zu Kohärenztheorien der Wahrheit RESCHER (1973: 361 ff.).

[47] HABERMAS (1973: 136f.): „Urteil aller anderen, mit denen ich je ein Gespräch aufnehmen könnte (wobei ich kontrafaktisch alle die Gesprächspartner einschließe, die ich finden könnte, wenn meine Lebensgeschichte mit der Geschichte der Menschenwelt koextensiv wäre)."

3.3. Konsens in Diskurstheorien

Das bisher Gesagten zeichnet das prozedurale Programm des Diskurses im Idealen wie im Realen deutlich anspruchsvoller als dasjenige des Vertrags: an die Stelle der Willensbildung tritt Urteilsbildung, statt nach situativen Kompromissen ist nach universeller Richtigkeit gefragt. Der Konsens ist nicht mehr nur eine Einigung über den vorteilhaften, auf diesen Moment konzentrierten Interessenabgleich, sondern wird zum Markierungspunkt für Wahrheit oder Richtigkeit jenseits der Interessenverteilung. Durch die Interessenunabhängigkeit, die vollständige Zwanglosigkeit im Diskursideal (D_{Di}) und den Verzicht auf Zwang oder Drohung bei realen Diskursen[48] (D_{Dr}) sind Diskurstheorien weniger als Vertragstheorien auf nachträglichen Begriffswandel durch Idealisierungen angewiesen. Das argumentative Rationalitätskonzept des Diskurses sucht von vornherein Erkenntnis in der Argumentation realer Personen unter *idealisierten* Bedingungen[49]. Richtig ist das, was unter solchen Bedingungen Gegenstand eines Konsenses sein könnte (T_{Ko}). Gegenseitige Verpflichtung der Beteiligten gibt es, anders als beim Vertrag, nur während der Dauer des Konsenses.

Aus den Idealisierungen ergibt sich für den Konsens in der Diskurstheorie allerdings ein grundlegendes Problem: die Frage der Konvergenz[50]. Es ist nämlich möglich, daß ein Konsens in bestimmten Fragen nie eintritt. Bei realen Diskursen ist das sogar die wahrscheinlichere Variante, weil diese Diskurse durch Zeitablauf zwangsläufig enden, ohne daß ein Konsens gesichert wäre. Schwieriger noch: ein Konsens könnte, würde er erreicht, nie als endgültig angesehen werden, denn auch die jederzeitige erneute Infragestellung muß als eine Konsequenz der Zwangsfreiheit angesehen werden. Jedenfalls bei idealen Diskursen, die nie enden (vgl. D_{Di}), ist weder die Möglichkeit noch die Unmöglichkeit eines Konsenses beweisbar.

Wenn also selbst der ideale Diskurs möglicherweise ergebnislos und außerdem in der Realität immer nur näherungsweise durchführbar ist, worin besteht dann sein Wert? Er besteht in der Leitbildfunktion für den realen Diskurs: im realen Diskurs gelten die Diskursregeln als *regulative Idee*.[51] Je enger sich die Bedingungen des realen Diskurses an die Bedingungen eines idealen Diskurs annähern, desto besser begründet sind die Aussagen, die in einem solchen Diskurs gemacht werden. Für den Konsensbegriff der Diskurstheorien bedeutet dies: selbst wenn in einer Frage real kein Konsens erzielt werden kann, muß der Diskurs weiterhin so gestaltet werden, als wäre ein Konsens möglich. Der Konsens wird damit selbst zu einer re-

---

[48] Vgl. HABERMAS (1999: 386): „Der in Diskursen allein zugelassene Zwang ist derjenige des besseren Argumentes"; ähnlich HABERMAS (1973: 161): „Wahrheit [durch] den eigentümlich zwanglosen Zwang des besseren Argumentes".

[49] Dazu näher TSCHENTSCHER (2000: 101f.).

[50] Sie ist Anknüpfungspunkt für die Kritik, die KAUFMANN aus Sicht seiner 'Konvergenztheorie der Wahrheit' anführt; vgl. KAUFMANN (1986: 440ff.). Dazu und zum folgenden näher TSCHENTSCHER (2000: 221f.).

[51] In etwas anderer Wendung spricht HABERMAS (1973: 180) davon, die ideale Sprechsituation sei eine „operativ wirksame Fiktion".

gulativen Idee innerhalb der Diskurstheorie – er ist ein Ziel, das stets anzustreben aber nie dauerhaft zu erreichen ist.

4. Fazit

Obwohl im Vertrag wie im Diskurs der Konsens, also die Einigung aller Beteiligten, eine zentrale Rolle spielt, unterscheiden sich die zugrundegelegten Konsensbegriffe stark. Während der reale Vertrag eine Willensbildung, Verhandlung, Interessenorientierung zum Gegenstand hat, verfolgt der reale Diskurs eine Urteilsbildung, Argumentation, Verständigungsorientierung. Während sich der vertragliche Konsens als bloße Markierung eines situativen Kompromisses erweist, indiziert der diskursive Konsens die universelle Richtigkeit des Ergebnisses. In den entsprechenden Theorien weichen die idealen Konsensbegriffe wiederum von ihren realen Pendants ab: der vertragstheoretische Konsens denaturiert zu einem Platzhalter für die These der gelungenen Vertragskonstruktion; der diskurstheoretische Konsens steigert sich zu einem niemals erreichbaren Idealbild. In beiden Theoriegruppen wirkt der idealisierte Konsensbegriff dabei nicht selbst legitimationsbegründend, sondern die Legitimation entspringt den Argumenten, die für die Richtigkeit des Vertragsinhalts einerseits oder die Richtigkeit der Diskursregeln andererseits angeführt werden.

Eine Konvergenz vertraglicher und diskursiver Rationalität ist damit schon durch den divergenten Gebrauch des Zentralbegriffs „Konsens“ ausgeschlossen. Konfrontiert man die Theoriegruppen miteinander, so zeigen die Diskurstheorien zumindest aus staatsrechtlich-philosophischer Sicht eine größere Anschlußfähigkeit: Verfahren des Rechts, der Politik und der zivilgesellschaftlichen Kommunikation lassen sich als reale Diskurse begreifen, nicht aber als Sozialverträge. Für vertragliche Rationalität bleibt nur dort Raum, wo er ihr nach diskursiv gestalteter Deliberation ausdrücklich zugewiesen wurde[52].

Literatur

Adorno, T.W. (1959), 1995, Kants „Kritik der reinen Vernunft“ , Frankfurt.

Albert, H. (1972), Erkenntnis und Recht. Die Jurisprudenz im Lichte des Kritizismus, zitiert nach dem Neuabdruck in: ders., Lesebuch. Ausgewählte Texte, 2001, Tübingen: 239-263.

Albert, H. (1975), Transzendentale Träumereien, Hamburg.

Albert, H. (1996), Vom Kulturpessimismus zum kritischen Rationalismus. Autobiographische Einleitung, in: Christian Fleck (Hrsg.), Wege zur Soziologie: 17-37, zitiert nach dem Neuabdruck in: ders., Lesebuch. Ausgewählte Texte, 2001, Tübingen:1-25.

[52] Zu dieser Konsequenz TSCHENTSCHER (2000: 334 ff., 357): Wirtschaft als Kontrapunkt zu Diskursen.

Alexy, R. (1989) Probleme der Diskurstheorie, zitiert nach dem Neuabdruck in: ders., Recht, Vernunft, Diskurs, 1995, Frankfurt a.M.: 109-126.

Alexy, R. (1991a), Theorie der juristischen Argumentation. Die Theorie des rationalen Diskurses als Theorie der juristischen Begründung, 2. Aufl., Frankfurt a.M.

Alexy, R. (1991b), Idee und Struktur eines vernünftigen Rechtssystems. In: Robert Alexy/Ralf Dreier/Ulfried Neumann (Hrsg.), Rechts- und Sozialphilosophie in Deutschland heute. Beiträge zur Standortbestimmung, Archiv für Rechts- und Sozialphilosophie, Beiheft 44, Stuttgart: 30-44.

Alexy, R. (1995), Diskurstheorie und Menschenrechte. In: ders., Recht, Vernunft, Diskurs. Studien zur Rechtsphilosophie, Frankfurt a.M.: 127-164.

Alexy, R. (1996), Grundgesetz und Diskurstheorie. In: Winfried Brugger (Hrsg.), Legitimation des Grundgesetzes aus Sicht von Rechtsphilosophie und Gesellschaftstheorie, Baden-Baden: 343-360.

Apel, K.-O. (1973), Das Apriori der Kommunikationsgemeinschaft und die Grundlagen der Ethik. Zum Problem einer rationalen Begründung der Ethik im Zeitalter der Wissenschaft. In: ders., Transformation der Philosophie, Band 2: Das Apriori der Kommunikationsgemeinschaft, Frankfurt a.M.: 358-435.

Apel, K.-O. (1986), Kann der postkantische Standpunkt der Moralität noch einmal in substantielle Sittlichkeit 'aufgehoben' werden? Das geschichtsbezogene Anwendungsproblem der Diskursethik zwischen Utopie und Regression. In: W. Kuhlmann (Hrsg.), Moralität und Sittlichkeit. Das Problem Hegels und die Diskursethik, Frankfurt a.M.: 217-264.

Apel, K.-O. (1988), Diskurs und Verantwortung. Das Problem des Übergangs zur postkonventionellen Moral, Frankfurt a.M.

Ayres, I. und P. Siegelmann (1995), Race and Gender Discrimination in Bargaining for a New Car, American Economic Review 85: 304-321.

Braun, C. (1988), Diskurstheoretische Normbegründung in der Rechtswissenschaft, Rechtstheorie 19: 238-261.

Brennan, G.H. und J.M. Buchanan (1985), The Reason of Rules. Constitutional Political Economy, Cambridge/New York.

Brugger, W. (2000), Amerikanische Verfassungstheorie, Der Staat 39: 425-453.

Buchanan, J.M. und G. Tullock (1962), The Calculus of Consent. Logical Foundations of Constitutional Democracy, Ann Arbor.

Buchanan, J.M. (1991), Constitutional Economics, Oxford.

Caplovitz, D. (1967), The Poor Pay More. Consumer Practices of Low-Income Families, 2. Aufl., New York/London.

Carnap, R. (1936), Wahrheit und Bewährung, zitiert nach dem Neuabdruck in: G. Skirbekk (Hrsg.), Wahrheitstheorien. Eine Auswahl aus den Diskussionen über Wahrheit im 20. Jahrhundert, 1996, 7. Aufl., Frankfurt a.M.: 89-95.

Cooter, R. (2000), The Strategic Constitution, Princeton.

Dreier, R. (1991), Recht und Gerechtigkeit. In: ders., Recht – Staat – Vernunft, Frankfurt: 8-38.

Emmenegger, S. (1999), Feministische Kritik des Vertragsrechts. Eine Untersuchung zum schweizerischen Schuldvertrags- und Eherecht, Freiburg i.Ue.

Feynman, R.P. (1965), The Character of Physical Law, Cambridge, nach der deutschen Übersetzung von S. Summerer/G. Kurz, 1990.

Gril, P. (1998), Die Möglichkeit praktischer Erkenntnis aus Sicht der Diskurstheorie. Eine Untersuchung zu Jürgen Habermas und Robert Alexy, Berlin.

Habermas, J. (1973), Wahrheitstheorien. In: Helmut Fahrenbach (Hrsg.), Wirklichkeit und Reflexion. Walter Schulz zum 60. Geburtstag,, S. 211-266, zitiert nach dem Neuabdruck in: Habermas, Vorstudien und Ergänzungen zur Theorie des kommunikativen Handelns, 1984, Frankfurt a.M.: 127-183.

Habermas, J. (1999), Erkenntnis und Interesse, 12. Aufl., Frankfurt a.M.

Häberle, P. (2001), Wahrheitsprobleme im Verfassungsstaat" – eine Zwischenbilanz, in: Joachim Bohnert u.a. (Hrsg.), Verfassung – Philosophie – Kirche. Festschrift für Alexander Hollerbach zum 70. Geburtstag, Berlin: 15-23.

Hobbes, T. (1651), Leviathan, or the Matter, Forme, & Power of a Common-Wealth Ecclesiasticall and Civill, London.

Horgan, J. (1997), The End of Science, New York 1996, zitiert nach der deutschen Übersetzung von Thorsten Schmidt.

Jaspers, K. (1960), Wahrheit und Wissenschaft, Basel.

Jaspers, K. (1973), Wahrheit als Mittelbarkeit. In: ders., Vernunft und Existenz. Fünf Vorlesungen, München: 58-83.

Kant, I. (1781), Kritik der reinen Vernunft, 1. Aufl. Riga, 1781, 2. Aufl., Riga 1787, A 480 f./B 508 f. (‚A' für die Seitenzählung der Erstauflage 1781, ‚B' für diejenige der Zweitauflage 1787.

Kaufmann, A. (1986), Über die Wissenschaftlichkeit der Rechtswissenschaft. Ansätze zu einer Konvergenztheorie der Wahrheit, ARSP 72: 425-442.

Kaufmann, A. (1989), Prozedurale Theorien der Gerechtigkeit: vorgetragen in der Gesamtsitzung der Philosophisch- Historischen und der Mathematisch- Naturwissenschaftlichen Klasse am 17. Februar 1989, München.

Krawietz, W. (1984), Juridisch-institutionelle Rationalität des Rechts versus Rationalität der Wissenschaften?, Rechtstheorie 15: 423-452.

Küsters, G.-W. (1983), Rechtskritik ohne Recht. Zu Habermas' ‚Theorie des kommunikativen Handelns', Rechtstheorie 14: 95-114.

Kuhlmann, W. (1985), Reflexive Letztbegründung. Untersuchungen zur Transzendentalpragmatik, Freiburg i.B.

Kuhn, T.S. (1970), The Structure of Scientific Revolutions, 2. Aufl., Chicago.

Misner, C.W., K.S. Thorne und J.A. Wheeler (1973), Gavitation, San Francisco.

Müller, J.P. (1993), Demokratische Gerechtigkeit. Eine Studie zur Legitimität rechtlicher und politischer Ordnung, München.

Neumann, U. (1986), Juristische Argumentationslehre, Darmstadt.

Neumann, U. (1996), Zur Interpretation des forensischen Diskurses in der Rechtsphilosophie von Jürgen Habermas, Rechtstheorie 27: 415-426.

Pauly, W. (1989), Wahrheit und Konsens. Die Erkenntnistheorie von Jürgen Habermas und ihre theologische Relevanz, Frankfurt.

Puntel, L.B. (1978), Wahrheitstheorien in der neueren Philosophie. Eine kritisch-systematische Darstellung, Darmstadt.

Rae, A.I.M., (1986), Quantenphysik. Illusion oder Realität?, Stuttgart.

Raz, J. (1998), On the Authority and Interpretations of Constitutions. Some Preliminaries. In: L.A. Alexander (Hrsg.): Constitutionalism. Philosophical Foundations, Cambridge: 152-193.

Rescher, N. (1973), Die Kriterien der Wahrheit , zitiert nach dem Neuabdruck in: G. Skirbekk (Hrsg.), Wahrheitstheorien. Eine Auswahl aus den Diskussionen über Wahrheit im 20. Jahrhundert, 1996, 7. Aufl., Frankfurt a.M. :337-390.

Skirbekk, G. (1996), Einleitung. In: ders. (Hrsg.), Wahrheitstheorien. Eine Auswahl aus den Diskussionen über Wahrheit im 20. Jahrhundert, 7. Aufl., Frankfurt a.M.: 8-34.

Strawson, P.F. (1950), Wahrheit, zitiert nach dem Neuabdruck in: G. Skirbekk (Hrsg.), Wahrheitstheorien Eine Auswahl aus den Diskussionen über Wahrheit im 20. Jahrhundert, 7. Aufl., Frankfurt a.M.: 246-275.

Stent, G.S. (1978), Paradoxes of Progress, New York.

Stent, G.S. (1996), The Coming of the Golden Age. A View of the End of Progress, New York.

Tschentscher, A. (2000), Prozedurale Theorien der Gerechtigkeit. Rationales Entscheiden, Diskursethik und prozedurales Recht, Baden-Baden.

Tschannen, P. (1995), Stimmrecht und politische Verständigung. Beiträge zu einem erneuerten Verständnis von direkter Demokratie, Basel.

Voigt, S. (1997), Positive Constitutional Economics. A Survey, Public Choice 90: 11-53.

Voigt, S. (1999), Explaining Constitutional Change. A Positive Economics Approach, Cheltenham.

Weinberger, O. (1996), Diskursive Demokratie ohne Diskursphilosophie, Rechtstheorie 27: 427-437.

Wesche, S. (1999), Robert Alexys diskurstheoretische Menschenrechtsbegründung, Rechtstheorie 30: 79-93.

Die Abwägung konfligierender Interessen in Recht und Wohlfahrtstheorie

Ekkehard Hofmann*

1. Einführung

Das Abwägen widerstreitender Interessen ist aus der juristischen Tätigkeit nicht wegzudenken. Schon früh wurde dies durch die blinde Iustitia mit Schwert und Waage versinnbildlicht.[1] Doch herrscht über den Gehalt des als Abwägungsvorgang bezeichneten Prozess keineswegs Klarheit. Im folgenden wird den verschiedenen dem Abwägen gewidmeten rechtlichen Instituten unter der Fragestellung nachgegangen, wie sie sich aus Sicht der Wohlfahrtstheorie begreifen lassen. Vor allem soll dargelegt werden, dass sich Juristen bei der Abwägung in auffälliger Parallelität mit der ökonomischen Herangehensweise an der Bewertung der Folgen der verschiedenen Handlungsoptionen orientieren, aber, anders als in der Ökonomik üblich, die Bewertung mit Hilfe eines rein verbal vorgenommen Vergleichs der gesellschaftlichen Vorteile (Nutzen) und gesellschaftlichen Nachteile (Kosten) durchführen. Die juristische Selbstbeschränkung auf eine verbale Form der Präsentation hat entscheidende Defizite, die mit Hilfe einer formalen Kosten-Nutzen-Analyse gemildert werden könnten.

2. Der Begriff der Abwägung

Unter „Abwägung" wird hier die Aufgabe verstanden, in einem Entscheidungsprozeß die Realisierung verschiedener und in aller Regel konfligierender Belange (Güter) zu optimieren. Als kennzeichnend wird für solche Optimierungsaufgaben auch in der juristischen Literatur empfunden, dass sie auf die Verwirklichung von Zuständen zielen, die in mehr oder minder großem Umfang, jedoch nicht zugleich maximal verwirklicht werden können.[2] Ihre Brisanz liegt in der *notwendigen* Zurückstellung bestimmter Interessen gegenüber anderen. Man kann relativ einfache (*bikriterielle*) von komplexen (*multikriteriellen*) Abwägungen unterscheiden, was mit Blick auf die anzuwendende Methodik von erheblicher Bedeutung ist. Darauf wird zurückzukommen sein.

Eine Abwägung im beschriebenen Sinn ist bei der Rechtsanwendung immer dann erforderlich, wenn gesetzliche Vorschriften die staatlichen Akteure nicht einfach und zweifelsfrei an-

---

* Für Anregungen und Kritik habe ich Dr. Georg von Wangenheim sehr zu danken.

1 Die Waage symbolisierte ursprünglich die Gerechtigkeit und war daher stets mit den sich wandelnden Gerechtigkeitsvorstellungen verbunden. Soweit ersichtlich, ist mit der Waage die Idee des Abwägens im Sinne des Genau-Überlegens zum ersten Mal im Barock verknüpft worden. Im Jahre 1746 begründete der Maler Daniel Gran (1694-1757) dieses Attribut der Iustitia auf einem von ihm geschaffenen Bibliotheksfresko damit, dass sie „ihre eigenen Aktionen wohl und genau" erwäge (SCHILD (1995: 185)).

2 KOCH (1996:20).

weisen, was zu tun oder zu unterlassen ist. Dies ist häufig der Fall und im Verfassungsrecht offensichtlich. Aber auch auf der Ebene des einfachen Rechts sind Spielräume vorzufinden und dort nicht bloß Ausdruck rechtstechnischer Unvollkommenheit des parlamentarischen Gesetzgebers. Der Sinn solcher Spielräume liegt vielmehr nicht selten darin, dass das Parlament die Austarierung von Konflikten nicht bis ins einzelne gehend regelt, sondern auf die fallbezogene Präzisierung gesetzgeberischer Zielvorstellungen durch Verwaltung und Gerichte setzt.[3] Daher ist von großer Relevanz, wer über die korrekte Nutzung des Spielraums letztlich zu befinden hat. Dieser Streit um die Letztentscheidungskompetenz ist nicht Gegenstand der vorliegenden Überlegungen, auch wenn er die juristische Debatte um unbestimmte Rechtsbegriffe und Ermessensermächtigungen ganz wesentlich bestimmt hat und überwiegend wohl noch immer prägt. Für das hier interessierende Problem des materiellen Gehalts des Abwägungsvorgangs ist jedoch die Kompetenzproblematik von untergeordneter Bedeutung.

Im Vordergrund der nachfolgenden Überlegungen steht dagegen die Präzisierung der Voraussetzungen der sachgerechten Bewältigung von Abwägungsaufgaben, wobei zunächst kurz die funktionelle Äquivalenz der Ermessensermächtigungen und der Auslegung unbestimmter Rechtsbegriffe darzulegen ist (3), bevor auf die verschiedenen rechtlichen Institute zur Bewältigung von Abwägungsaufgaben und ihre wohlfahrtstheoretische Rekonstruktion eingegangen wird (4). Schließlich sind Chancen und Grenzen des Konzepts der Kosten-Nutzen-Analyse als mögliche Maßnahme zur verbesserten Bewältigung multikriterieller Entscheidungssituationen auszuloten (5).

3. Funktionalanalyse: Abwägungen als ubiquitärer rechtlicher Mechanismus

Rechtliche Spielräume im beschriebenen Sinn bestehen wegen Vagheit, Mehrdeutigkeit oder anderen Defiziten der Gesetzessprache schon auf der Tatbestandsseite. Von besonderer Bedeutung für die Rechtspraxis sind die als „unbestimmte Rechtsbegriffe" bezeichneten vagen Begriffe. Vage Begriffe sind in der Ausdrucksweise der Sprachphilosophie Begriffe, für die gilt: (1) Es gibt Gegenstände, die unzweifelhaft unter den Begriff fallen (positive Kandidaten); (2) es gibt Gegenstände, die unzweifelhaft nicht unter den Begriff fallen (negative Kandidaten); (3) es gibt schließlich Gegenstände, hinsichtlich derer nicht entschieden werden kann, ob sie unter den Begriff fallen oder nicht („neutrale" Kandidaten).[4] Je weiter der Bereich der neutralen Kandidaten ist, desto größer ist die Unbestimmtheit des Begriffs. In der Rechtswis-

---

[3] KOCH (1996:13 f.). Es entspricht europäischer Tradition, Gesetze eher „schlank" zu fassen und der Verwaltung nicht nur Einzelfallentscheidungen, sondern auch das Abfassen der für die Praxis erforderlichen Detailregelungen zu überlassen. Einen anderen Charakter haben insoweit die weitaus ausführlicheren Parlamentsgesetze in den USA.

[4] KORNER (1970: 44, 49).

senschaft steht *Jellineks* Auffassung dem erläuterten sprachanalytischen Ansatz am nächsten.[5] Eine echte Teilmenge der in diesem Sinne vagen Begriffe wird in der juristischen Literatur als „unbestimmte Rechtsbegriffe" bezeichnet; nicht jeder vage Begriff gilt Rechtsprechung und juristischer Literatur als „unbestimmter Rechtsbegriff".[6] Eine inhaltliche Begründung für diese Selektion aus der Menge der vagen Begriffe wird, soweit ersichtlich, jedenfalls nicht systematisch gegeben und lässt sich auch nur bedingt rekonstruieren. So scheinen eine Vielzahl von als „unbestimmte Rechtsbegriffe" apostrophierter Begriffe dadurch gekennzeichnet, dass ihre intensionale Vagheit von Rechtsprechung und Literatur als eher groß angesehen werden dürfte und kompetenzielle Argumente - etwa die Berufung auf den Sachverstand des entscheidenden Gremiums, der einer Widerrufung der Entscheidung durch ein Gericht entgegenstehe - zu ihrer Auslegung verwendet werden.

Die größte Aufmerksamkeit ziehen selbstredend die neutralen Kandidaten auf sich. Die Aufgabe der Auslegung besteht dem skizzierten Ansatz folgend darin, zusätzliche hinreichende Bedingungen anzugeben, die zur Bejahung oder Verneinung des in Rede stehenden Gegenstandes führen. Durch das Bemühen um solche zusätzlichen Bedingungen bei der Rechtsanwendung wird der Bereich der neutralen Kandidaten verkleinert. Darin liegt der Gewinn an Präzision mit Hilfe fallbezogener korrekter Auslegung.

Eine entsprechende Ergänzung um hinreichende Bedingungen ist auch bei der Anwendung von Ermessensermächtigungen regelmäßig erforderlich. Dass eine Behörde unter Vorliegen bestimmter Voraussetzungen etwas tun *darf, kann oder soll*, heißt ja nichts anderes, dass neben die auf der Tatbestandsseite vom Gesetzgeber formulierten notwendigen Bedingungen noch weitere Voraussetzungen hinzutreten können, bevor die Behörde die Rechtsfolge anordnet. Sowohl auf der Tatbestandsseite als auch hinsichtlich der Ermessensbetätigung ist also typischerweise eine Ergänzung um weitere Bedingungen notwendig. Der Unterschied zwischen beiden Formen der Tatbestandsergänzung liegt darin, dass es sich im Falle von unbestimmten Rechtsbegriffen um eine disjunktive, im Falle von Ermessensvorschriften um eine konjunktive Ergänzung handelt.[7] Konjunktive Ergänzungen erfolgen dort, wo der Gesetzgeber durch den Tatbestand der Ermessensnorm bereits *notwendige* Bedingungen staatlichen Handelns festgeschrieben hat, disjunktive Ergänzungen vager Begriffe fügen den gesetzlich vage vorgegebenen *hinreichenden* Bedingungen möglichst präzise weitere hinzu. Im letztgenannten Fall ist eine Einschränkung des Anwendungsbereichs der Norm im Wege der Auslegung unzulässig. Auf diesen Unterschied kommt es jedoch vorliegend nicht an. Im übrigen lässt sich zeigen, dass auch das sogenannte Planungsermessen keine andere Struktur als die eben für das „normale" Ermessen beschriebene aufweist.[8]

---

[5] JELLINEK (1913: 37 f.).
[6] KOCH (1979: 39).
[7] KOCH (1979: 136 ff.).
[8] RUBEL (1982: Rz. 318).

Zielführend ist für unseren Zusammenhang allein die Zwischenbilanz, dass sowohl auf der Tatbestandsseite als auch auf der Rechtsfolgenseite Ergänzungen im Gestalt von zusätzlichen hinreichenden Bedingungen zur Präzisierung des Gehalts von solchen Rechtsnormen erforderlich sind, die bei der Rechtsanwendung Spielräume lassen. Damit ist Klarheit über die funktionelle Äquivalenz der Vorgänge bei der Ausfüllung rechtlicher Spielräume gewonnen. Die normative Frage, woran sich die Bildung der zusätzlichen Bedingungen orientieren sollte, ist damit nicht beantwortet. Um sie geht es in den folgenden Abschnitten.

4. Normative Anforderungen an Abwägungsentscheidungen

Während die normative Ökonomik auch die Bedingungen rationalen Entscheidens *ex-ante* in den Blick nimmt, herrscht in der auf die gerichtliche Kontrolle fokussierten juristischen Sichtweise eine *ex-post* Perspektive vor. In dem Arsenal gerichtlicher Prüfinstrumente zur materiell-rechtlichen Kontrolle staatlicher Entscheidungen befinden sich insbesondere die Auslegungsmethoden, die Ermessensfehlerlehre, der Verhältnismäßigkeitsgrundsatz und das Abwägungsgebot. Ihre Funktion besteht darin, die rechtlich zulässigen Nutzungen der genannten Spielräume von unzulässigen zu scheiden. Je präziser dies gelingt, desto berechenbarer werden staatliche Entscheidungen.

Die Prüfkriterien lassen sich danach unterscheiden, ob es um die Frage der disjunktiven Tatbestandsergänzung bei der der Auslegung „unbestimmter Rechtsbegriffe" (4.1) oder um die konjunktive Tatbestandsergänzung bei der Begründung von Ermessensentscheidungen (4.2) geht.

4.1.Auslegung vager Begriffe (Abwägung auf der Tatbestandsseite)

4.1.1. Rechtliche Anforderungen

Auf der Tatbestandsseite wird die Frage der zulässigen Ergänzung um disjunktive weitere Bedingungen nach einer Methodik beurteilt, die als Auslegung bezeichnet wird. Herausgebildet hat sich ein Kanon von vier Regeln: Wortsinn, Systematik, Entstehungsgeschichte und die teleologische Auslegung.[9] Ihre wesentliche Aufgabe besteht darin, verfassungsrechtliche Postulate der Gesetzesbindung zu präzisieren. Maßgeblich sind dabei wegen des Demokratieprinzips die Zielvorstellungen des Gesetzgebers. Dies führt zum entscheidenden Problem im Zusammenhang mit der Abwägung. Es gibt kaum ein Gesetz, mit dem nur ein einziger Zweck verfolgt wird; zumeist richtet sich das Interesse des Gesetzgebers auf ein Zielbündel, in dem konfligierende Zielsetzungen enthalten sind,[10] da Rechtsnormen in aller Regel Konflikte ausbalancieren sollen. Soweit sich die konfligierenden Zielsetzungen in vagen Begriffen wider-

---

[9] Will man bei der Rechtsanwendung über die Wortsinngrenze hinausgehen, wird das Feld der Rechtsfortbildung betreten. Hierzu s. insbesondere *KOCH/RÜßMANN* (1982: §§ 17 und 18).

[10] So schon SOELL (1973: 180 ff.). S. a. KOCH/RÜßMANN (1982: 214 f.).

spiegeln, muss die Auslegung genau dieser Problematik Rechnung tragen. Das geschieht sowohl im Verfassungsrecht als auch im Verwaltungsrecht:

Im Bereich des *Verfassungsrechts* wird dem Gesetzgeber durch die Verfassung in materieller Hinsicht auferlegt, bei seinen Entscheidungen verschiedene Belange - vor allem die Grundrechte - zu beachten, wobei nach Art. 19 Abs. 2 GG jedenfalls ein als Wesensgehalt bezeichneter Mindeststandard eines jeden Belangs bestehen bleiben muss.[11] Die Grundrechte sind bei der Auslegung vager einfachgesetzlicher Begriffe zu berücksichtigen (*verfassungskonforme Auslegung*).[12] Dabei stehen regelmäßig sich widerstreitende Grundrechte gegenüber, etwa das durch Art. 14 Abs. 1 GG gewährleistete Recht am Eigentum eines lärmenden Industriebetriebes auf der einen Seite und die durch Art. 2 Abs. 2 GG geschützte Gesundheit der Nachbarn auf der anderen. In der verfassungskonformen Auslegung des Gesetzesrechts liegt also die juristische Antwort auf die Herausforderung, konfligierende Interessen bei der Gesetzesanwendung berücksichtigen zu müssen.

Der Kern dieser Überlegung kann zwanglos auf das *Verwaltungsrecht* übertragen werden. Die einfachen Gesetze geben durch die ausdrückliche oder implizite Benennung „ihrer" Zwecke Behörden und Gerichten vor,[13] welche Belange der Gesetzgeber als relevant erachtet. Der Gedanke der Mindestanforderung ließe sich auf der Ebene des einfachen Rechts ebenfalls wiederfinden, geht man davon aus, dass solche Verwaltungsentscheidungen nicht zulässig sind, die einzelne Zwecke des Gesetzes über Gebühr zurückstellen oder strikt anzuwendendes Recht - etwa explizite Mindestanforderungen in Gestalt von Grenzwerten bei der Belastung von Umweltgütern - verletzen.

Wenn widerstreitende Gesetzeszwecke gleichzeitige Geltung für den zu lösenden Fall beanspruchen, muss in einem noch weiter zu konkretisierenden Sinn abgewogen werden. Das trifft in erhöhtem Maße auf komplexe Verwaltungsentscheidungen etwa im Planfeststellungsrecht zu, wo regelmäßig Belange der Wirtschaftsförderung mit Belangen des Gesundheits-, Umwelt- und Naturschutz konfligieren, und nicht ausschließlich eine Frage, die das Ermessen betrifft. Schon auf der Tatbestandsseite kann eine Abwägung unvermeidlich sein: Was meint das „Wohl der Allgemeinheit" in § 7 WHG, das „gute ökologische Potential" in der Wasserrahmenrichtlinie,[14] was die „Unzuverlässigkeit" in § 35 Abs. 1 GewO? Das hängt häufig von der Kombination verschiedener und eben auch gegenläufiger Kriterien zur Bestimmung des Gehalts der Begriffe ab, wie an dem einfachen Beispiel der Gewerbeuntersagung nach § 35 Abs. 1 GewO erläutert werden kann. Die Untersagung setzt materiellrechtlich voraus,

[11] BVerfGE 7, S. 377 (411); 34, 238 (245); 80, 367 (373). Umstritten ist allerdings, ob der Wesensgehalt eine nicht überwindbare („absolute") oder eine bei Vorliegen ausreichend gewichtiger Gründe überwindbare („relative") Grenze darstellt (nähere Nachweise s. KRÜGER (1999: Rz. 27 ff.).

[12] St. Rspr., BVerfGE 2, 266 (282); aus jüngerer Zeit E 88, 145 (166); E 90, 263 (274 f.); E 95, 64 (81, 93).

[13] Siehe vor allem die „modernen" Umweltschutzgesetze: § 1 BImSchG, § 1 Abs. 1 BNatSchG, § 1 TierSchG.

[14] Art. 2 Nr. 23 der Richtlinie 2000/60/EG v. 23. Oktober 2000, ABl. EG 2000 Nr. L 327, 1. Weitere Beispiele lassen sich zwanglos finden: das „Entgegenstehen öffentlicher Belange" in § 35 BauGB, die „Billigkeit" in der AO, die „artgerechte Tierhaltung" in § 7 Abs. 3 Tierschutzgesetz.

dass sie zum Schutz der Allgemeinheit oder der im Betrieb Beschäftigten wegen der Unzuverlässigkeit des Gewerbetreibenden erforderlich ist. „Unzuverlässigkeit" ist ein vager Begriff im oben beschriebenen Sinn. Sein Wortsinn ergibt klar positive (Bejahung der Unzuverlässigkeit) und klar negative Kandidaten (Verneinung der Unzuverlässigkeit), aber eben auch neutrale Kandidaten, die in der gerichtlichen Praxis erst durch nähere Betrachtung des Einzelfalls einem der beiden Bereiche zugeordnet werden können. Dazu sind die sachlich überzeugende Ermittlung der berührten Belange und ihre vertretbare Bewertung erforderlich. Da im Falle der Gewerbeuntersagung die nachteiligen Folgen der Behördenentscheidung für den Betroffenen regelmäßig als massiv bewertet werden, stellen Rechtsprechung und Literatur an die Untersagungsverfügung strenge Anforderungen, was mit dem hohen verfassungsrechtlichen Gewicht der tangierten Berufsfreiheit begründet wird.[15] In sprachanalytischer Betrachtungsweise besteht die lange Geschichte von Judikaten zu § 35 Abs. 1 GewO darin, nach und nach den vagen Begriff der Unzuverlässigkeit um zulässige hinreichende disjunktive Bedingungen zu erweitern, mit deren Hilfe der Bereich der neutralen Kandidaten verkleinert werden konnte. Diesem Vorgehen liegt ersichtlich ein Vergleich von staatlichem Interesse an der Untersagung mit ihren nachteiligen Folgen für das betroffene Individuum zugrunde.

Der skizzierte Entscheidungsprozeß bei der Auslegung von § 35 Abs. 1 GewO kann - normstrukturell gesehen – ohne Zweifel mit „Abwägung" zutreffend bezeichnet werden. Daran ändert nichts, dass es sich zugegebenermaßen um eine eher einfache Abwägung in dem Sinne handelt, dass nur wenige Kriterien eine Rolle spielen. Ferner ist für seine strukturelle Qualifikation als Abwägung ohne Bedeutung, dass er - in der Terminologie der herrschenden juristischen Dogmatik - auf der Tatbestandsseite stattfindet.

4.1.2. Wohlfahrtstheoretische Rekonstruktion

Versucht man, das eben erläuterte juristische Vorgehen wohlfahrtstheoretisch zu begreifen, so ließe sich sagen, dass die Gerichte bei der Anwendung von § 35 GewO nach Bedingungen suchen, mit denen sichergestellt werden kann, dass nur solche Untersagungen rechtlich zulässig sind, deren Vorteile für die Gesellschaft größer sind als ihre gesellschaftlichen Nachteile. Werden die Kosten für den Betroffenen als Mitglied der Gesellschaft hoch angesetzt, wie es die Rechtsprechung tut, ist es nur konsequent, von der Maßnahme einen hohen staatlichen Nutzen zu verlangen, der die gewichtige Einschränkung persönlicher Freiheit durch die Gewerbeuntersagung aufwiegen kann.

---

[15] BVerwG, GewA 1962, S. 202; OVG Lüneburg, GewA 1972, 120; MARCKS (2000: § 35 Rz. 76); SCHAEFFER (1982: 102); HEß (2000: Rz. 39).

4.2. Abwägungen auf der Rechtsfolgenseite

4.2.1. Rechtliche Anforderungen: Ermessensfehlerlehre, Verhältnismäßigkeitsgrundsatz und Abwägungsgebot

Wenden wir uns nun den rechtlichen Anforderungen an die Ermessensbetätigung zu. Für die in der Rechtspraxis maßgeblichen Perspektive der gerichtlichen Kontrolle staatlicher Entscheidungen („*ex post*") existieren verschiedene Rhetoriken nebeneinander: die Ermessensfehlerlehre, der Grundsatz der Verhältnismäßigkeit und das Gebot gerechter Abwägung. In Ausdeutung der Bestimmungen des § 40 Abs. 1 VwVfG und des § 114 S. 1 VwGO hat sich eingebürgert, **Ermessensüberschreitung**, **Ermessensunterschreitung** und **Ermessensfehlgebrauch**) zu unterscheiden, wobei weitere, ebenfalls gebrauchte Begriffe wie der des Ermessensdefizits und der des Ermessensmissbrauchs zum Teil Unterfälle des genannten Dreiklangs, zum Teil Synonyme sein dürften.[16] Der *Verhältnismäßigkeitsgrundsatz* verlangt bekanntlich, dass staatliche Maßnahmen dem gesetzlichen Zweck förderlich (**„geeignet"**), **erforderlich** und **angemessen** sein müssen. Das vom Bundesverwaltungsgericht ursprünglich für das Bauleitplanungsrecht entwickelte, mittlerweile aber zum Standardrepertoire gerichtlicher Prüfmaßstäbe zählende *Gebot gerechter Abwägung* verlangt zunächst, dass überhaupt eine sachgerechte Abwägung stattfindet.[17] Andernfalls liegt ein **Abwägungsausfall** vor.[18] Zweitens sind alle nach Lage der Dinge in die Abwägung einzustellenden Belange zu beachten (**Abwägungsdefizit**).[19] Eine Verletzung des Abwägungsgebots kann auch darin liegen, dass die Bedeutung eines beachteten privaten Belangs verkannt wird (**Abwägungsfehlgewichtung**). Viertens muss der Ausgleich zwischen den von der Planung berührten öffentlichen und privaten Belangen in einer Weise vorgenommen werden, die zur objektiven Gewichtigkeit einzelner Belange nicht außer Verhältnis steht (andernfalls **Abwägungsdisproportionalität**).[20] Mittlerweile dürfte sich auch ein Gebot der **Alternativenprüfung** etabliert haben.[21]

Die aufgeführten Institute haben sich in der gerichtlichen Praxis trotz etlicher nicht gelöster dogmatischer Probleme zweifelsohne zu Recht etabliert, erlauben sie doch die sachgerechte Bewältigung einer Vielzahl auftretender Fragen bei der Beurteilung staatlicher Maßnahmen. Allerdings muss als ungeklärt bezeichnet werden, in welchem Verhältnis Ermessensfehlerlehre, Verhältnismäßigkeitsgrundsatz und Abwägungsgebot zueinander stehen. Eine plausible, aber nur durch eine hier nicht vorzunehmende Analyse von Rechtsprechung und Literatur weiter zu erhärtende Vermutung geht dahin, dass es sich jedenfalls bei der Ermessensfehlerlehre einerseits und Verhältnismäßigkeitsgrundsatz (beziehungsweise Abwägungsgebot) an-

---

[16] Für Viele: BULL (2000: Rz. 409); MAURER (2000: 129 ff.).
[17] BVerwGE 34, S. 301 (309); E 48, 56; E 56, 110 (116 f.); Die Öffentliche Verwaltung (DÖV) 1980, 403.
[18] Die Benennung der vier verschiedenen Fehler geht, soweit ersichtlich, auf HOPPE (1970: 17) zuruck.
[19] BVerwGE 34, 301 (309).
[20] BVerwGE 34, 301 (309).
[21] BVerwG, NVwZ 1993, 572; E 101, 166; UPR 1998, 382; E 107, 142 (149 f.).

dererseits trotz materieller Teilidentität[22] um kumulativ notwendige Rechtmäßigkeitsvoraussetzungen handelt. Demgegenüber werden Verhältnismäßigkeitsgrundsatz und Abwägungsgebot von der Rechtsprechung nicht *kumulativ*, sondern *alternativ* in Anschlag gebracht, obwohl sich die beiden Rechtsfiguren zum Teil überschneiden. So entspricht die Erforderlichkeitsprüfung im Rahmen des Verhältnisgrundsatzes der Alternativenprüfung beim Abwägungsgebot. Auch die mit Hilfe der Verhältnismäßigkeit im engeren Sinn, der Angemessenheit, durchgeführte Überprüfung von Bewertungen dürfte ein „Parallelstück" in Gestalt der Abwägungsdisproportionalität besitzen.

Die Alternativität von Verhältnismäßigkeitsgrundsatz und Abwägungsgebot lässt sich vermutlich durch den unterschiedlichen Komplexitätsgrad der geprüften Verwaltungsentscheidungen erklären. Während beim Verhältnismäßigkeitsgrundsatz lediglich zwei konfligierende Interessen abgewogen werden müssen – das staatliche Interesse an der Maßnahme und die entgegenstehenden privaten Belange (*bikriterielle Abwägung*) -, adressiert das Abwägungsgebot Fälle, in denen eine große Zahl von Interessen zu optimieren ist (*multikriterielle Abwägung*). Insofern stellt die Verhältnismäßigkeitsprüfung ein gegenüber dem Abwägungsgebot einfacheres Prüfmuster für die weniger komplexen bikriteriellen Entscheidungssituationen bereit.

4.2.2. Wohlfahrtstheoretische Rekonstruktion

Welche Aufgaben erfüllen nun die eben dargestellten Rechtsfiguren aus Sicht der Wohlfahrtsökonomik? Ein für die Anleitung staatlicher Entscheidungsfindungsprozesse elaboriertes und auf rechtliche Anforderungen explizit bezogenes wohlfahrtstheoretisches Konzept ist bislang, soweit ersichtlich, nicht entwickelt worden. Nimmt man daher die Produktionstheorie zu Hilfe, so können die erforderlichen Schritte der Entscheidungsfindung in drei Sektionen aufgeteilt werden: Ermittlung der **Ressourcenausstattung, Produktionsfunktion, Bewertung**. Mit dem ersten Schritt, der Analyse der Ressourcenausstattung, werden die verfügbaren Handlungsoptionen vollständig ermittelt, danach ihre jeweiligen Folgen prognostiziert (Produktionsfunktion) und schließlich die verschiedenen Folgen anhand eines Bewertungsmusters miteinander verglichen, um diejenige Lösung herauszufiltern, die der gesellschaftlichen Wohlfahrt am förderlichsten ist (Bewertung). Diese Schritte lassen sich weitgehend in der vorstehend skizzierten juristischen Dogmatik der Ermessensentscheidung wiederfinden.

Allerdings findet die an erster Stelle genannte Forderung nach vollständiger *Ermittlung der Ressourcenausstattung* keine wirkliche Entsprechung im Recht, da im gerichtlichen Kontext nicht die Auswahl unter verschiedenen Optionen im Vordergrund steht, sondern die Zulässigkeit einer bereits gewählten Alternative überprüft wird. Es lassen sich jedoch zwei Parallelen entdecken: Eine kann darin gesehen werden, dass auch das Recht einen gewissen Zug zur

[22] Abwagungsausfall und Ermessensnichtgebrauch entsprechen sich vollkommen (KÜHLING/HERRMANN (2000: Rz. 320)).

Vollständigkeit hat, der sich allerdings mit der Rechtsfigur des Abwägungsdefizits auf die der Entscheidung zugrundelegten Kriterien (Belange, Interessen, Zwecke) und nicht auf die Vollständigkeit der Handlungsoptionen bezieht. Zweitens und in seiner Parallelität noch deutlicher besteht mit der Erforderlichkeitsprüfung die rechtliche Anforderung eines Alternativenvergleichs. Das setzt aber die (vollständige) Ermittlung der Alternativen voraus. In diesem Sinne schließt der juristische Prüfkanon die vollständige Ermittlung der Handlungsoptionen ein.

Will man die Erforderlichkeitsprüfung der genannten planungstheoretischen Systematik zuordnen, so kommt dafür aber eher die Stufe der Produktionsfunktion in Betracht, da es um den Vergleich der Folgen verschiedener Optionen geht und nicht bloß um die Ermittlung des Bestehens von Optionen. Der Vergleich erfolgt anhand der Frage, ob es eine Maßnahme gibt, die mindestens genauso wirksam wie die gewählte ist, das Rechtsschutz suchende Individuum jedoch weniger belasten würde. Das entspricht genau dem Pareto-Kriterium, mit dem man allerdings auch spiegelbildlich fragen müsste, ob es eine Maßnahme gibt, die das klagende Individuum gleich stark belasten würde, dafür aber größere Wirksamkeit besäße.[23] Im Kontext der gerichtlichen Überprüfung einer staatlichen Maßnahme wäre dem Kläger mit einer Aufhebung der angegriffenen Maßnahme wegen des Bestehens einer ihn ebenso belastenden Alternative aber nicht geholfen. Daher ist die Beschränkung des Pareto-Kriteriums im Rahmen der juristischen Erforderlichkeitsprüfung in sich stimmig.

Bestehen mehrere pareto-optimale Lösungen, so muss weiter entschieden werden, welche der Lösungen die beste ist. Das geschieht anhand einer Wohlfahrtsfunktion. Diese muss zunächst durch den Entscheidungsträger, also Verwaltungsbehörde oder Gesetzgeber, entwickelt werden. Erstens verlangt dies die Bestimmung derjenigen Belange, die in der Abwägung berücksichtigt werden sollen. Da die Auswahl der abwägungsrelevanten Kriterien schon für die Selektion der ernstlich zu betrachtenden Handlungsoptionen und ihrer Folgen von Bedeutung ist, darf der oben dargelegte Dreiklang „Ressourcenausstattung, Produktionsfunktion und Bewertung“ nicht als strenge Chronologie verstanden werden. Er stellt vielmehr eine Systematik rationaler Entscheidungsfindung dar.

Zweitens ist das Gewicht der als relevant bestimmten Belange zu ermitteln. Drittens ist zu entscheiden, mit welchem Gewicht *zukünftige* Nutzen und Kosten in die Abwägung einfließen sollen (Diskontierungsproblematik),[24] und viertens sind die verschiedenen Interessen unter Beachtung ihres jeweiligen Gewichts zu aggregieren. Die zentrale Voraussetzung hierfür ist die Bildung eines einheitlichen Maßstabs, da qualitativ verschiedene Belange - etwa die Schaffung von Arbeitsplätzen und Umweltprobleme - miteinander verglichen werden müssen.

Schließlich ist die nach der eben geschilderten Methodik gebildete Wohlfahrtsfunktion auf die Menge der ermittelten Handlungsoptionen und ihrer prognostizierten Folgen anzuwenden. Aus der (gerichtlichen) Kontrollperspektive ist diese Anwendung des Bewertungsmaßstabs intersubjektiver Betrachtung zugänglich mit der Folge, dass insoweit eine uneingeschränkte

---

[23] BIZER (1999: 6 f.).

[24] Dazu instruktiv und umfassend neuerdings PORTNEY/WEYANT (1999, Hrsg.).

Prüfung stattfinden kann. Das gilt dagegen nicht für die Bildung des Bewertungsmaßstabs, der Wohlfahrtsfunktion, da Bewertungen als solche nur in Grenzen rational begründet werden können. Über Geschmack lässt sich bekanntlich streiten. Es ist allerdings darauf hinzuweisen, dass die Rechtsprechung in Deutschland seit Jahrzehnten die Auffassung vertritt, dass die Freiheit der Verwaltung in Bewertungsfragen zwar weit, aber nicht grenzenlos ist, wenn sie - wie bei der Verhältnismäßigkeit im engeren Sinn und der Abwägungsdisproportionalität - extreme Bewertungen als rechtlich nicht zulässig verwirft.

5. Die KNA als Instrument zur Aggregation der Belange im rechtlichen Kontext

Will man die juristischen Bemühungen um die „richtige" Anwendung der Verfassung und des einfachen Gesetzes auf einen Nenner bringen, so ließe sich das Ziel rechtlicher Regelungen damit angeben, dass durch sie Entscheidungen herbeigeführt werden sollen, die für die Gesellschaft mehr Vorteile (Nutzen) als Nachteile (Kosten) mit sich bringen. Ob das auf eine bestimmte Maßnahmen zutrifft, ist manchmal leichter, manchmal schwerer herauszufinden. Mit der im Recht üblichen rein verbalen Darstellung des Gewichts von Belangen dürfte eine nachvollziehbare Abwägung nur in einfacheren Fällen möglich sein. Geht es hingegen darum, den Nutzen eines Projektes etwa in Form der Chance auf die Schaffung von Arbeitsplätzen seinen Kosten gegenüberzustellen, die vielfältigster Gestalt sein können - man denke nur an Lärmimmissionen, Luftschadstoffe, Eingriffe in den Naturhaushalt oder den Hochwasserschutz -, so ist die transparente Beantwortung der Frage nach dem Überwiegen der gesellschaftlichen Vorteile des Projekts wohl nicht allein durch eine sprachliche Darstellung zu bewältigen. Zwar lässt sich, um im Beispiel zu bleiben, sagen, dass es um erhebliche Schutzgüter gehe und die Schaffung der Arbeitsplätze ein gewichtiger Belang sei, doch ist die notwendige Aggregation der verschiedenen Belange unter Beachtung der jeweiligen Eintrittswahrscheinlichkeiten auf verbalem Weg nur schwer abzubilden. Verwaltungsakte und Gerichtsentscheidungen lesen sich jedenfalls an den entsprechenden Stellen häufig nichtssagend.

Die Ökonomik behilft sich hier dagegen unter anderem mit der Kosten-Nutzen-Analyse (KNA), also einer Monetarisierung der berührten Belange.[25] Sie ermöglicht zweierlei: erstens den Vergleich qualitativ verschiedener Kosten und Nutzen durch Bildung eines einheitlichen Vergleichsmaßstabs, und zweitens die Überprüfung, ob die gebildete Wohlfahrtsfunktion vertretbar und ihre Anwendung auf die Schar der pareto-optimalen Lösungen konsistent erfolgt ist.

Die Kosten-Nutzen-Analyse vergleicht zwei Welten, den (zukünftigen) Status quo ohne die zu untersuchende Maßnahme und eine Welt, die mit dem Status quo bis auf die durch das zu

[25] Zur Einführung in das Konzept der KNA gut geeignet: DIVELY/ZERBE (1994). Weitere Darstellungen finden sich in: BOADWAY/BRUCE (1984) und DASGUPTA/PEARCE (1972).

analysierende Projekt verursachten Veränderungen identisch ist. Die KNA will nun die positiven und negativen Effekte der Veränderungen auf alle Betroffenen erfassen. Dazu muss die Vergleichbarkeit der verschiedenen Güteränderungen durch den Bezug auf eine Basiseinheit, eine Währung - den sogenannten *numéraire* - hergestellt werden.[26] Abstrakte Wertverhältnisse lassen sich in Geldeinheiten klar ausdrücken. Die Verwendung von Zahlen anstelle (oder zumindest Ergänzung) von Worten zur Artikulation von Bewertungen eröffnent zudem die Möglichkeit, intuitionsbedingte Fehler bei der Zuschreibung von Gewichtungen durch den Einsatz einer formalen (mathematischen) Darstellungsweise zu verringern. Daher bietet sich als *numéraire* eine Geldeinheit an, obwohl es prinzipiell gleichgültig ist, welche Basiseinheit gewählt wird, da es bei Bewertungen nur um die Verhältnisse der Güter zueinander geht.

Sind nicht marktgängige Güter - etwa menschliches Leben oder der Umweltschutz - betroffen, so stellt sich bei der Durchführung einer KNA die Schwierigkeit ein, einen zunächst nicht vorhandenen Geldwert für sie zu bestimmen. Die Ökonomik hat verschiedene Methoden entwickelt, die es ermöglichen, zumindest ungefähre Untergrenzen des Wertes solcher Güter anzugeben.[27] Die verbleibenden, zum Teil erheblichen Unsicherheiten dürften keine prinzipielle Limitationen für die Anwendung des Instruments darstellen, sondern lediglich verdeutlichen, auf welch unsicherem Boden Werturteile stehen. Es wäre allerdings ein Mißverständnis der entsprechenden ökonomischen Bemühungen, würde man sie als Versuch auffassen, bereits vorhandene, „objektive" Werte der berührten Belange mit wissenschaftlichen Mitteln zu entdecken.[28] Bereits seit MENGER (1871) hat die Ökonomik von objektiven Wertlehren Abstand genommen.[29] Vielmehr geht es im Kontext der Entscheidungsfindung staatlicher Organe darum, in nachvolllziehbarer Art und Weise (subjektive) Bewertungen vorzunehmen und zu präsentieren. Denn Bewertungen sind nicht zu vermeiden, soll eine Entscheidung getroffen werden. Kommt bei der Bewertung eine lexikographische Reihung der relevanten Belange nicht in Betracht, so ist der Verzicht auf eine Monetarisierung entweder - bei Durchführung einer KNA trotz der angesprochenen Monetarisierungsprobleme - gleichbedeutend mit der Zuweisung des Wertes „Null" zu einzelnen Gütern, was häufig nicht zutreffend sein dürfte, oder - wenn ganz von einer KNA abgesehen wird - mit dem Verzicht auf die in einer Offenlegung der Bewertung liegenden Chancen.

---

[26] ADLER/POSNER (1999: 178).

[27] Etwa die Methode hedonischer Preise (näheres bei *FREEMAN* (1995)) oder der Vermeidungskostenansatz, s. ENDRES et al. (1991) Der Nutzen des Umweltschutzes. Synthese der Ergebnisse des Forschungsschwerpunktprogrammes „Kosten der Umweltverschmutzung - Nutzen des Umweltschutzes", Berichte des Umweltbundesamtes 12/1991.

[28] Der Begriff der Kosten-Nutzen-*Analyse* ist insoweit etwas irreführend. Ein passenderer Ausdruck ist jedoch bislang nicht vorgeschlagen worden.

[29] MENGER (1871: 77 ff., 86).

6. Fazit

Wie widerstreitende Interessen bei staatlichen Entscheidungen zu optimieren sind, ist Gegenstand sowohl juristischer als auch ökonomischer Betrachtung. Während jedoch im Recht die gerichtliche Kontrollperspektive dominiert, geht es der normativen Ökonomik vor allem darum, die Bedingungen rationalen Entscheidens anhand des Wohlfahrtskriteriums aufzuzeigen. Die Ansätze entsprechen sich mit Blick auf zentrale inhaltliche Kriterien in beachtlichem Umfang. Das ist darauf zurückzuführen, dass sich beide bei der Bewertung staatlicher Entscheidungen an einer Saldierung von gesellschaftlichen Vorteilen und gesellschaftlichen Nachteilen orientieren, auch wenn dies rechtlich häufig anders ausgedrückt wird. Rechtliche Anforderungen lassen sich daher vielfach in ihrem funktionalen Kern durch eine wohlfahrtstheoretische Rekonstruktion besser verstehen. Die Sachgerechtigkeit vieler Rechtsfiguren tritt so klar zu Tage.

Demgegenüber werden aber auch die Defizite der juristischen Herangehensweise erkennbar. Durch die Konzentration auf die Beantwortung der Kompetenzfrage geht in der rechtlichen Diskussion vielfach die funktionelle Äquivalenz der Auslegung vager Begriffe und der Ermessensbetätigung unter, die schon vor Jahrzehnten durch Sprachanalyse aufgezeigt werden konnte. Das größte Manko der juristischen Herangehensweise dürfte allerdings in der Beschränkung auf eine verbale Darstellung liegen, mit der Bewertungen nicht transparent wiedergegeben werden können. Das ist schon mit Blick auf die Entscheidungsfindung hinderlich, hat jedoch auch die massive Erschwerung der gerichtlichen Kontrolle zur Folge. Trotz der mit einer Monetarisierung verbundenen Schwierigkeiten empfiehlt sich daher grundsätzlich die Verwendung einer formalen KNA.

Literatur

Adler, M.und E. Posner (1999), Rethinking Cost-Benefit Analysis, The Yale Law Journal 109: 165 – 178.

Bizer, Kilian (1999), Die Ökonomik der Verhältnismäßigkeitsprüfung, Sofia-Diskussionsbeiträge zur Institionenanalyse Nr. 99-1, Darmstadt.

Boadway, R.W. und N. Bruce (1984), Welfare Economics, Oxford u.a.

Bull, H.-P. (2000), Allgemeines Verwaltungsrecht, 6. Aufl., Heidelberg.

Dasgupta A. K. und D.W. Pearce (1972), Cost-Benefit Analysis, London.

Dively, D.D. und R.O. Zerbe (1994), Benefit Cost Analysis in Theory and Practice, New York.

Endres, A., J. Jarre, P. Klemmer und K. Zimmermann (1991), Der Nutzen des Umweltschutzes. Synthese der Ergebnisse des Forschungsschwerpunktprogrammes „Kosten der Umweltverschmutzung, Berichte des Umweltbundesamtes 12/1991, Berlin.

Freeman, M. (1995), Hedonic Pricing Methods. In: Bromley, D. (Hrsg.), The Handbook of Enviromental Economics, Cambridge: 672-703

Heß. K.-M. (2000), § 35. In: Friauf, K. H. (Hrsg.), Kommentar zur Gewerbeordnung, Stand Mai 2000, Neuwied.

Hoppe, W. (1970), Die Schranken der planerischen Gestaltungsfreiheit, BauR 1970: 15-18

Jellinek, W. (1913), Gesetz, Gesetzesanwendung und Zweckmäßigkeitserwägung, 1.Aufl., Tübingen.

Koch, H.-J. (1979), Unbestimmte Rechtsbegriffe und Ermessensermächtigungen im Verwaltungsrecht, Frankfurt am Main.

Koch, H.-J. (1996), Die normtheoretische Basis der Abwägung. In: Erbguth, W. (Hrsg.), Abwägung im Recht, 1. Aufl., Köln.

Koch, H.-J. und H. Rüßmann (1982), Juristische Begründungslehre, München.

Körner, S. (1970), Erfahrung und Theorie, Frankfurt am Main (engl. Original 1966).

Krüger, H. (1999). in: Sachs, M.(Hrsg.) GG – Kommentar, 2.Aufl., München.

Kühling, J., und N. Herrmann (2000), Fachplanungsrecht, 2.Aufl., Düsseldorf.

Marcks, P. (2000). § 35. In: Landmann, R.v. und G. Rohmer (Hrsg.), GewO, Stand Februar 2000, München.

Maurer, H., (2000), Allgemeines Verwaltungsrecht, 13. Aufl., München.

Menger, C. (1871), Grundsätze der Volkswirtschaftslehre, Wien.

Mishan, E. J. (1976), Cost-benefit analysis, New York.

Portney, P.R. und J.P. Weyant (1999), Discounting intergenerational Equity, Washington D.C.

Rubel, R. (1982), Planungsermessen. Norm und Begründungsstruktur, Frankfurt am Main.

Schaeffer, K. (1982), Der Begriff der Unzuverlässigkeit in § 35 Abs. 1 GewO, Wirtschaft und Verwaltung 1982, 100-116.

Schild, W. (1995), Bilder von Recht und Gerechtigkeit, Köln.

Soell, H. (1973), Das Ermessen der Eingriffsverwaltung, Heidelberg.

Überlegungen zur Rationalität institutionenökonomischer Modelle

Matthias Meyer

„Was die Mathematik allein bewirkt, ist ein *genaues Denken*, auch über „ungenaue Dinge"; und dies ist allerdings sehr viel. Teilweise ist es in unserem Fach Mode, in Anbetracht der großen Kompliziertheit des Gegenstandes mit großem Schwung über die Schwierigkeiten hinwegzugleiten und aus der Fülle anschaulicher oder auch unanschaulicher Phantasie umfangreiche Gedankengebilde zu formen. Dies wird allerdings durch die Anwendung der Mathematik vollständig unmöglich gemacht. Die Mathematik zwingt vielmehr das Denken zur unerbittlichen Selbstdisziplin. Mit dieser Selbstdisziplin aber steht und fällt die volkswirtschaftliche Theorie." (H. v. STACKELBERG 1943/1951: XI)

1. Einleitung

Vor etwa zwei Jahren auf einer Tagung zu dem Thema „Globalisierung und Rechtsordnung" hat sich ein bemerkenswerter Vorfall zugetragen. Im Rahmen der Veranstaltung, auf der einige der namhaftesten Institutionenökonomen aus dem deutschsprachigen Raum vertreten waren, referierte Tanja Rippberger über die Rolle von Vertrauen im Kontext internationaler Transaktionen.[1] Aufmerksamkeit verdient vor allem die Reaktion der beiden Korreferenten: Unisono – und das bedeutet ja bekanntlich in der Wissenschaft einiges – gestehen beide in ihren Kommentaren Tanja Rippberger zwar zu, einen äußerst aufschlussreichen Beitrag geliefert zu haben, beklagen jedoch zugleich, dass ihre Argumentation *nicht die Form eines formalen Modells* besitzt. Anschließend entwickelten beide Korreferenten jeweils ihre formale Rekonstruktion des Sachverhaltes.

Dieser Vorfall war sicherlich kein Zufall. Während die geistigen Väter der Institutionenökonomik, wie etwa die Vertreter der österreichischen Schule oder die amerikanischen Institutionalisten, noch weitgehend verbal argumentierten, hat der Grad an Formalisierung in den letzten Jahren erheblich zugenommen. Bevorzugt wird vor allem das Instrumentarium der Spieltheorie. Auch der „Begründer" der Transaktionskostenökonomik, Oliver E. Williamson, wird nicht müde darauf hinzuweisen, welchen großen Fortschritt er in der spieltheoretischen Darstellung seiner Gedanken durch GROSSMAN/HART (1986) und HART/MOORE (1990) sieht. Das erste Papier bezeichnet er sogar als „pathbreaking paper"(vgl. 1993: 107).

[1] Vgl. dazu RIPPBERGER (1999: 257ff.) und die darauffolgenden Korreferate.

Diese Euphorie wird jedoch nicht von allen Ökonomen geteilt. Andere, denen es an dieser Begeisterung für formale Methoden mangelt, werfen angesichts dieser jüngeren Entwicklung die durchaus berechtigt erscheinende Frage auf, ob die Institutionenökonomik nun ebenfalls den „Pfad der Tugend" verlassen hat und werfen ihr vor, nun ebenfalls dem Formalisierungswahn der Neoklassik erlegen zu sein. Schnell ist man wieder an Schlagwörter aus früheren Diskussionen erinnert. In der Vergangenheit wurde eine übertriebene Formalisierung in der Ökonomik, damit meine ich insbesondere Formalisierung als „Selbstzweck", gebrandmarkt mit Begriffen wie „Modellplatonismus" (ALBERT 1963/1971) oder „black board economics" (COASE 1988).[2]

Vielleicht ist es aber auch einmal an der Zeit, den entgegengesetzten Weg einzuschlagen und zu versuchen, der geschilderten Entwicklung einen Sinn abzugewinnen.[3] Dieser Weg soll im Folgenden beschritten werden. Ich werde versuchen, die möglicherweise in diesem Vorgehen steckende immanente Rationalität herauszuarbeiten. Dabei werde ich mich hauptsächlich auf die Frage konzentrieren, *welchen spezifischen Beitrag zum Erkenntnisfortschritt spieltheoretische Modelle bezüglich der Gestaltung von Institutionen leisten können*. Meine These wird lauten, dass spieltheoretische Modelle eine höchst kompakte Heuristik für die Analyse sozialer Probleme bereitstellen (können). Es kommt aber wesentlich darauf an, auf welche Weise man vom formalen, mathematischen Instrumentarium, das die Spieltheorie zur Verfügung stellt, Gebrauch macht.

Die weiteren Überlegungen sind wie folgt gegliedert: Zunächst wird der Gedanke des Problembezugs von Theorien und Modellen entwickelt. Auf dieser Grundlage wird es möglich, einige weit verbreitete Missverständnisse, z.B. bezüglich des „empirischen Gehalts" bestimmter ökonomischer Modelle, zu klären. Daran anschließend wird unter Rückgriff auf die methodologischen Überlegungen Friedrich August von Hayeks die Problemstellung und die Problembearbeitungsstrategie der Ökonomik herausgearbeitet.[4] Behandelt werden hierbei die hinsichtlich der Problemstellung konstitutiven Annahmen der Ökonomik und die spezifischen Bedingungen, unter denen diese abgearbeitet werden muss. Diese Überlegungen sollen dann abschließend für eine Interpretation des formalen Instrumentariums der Spieltheorie fruchtbar gemacht werden. Am Ende steht eine Zusammenfassung der wichtigsten Ergebnisse.

2. Der Zweck institutionenökonomischer Modelle

Zunächst einige allgemeine Bemerkungen zum Forschungsprogramm der Institutionenökonomik. Entwickelt hat sich das Programm vor allem im Rahmen einer kritischen Auseinan-

[2] An anderer Stelle kommentiert ebenfalls COASE: „In my youth it was said that what was too silly to be said may be sung. In modern economics it may be put into mathematics" (1988: 185).

[3] Vgl. dazu auch: „It does appear that economists have acquired the most sophisticated understanding of how models can, and cannot, be deployed in the social sciences: it also appears that they have kept that understanding firmly for themselves" (KAY 1991: 62).

[4] Der zunächst vielleicht etwas überraschende Rekurs auf Hayek erfolgt, da dieser über eine ungewöhnliche Sensibilität gerade im Hinblick auf diese hier interessierenden Grundlagenfragen verfügt.

dersetzung mit der Neoklassik. Der Hauptvorwurf gegen diese lautet, dass sie in einem „institutionellen Vakuum" operiere (vgl. OLSON 1991: 2). Prominente Vertreter der Neuen Institutionenökonomik hingegen, wie etwa der Wirtschaftshistoriker Douglas C. North, verweisen auf die Bedeutung des Institutionensystems als zentrale Determinante für die wirtschaftliche Entwicklung und Wirtschaftsleistung eines Landes. Dementsprechend sind sie darum bemüht, Institutionen in das Zentrum der ökonomischen Analyse zu rücken. Mit diesem Problemaufriss sehen sie sich in der Tradition der klassischen politischen Ökonomie. Deren Vertreter – von Adam Smith bis John Stuart Mill – beschränkten ihre Analysen ebenfalls nicht ausschließlich auf das Marktgeschehen; sie betrieben schon damals so etwas wie eine „umfassende Ökonomie" (OLSON 1991), eine Gesellschaftstheorie mit ökonomischer Methode.

Rückt man im Anschluss an diese weit zurückreichende Tradition wieder Institutionen ins Blickfeld der ökonomischen Analyse – eine wichtige und höchst funktionale wird unter diesen immer der Markt bleiben –, lassen sich innerhalb dieses Forschungsprogramms *drei* genuine Fragen stellen:[5] (1) Zunächst einmal kann man versuchen die historische Genese, die Entstehungsgeschichte einer Institution zu ermitteln. (2) Hiervon scharf zu trennen ist die Bestimmung der aktuellen Funktion dieses Regelsystems für die Gemeinschaft innerhalb der es etabliert wurde und zur Anwendung gelangt. Neben diesen zwei grundlegenden Fragestellungen einer positiven Analyse von Institutionen lässt sich ergänzend (3) aus einer normativen Perspektive die Frage formulieren, wie dieses System von Regeln beschaffen sein *sollte*. Meine weiteren Ausführungen werden sich vor allem auf diesen letzten Aspekt, der Frage nach der geeigneten Ausgestaltung des Institutionensystems in einer Gesellschaft beziehen. In diesen Zusammenhang würde ich auch die Frage nach der Legitimation von Institutionen einordnen (vgl. HOMANN 1998).

Dieser normative Aspekt des Programms ist ebenfalls kompatibel mit dem Ansinnen der Klassiker. Für Adam Smith zum Beispiel ist der „Wohlstand der Nationen" nicht das Resultat des „Wohlwollens" der Intentionen eines oder einzelner Akteure, sondern eine *Systemleistung*. Dementsprechend konzentrieren sich seine Analysen auf die Funktionalität und die Leistungsfähigkeit unterschiedlicher Regelsysteme. Dabei versuchte er jeweils in erster Linie herauszuarbeiten, welche Konsequenzen aufgrund der jeweiligen zur Disposition stehenden, alternativen Regelsysteme zu erwarten sind.

Für eine derartige Analyse ist es notwendig, dass man über eine Theorie hinsichtlich der zu erwartenden Konsequenzen der verschiedenen Regelarrangements verfügt. Dies erfolgt in der Institutionenökonomik zumeist noch unter Rückgriff auf die traditionelle ökonomische Methode, d.h. insbesondere unter der Verwendung der Annahme nutzenmaximierenden Verhaltens.[6] Zum Einsatz gelangt damit ein *Schema*, das – auf der Basis faktischer oder zu erwarten-

[5] Diese Unterscheidung ist selbstverständlich weitgehend analytischer Natur und wird in der tatsächlichen Forschungspraxis nicht so sauber durchgehalten.

[6] „Die neoklassische Theorie hat die Wirtschaftswissenschaft zur vorherrschenden Sozialwissenschaft gemacht, indem sie ihr ein diszipliniertes, logisch-analytisches Skelett gegeben hat. Die neoklassische Theorie auf-

der Verhaltenstendenzen – versucht einen systematischen Zusammenhang zwischen den Handlungs*bedingungen* und den Handlungs*folgen* herzustellen (vgl. SUCHANEK 1994).[7] Im Unterschied zu den meisten Anwendungen der ökonomischen Theorie in den letzten 100 Jahren, in denen der Schwerpunkt auf die Analyse des Verhaltens *unter* einem gegebenen Regelsystem gelegt wurde, fokussiert die Neue Institutionenökonomik jedoch auf die Wahl *zwischen* verschiedenen institutionellen Arrangements. In den Worten J. M. BUCHANANS formuliert, geht es einmal um „choice within constraints" und das andere mal um „choice of constraints" (1988: 385).

Einen zentralen Bestandteil dieser Situationsanalyse bilden ökonomische Modelle. Diese sind jedoch, wie eingangs erwähnt, in der Vergangenheit häufig wegen ihrer mangelnden „Realitätsnähe" unter Beschuss geraten. Unter den denkbaren Repliken[8] auf diesen Vorwurf, erfreut sich insbesondere der Vergleich von Modellen mit einer Landkarte großer Beliebtheit. Das Argument läuft zumeist folgendermaßen (vgl. z.B. HOLCOMBE 1989: 11f): Niemand wird von einer Landkarte erwarten, dass sie alles detailgetreu abbildet, wie z.B. einzelne Straßenbäume, Brücken oder die Höhenunterschiede auf der Strecke. Mit dem Verhältnis von Modellen und der Realität ist es ähnlich. Beide „leben" gewissermaßen von Abstraktionen, von notwendigen Abblendungen.

Wichtig ist es nun – damit das Argument nicht unterkomplex wird – zu berücksichtigen, dass Modelle für unterschiedliche Zwecke verwendet werden können oder, um es mit den Worten von WOLF-RÜDIGER BRETZKE zu formulieren, sind sie „stets Modelle *von etwas* (einem Original) und Modelle *für etwas* (einen Zweck)." (1980, VII, Vorwort). Der Vorwurf mangelnder „Realitätsnähe" lässt sich dementsprechend nur angemessen *mit Bezug auf den jeweiligen Zweck*, auf die jeweilige Problemstellung des kritisierten Modells anbringen. Die beabsichtigte Verwendung einer Autokarte ist eine andere als die einer geologischen Kartografierung, und eben deshalb unterscheiden sie sich wesentlich – selbst wenn sie sich auf dasselbe Territorium beziehen.

Modelle lassen sich auffassen als „instruments of thought" (KEYNES, 1938/1994: 287), als „Denkzeuge", die jeweils im Hinblick auf einen bestimmten Zweck entwickelt und verwendet werden. Eng verbunden mit der jeweiligen Problemstellung eines ökonomischen Modells ist der Begriff der *Heuristik*. Ganz allgemein kann man darunter eine Suchanweisung verstehen, die uns sagt, worauf in der jeweiligen Situation zu achten ist. Da unterschiedliche Modelle jeweils unterschiedliche Zwecke erfüllen (können), kann dementsprechend auch ihre jeweilige Heuristik variieren; sie sollten auf die jeweilige Fragestellung zugeschnitten sein. Ganz analog, wie die mit unterschiedlichen Verwendungsabsichten entwickelten Karten die Aufmerk-

zugeben hieße, Wirtschaftswissenschaften als Wissenschaft aufzugeben" (NORTH, 1978: 974, zit. n. der Übers. WITTMANN 1989: 90).

[7] Der Fokus der ökonomischen Betrachtung liegt auf der Analyse der Situation, genau hierauf ist das Konstrukt des homo oeconomicus zugeschnitten. Deshalb hat der Wissenschaftstheoretiker SPIRO LATSIS das Forschungsprogramm auch - meiner Ansicht nach sehr treffend - als „situational analysis" bezeichnet (1973).

[8] In diesem Zusammenhang wird auch gerne auf FRIEDMAN (1953) verwiesen, der nicht in der „realisticness" sondern in der Qualität der Prognosen das Hauptkriterium für die Güte einer Theorie sieht.

samkeit einmal auf eine Abzweigung und das andere Mal auf eine geologische Verwerfung lenken.

Diesen für das Verständnis von ökonomischen Modellen grundlegenden Gedanken, der aber meines Erachtens bei deren Diskussion leider häufig völlig vergessen wird, möchte ich anhand der Allgemeinen Gleichgewichtstheorie illustrieren: Diese wurde in der Vergangenheit regelmäßig wegen seiner „empirischen Gehaltlosigkeit" kritisiert. Legt man jedoch den hier entwickelten Gedanken der Heuristik eines Modells zugrunde, sieht man, dass der Vorwurf *in dieser Form* nicht haltbar ist.

Das empirische Phänomen auf das sich die Modelle der Allgemeinen Gleichgewichtstheorie beziehen, sind preisbildende Märkte. Dieses wird jedoch aus dem Blickwinkel einer spezifischen Fragestellung analysiert. Es geht darum, ob und wie es möglich ist, dass es auf diesen Märkten, obwohl die Akteure dezentral handelnd ihre persönlichen Ziele verfolgen, zu einer Art „Abstimmung" des Verhaltens kommen kann, die zudem noch häufig bestimmte unerwartet wünschenswerte Eigenschaften aufweist.[9] Die Problemstellung dieses Modells ist zunächst rein *konzeptioneller* Natur.[10] Es behandelt lediglich die Frage, ob Eigeninteresse und Gemeinwohl überhaupt miteinander kompatibel sein können. Darüber hinaus kann das Modell noch seine *heuristische Funktion* entfalten, indem zum einen auf die mögliche Existenz und die Wirkungsweise eines derartigen Koordinationsmechanismus auf Märkten aufmerksam gemacht wird und zum anderen, dass sich mittels der verschiedenen Modelle auf theoretischem Wege ebenfalls die Bedingungen[11] bestimmen lassen, unter denen die erwünschten Resultate auftreten. Zusätzlich, in einer weiteren Art Gedankenexperiment lässt sich noch die Robustheit dieser wünschenswerten Ergebnisse über eine Variation in den Bedingungen testen. Es darf jedoch nicht vergessen werden, dass dieses Vorgehen für sich alleine noch sehr wenig über die Geschehnisse auf Märkten und damit die „Realität" aussagt. Das Modell bietet eine Heuristik, es hat explorativen Charakter, ist aber nicht mit der „Realität" zu verwechseln.

Das Beispiel zeigt m.E. sehr schön, dass Modellen nicht nur ein Original, ein empirisches Korrelat, sondern ebenfalls ein spezifischer Zweck zugrunde liegt, auf den die Heuristik zugeschnitten sein sollte. Zentrale Voraussetzung dafür, dass Modelle ihren Zweck erfüllen können, ist, dass sie ebenfalls ihre Heuristik entfalten können – und dies kann manchmal nur auf Kosten der „Abbildungstreue", der „Realitätsnähe" geschehen. Eine methodologische Reflexion, die die zentrale Funktion der Heuristik übersieht und zudem noch einseitig den Aspekt der Abbildung im Rahmen der Modellbildung hervorhebt, erscheint mir als höchst problema-

[9] „[T]he organizing feature is the question ,how is it possible for a decentralized, individualistic system, operated on principles of self-interest, to produce coherent or coordinated outcomes?" (WEINTRAUB 1979: 74).

[10] In ihrer Struktur ähnliche Fragestellungen lassen sich vor allem in der Philosophie wiederfinden. Z.B. die Frage, ob das Konzept der Kausalität und die Vorstellung eines freien Willens miteinander vereinbar sind (vgl. dazu Kants dritte Antinomie). Da der Ursprung der obigen Fragestellung im Text vor allem dem „Enlightenment", der schottischen Aufklärung zuzuordnen ist, dürfte dieser Umstand nicht weiter überraschen.

[11] Zu den „Bedingungen" rechne ich an dieser Stelle auch die Eigenschaften der Akteure, die bei diesen Analysen häufig im Zentrum stehen.

tisch, da sie den zentralen Aspekt (ökonomischer) Modelle vernachlässigt, nämlich deren *heuristische Funktion.*

Hiermit wäre die generelle Problemstellung und der Zweck institutionenökonomischer Modelle abgesteckt. Im Folgenden ist die Frage zu klären, welche *Erwartungen* realistischer Weise an institutionenökonomische Modelle gestellt werden können. Ökonomen arbeiten unter *anderen* – nicht unbedingt schwierigeren – Bedingungen als viele Naturwissenschaftler. Bekannt sein dürften die Schwierigkeiten mit Experimenten. Als weitere Hemmnisse werden häufig die „Komplexität" der Erfahrungsobjekte und die „Intentionalität" der Akteure angeführt (vgl. SUCHANEK 1994). Umgekehrt aber ließe sich ebenfalls argumentieren, dass der Sozialwissenschaftler in vielerlei Hinsicht über einen nicht unerheblichen Wissensvorsprung verfügt. Zum einen handelt es sich dabei um die regelmäßige und unmittelbare Erfahrung mit den sozialen Phänomenen selbst, zum anderen um das Wissen, das man aus der Introspektion, der „Innenschau" gewinnen kann.

3. Problemstellung, Methode und Grenzen der Ökonomik nach F. A. von Hayek

Als Referenzpunkt für die folgenden Überlegungen, in denen die Erwartungen an institutionenökonomische Modelle sowohl in inhaltlicher Hinsicht als auch in bezug auf ihre Reichweite spezifiziert werden sollen, werden die methodischen Reflexionen F. A. von Hayeks herangezogen. Dieser hat sich in einer Reihe von Aufsätzen mit dieser Thematik auseinandergesetzt, die auch heute noch über eine beachtenswerte Aktualität verfügen. Aus heutiger Sicht bemerkenswert erscheint insbesondere, welche geistige Unabhängigkeit er in dieser Blütezeit des logischen Empirismus an den Tag legte. Obwohl er in seiner Jugend noch gewisse Sympathien für diese Bewegung hegte, distanzierte er sich zu dieser Zeit in seinen methodologischen Überlegungen von deren Positionen, die er als schädlich für die Ökonomik ansah: Hierzu zählte er insbesondere die privilegierte Position der Sinneserfahrung als einzig legitime Quelle von Erkenntnis und der Stellung der Physik als „Musterwissenschaft". Stattdessen wurde er nicht müde darauf hinzuweisen, dass die Ökonomik sich in der Wahl ihrer Methoden an der ihr zugrunde gelegten Problemstellung und den spezifischen Bedingungen, unter denen diese abgearbeitet werden muss, zu orientieren hat (vgl. HAYEK 1952/1979: 19ff.).

Hinsichtlich des ersten Punktes, der generellen Problemstellung, teilt er dezidiert den bereits skizzierten Problemaufriss der Klassiker und damit auch der Neuen Institutionenökonomik: Aufgabe der Ökonomik ist es, die „unintended or undesigned results of the actions of many men" (HAYEK 1952/1979: 41) zu erklären. Innerhalb dieser „Erklärungsaufgabe" misst Hayek dem Gesichtspunkt der Aufklärung und der *Bereitstellung von Orientierungswissen* besondere Bedeutung bei. Den Hintergrund dieser zunächst ungewöhnlichen Aufgabenbestimmung bildet die Überlegung, dass sich die Menschen in der Vergangenheit nicht nur über die Natur – wie z.B. die Tatsache, dass bestimmte Naturerscheinungen dem Wirken einzelner Götter zugerechnet wurden –, sondern auch über soziale Phänomene unterschiedliche „popular theories", lebensweltliche Theorien „zurechtgezimmert" haben. Im Hinblick auf soziale Phänomene meint er damit insbesondere *handlungstheoretische Konzeptualisierungen*. Darunter zu subsumieren wäre z.B. die Idee, dass man über Eingriffe in den Marktprozess bestimmte Ergebnisse gezielt herbeiführen könnte. Ein anderes Beispiel wäre die Rede von Zielen auf kollektiver Ebene, z. B. der Gesellschaft. Ganz analog zu den Leistungen, die die Naturwissenschaften bereits im Bereich der natürlichen Phänomene für unser Weltbild erbracht haben, sieht er die zentrale Aufgabe der Sozialwissenschaften darin derartige lebensweltlich geprägte Vorstellungen konzeptionell geleitet zu revidieren und ständig zu verbessern.[12]

Dies geschieht aus einem ganz besonderen Grund. Diese „Sozialtheorien" erweisen sich nämlich von nicht zu unterschätzender Bedeutung bei Versuchen gesellschaftliche Resultate, und dies sind für Hayek die aus den Handlungen der Akteure emergierenden Ordnungen, zu gestalten. Unzweckmäßig geformte Vorstellungen – und für Hayek bilden diese die *Regel*, nicht die Ausnahme! –, erweisen sich hierbei häufig als in höchstem Maße kontraproduktiv, vor allem da sie den komplexen Bedingungen der Möglichkeit derartiger „spontaner Ordnungen" selten angemessen Rechnung tragen. Deshalb zählt es für Hayek zu den vornehmsten Aufgaben eines Ökonomen, derartige „Utopien" einer kritischen Analyse zu unterziehen und auf ihre Probleme hinzuweisen. In dieser Hinsicht ist die Ökonomik eine „dismal science", da sie immer wieder auf die Grenzen des Machbaren hinweist (vgl. HAYEK 1933/1991). In einem weiteren Schritt sind diese unterkomplexen und unangemessenen Vorstellungen durch adäquatere zu ersetzen – oder in der zuvor verwendeten Sprache: durch Konzeptualisierungen die über eine produktivere Heuristik verfügen.

Hayek selbst hatte eine sehr gefestigte und elaborierte Vorstellung davon, wie diese Revision der „popular theories" erfolgen sollte. Eine herausragende Stellung nehmen hierbei zwei Forschungsanweisungen ein: (1) ein methodologischer Individualismus und (2) ein methodologischer Subjektivismus. Wie im weiteren zu zeigen sein wird, ist die Verfahrensweise hierbei bereits *vom Ansatz* her auf die oben skizzierte Problemstellung und die spezifischen Bedingungen unter denen diese bearbeitet werden muss zugeschnitten. Darüber hinaus ist für die Bestimmung der Grenzen dieses Vorgehens, des „Erwartbaren" bei Hayek ein dritter Faktor von systematischer Bedeutung: (3) die Komplexität des Erfahrungsgegenstandes.

Ad (1): Mit der Vorgabe eines methodologischen Individualismus trifft Hayek keine ‚ontologische' Aussage, wie etwa, dass sich alle sozialen Erscheinungen auf das Handeln von Individuen reduzieren lassen.[13] Vielmehr handelt es sich dabei um eine von ihm ausgegebene

[12] In der Revision alltagsweltlicher Vorstellungen sieht er eine wichtige Gemeinsamkeit mit den Naturwissenschaften: „the social sciences no less than the natural sciences aim at revising the popular concepts which men have formed about objects of their study, and at replacing them by more *appropriate* ones" (1952/1979: 62, M.M.). In diesem Bereich liegt für ihn der „room for any scientific work" (ebd.). Diese Wissenschaftsauffassung weist interessante Parallelen zum Philosophieverständnis des späten Wittgenstein auf.

[13] Vgl. dazu eine Diskussion der häufigsten Missverständnisse bei CUBEDDU (1993: 104f., Fn. 60). Insbesondere weist er nach, wie eine bestimmte Übersetzung der Schriften Mengers zu der irrigen, aber weit verbreiteten Auffassung in der Literatur führte, dass es sich dabei um eine ontologische Aussage handelt. Stattdessen

Forschungsanweisung, deren Aufgabe hauptsächlich darin liegt, den Sozialwissenschaftler vor gewissen Irrtümern zu bewahren – vor allem: „to treat wholes like society or the economy (...) as definitely given objects about which we can discover laws by observing their behavior as wholes" (ebd.: 93).

Diese von Hayek als Kollektivismus[14] bezeichnete Herangehensweise an soziale Phänomene beruht auf der falschen Vorstellung, dass es sich bei Kollektiven um ein tatsächlich gegebenes Objekt, gewissermaßen um ein *factum brutum* handelt. Dieser Irrtum resultiert aus dem verständlichen – und auf gewisse Weise auch sympathisch pragmatischen – ersten Instinkt vieler Sozialwissenschaftler, einfach in die Welt hinauszugehen und zu schauen, „was es alles so gibt". Eine derartigen Vorgehensweise vergisst jedoch sehr leicht, wie viel „Theorie" bereits in derartigen sozialwissenschaftlichen Beobachtungen enthalten ist.[15] Für Hayek sind diese vermeintlichen sozialwissenschaftlichen Entitäten – wie z.B. der Staat oder der Markt – nichts anderes als erste, in einem Stadium vorwissenschaftlicher Spekulation gebildete Abstraktionen, sie sind Behelfstheorien des „popular mind". Diese angeblichen Entitäten, derer sich der Kollektivismus bedienen möchte, sind nichts anderes als äußerst vorläufige Konstruktionen, die sich in der Sprache in bestimmten Begriffen sedimentiert haben.

Hayek hält es aber genau für den falschen Weg, kritiklos auf diese Sedimente vorwissenschaftlicher Erfahrung zurückzugreifen, um dann in einem zweiten Schritt z.B. zu versuchen, unter der Verwendung statistischer Methoden, Regelmäßigkeiten zu entdecken, wie dies u.a. der Soziologe Emile Durkheim in seiner berühmten Untersuchung über den Selbstmord unternommen hat. Dies aus zwei Gründen: Zum einen sind die auf diesem Weg gebildeten Begriffe zumeist äußerst vage und unpräzise. Präzise und zweckmäßige Begriffsfassungen bilden jedoch eine wesentliche Voraussetzung für die Anschlussfähigkeit in der Wissenschaft und damit für einen nachhaltigen Erkenntnisfortschritt. Zum anderen würde auf diesem Wege gerade die in den Augen Hayeks zentrale Aufgabe der Sozialwissenschaften, die Revision alltagsweltlicher Vorstellungen, aus dem Blick geraten, wenn der Wissenschaftler die unter Umständen revisionsbedürftigen „Entitäten" kritiklos zum Ausgangspunkt seiner Analyse nimmt.

Die Aufgabe des Sozialwissenschaftlers ist es hingegen, „to constitute these wholes by constructing models from the familiar elements – *models which reproduce the structure of relationships* between some of the many phenomena which we always simultaneously observe in real life" (ebd.: 98, M.M.). Nur mittels dieses Synthetisierens, ausgehend vom bereits Bekannten, lassen sich zum einen häufig erst neue Zusammenhänge entdecken, die man sonst gar nicht in den Blick bekommen hätte, und zum zweiten ist es überhaupt möglich, Begrifflichkeiten und Vorstellungen zu revidieren, und auf diesem Wege diese sowohl adäquater als

hat der methodologische Individualismus lediglich den Status einer Forschungsanweisung, einer positiven Heuristik in der Terminologie Lakatos'.

[14] Zu den prominentesten Vertretern dieser Position ist sicherlich der Soziologe Emile Durkheim zu rechnen, auf den Hayek auch mehrfach indirekt unter der Verwendung von Beispielen hinweist, ohne ihn jedoch in diesem Zusammenhang namentlich zu erwähnen.

[15] Im Gegensatz zum stark positivistisch geprägten Denken seiner Zeit, war Hayek sich stets darüber im Klaren welchen starken Einfluss Sprache, Konzepte und Theorien auf unsere Wahrnehmung und Denken haben.

auch präziser zu fassen. In dieser Hinsicht ist ein methodologischer Individualismus nicht anderes als eine kritische Haltung, *'kritische Theorie'* gegenüber lebensweltlich inspirierten Sozialphilosophien.

Ad (2): Ganz analog zum methodologischen Individualismus lässt sich der von Hayek empfohlene Subjektivismus[16] als eine Forschungsanweisung interpretieren. Diese hat ebenfalls den Zweck, den Forscher vor gewissen Fehlern bei der Analyse sozialer Phänomene zu bewahren. Diese „Fehler" haben wiederum verheerende Folgen für *die Heuristik* der Modelle und damit für die daraus abgeleiteten Gestaltungsempfehlungen. Hayek vertritt die Auffassung, dass (rein) objektivistische Konzeptualisierungen von vielen wichtigen Fragen ablenken oder zumindest ein falsches Bild vermitteln können. Umgekehrt kann sich ein konsequent durchgehaltener methodologischer Subjektivismus als fruchtbare Heuristik erweisen. In einem konsequent angewandten Subjektivismus hingegen, sieht er ein probates Mittel, den Forscher davor zu schützen, eine Haltung einzunehmen, die er in seiner Nobelpreisrede als „Anmaßung des Wissens" bezeichnet hat (HAYEK 1974/1996).

Deutlich wird dies vor allem bei der Analyse des *Informationsproblems.* [17] Für Hayek liegt das Wissen in einer Gesellschaft (aber auch einer Organisation) niemals in konsistenter und kohärenter Form vor. Es ist immer verstreut, mangelhaft und häufig sogar widersprüchlich. Dies ist ein grundlegendes Faktum von dem die Sozialwissenschaften ihren Ausgangspunkt nehmen müssen.[18] Unterstellt man jedoch grundsätzlich so etwas wie ein allgemein geteiltes, objektives Wissen über die Situation, bekommt man die sich aus dem soeben geschilderten Tatbestand ergebenden Folgeprobleme nicht in das Blickfeld der ökonomischen Analyse. Die Frage nach den Mechanismen, die im jeweiligen Fall trotzdem eine Nutzung dieses Wissens möglich machen, wird in einem objektivistischen Problemaufriss nicht systematisch aufgeworfen.

Das beste Beispiel wie fruchtbar ein derartiger Ansatz im Hinblick auf viele Fragestellungen sein kann, lieferte Hayek selbst. Er behauptet von sich, zwei Erfindungen[19] und *eine Entdeckung* gemacht zu haben. Bei der letzteren handelt es sich um „die Erkenntnis, daß das Preissystem ein System von Signalen ist, das den Menschen in die Lage versetzt, sich an Ereignisse und Umstände anzupassen, von denen er nichts weiß" (HAYEK 1980: 38, zit. n.

---

[16] Im Kern beinhaltet dies die Aufforderung, zunächst von der jeweiligen Wahrnehmung der Situation durch die Akteure und nicht einer „objektiven" Situationswahrnehmung auszugehen. Dies bezieht sich sowohl auf die Sichtweise als auch die Bewertung der Situation (subjektive Werttheorie). - Ihren Ursprung hat diese Forschungsanweisung in der Österreichischen Schule der Nationalökonomie; diese Tradition lässt sich über Mises, Wieser, Böhm-Bawerk bis hin zu ihrem Begründer C. Menger zurückverfolgen. Hayek lässt sich sogar zu der bekannten Äußerung hinreißen, „that every important advance in economic theory during the last hundred years was a further step in the consistent application of subjectivism" (ebd.: 52).

[17] Den blinden Fleck ökonomischer Modelle neoklassischer Provenienz bildet damit für Hayek das Informationsproblem. Vgl. dazu insbesondere HAYEK (1937/1949) und HAYEK (1945/1949).

[18] „[T]he dispersion and imperfection of all knowledge are two of the basic facts from which the social sciences have to start" (ebd.: 50).

[19] Zu seinen Erfindungen rechnete er die Empfehlung das staatliche Notenbankmonopol zu brechen und den „Vorschlag für eine Rekonstruktion der Demokratie" (ebd.: 40).

STREIT 1995: 190f.). Die Leistung des Preismechanismus ist es, die Akteure in kondensierter Form mit dem für eine Koordinierung ihrer Aktivitäten *relevanten* Wissen zu versorgen. Zu dieser Einsicht kann man jedoch nur gelangen, wenn man zum einen konsequent subjektivistisch vom lokalen Wissen der Akteure um die konkreten Umstände ausgeht und gleichzeitig annimmt, dass dieses Wissen keiner zentralen Koordinationsstelle zur Verfügung steht. Erst auf der Grundlage einer derartige Betrachtungsweise stellt sich überhaupt die Frage, wie es trotzdem möglich ist, dass die Handlungen so vieler Menschen gewissermaßen von unsichtbarer Hand koordiniert werden. Nur dann erkennt man das eigentliche „Wunder" des Marktes.

Dieses Beispiel verweist auf einen weiteren zentralen Aspekt. Nach Hayek macht sich der Beobachter, der mit dem Anspruch herantritt zu wissen, wie die Situation objektiv beschaffen ist, der ‚Hybris der Vernunft' schuldig. Dies in zweierlei Hinsicht: Zum einen *unter*schätzt er systematisch das lokale und implizite Wissen, das viele Akteure im Umgang mit dem jeweiligen Problem erworben haben. Die Vorstellung einer objektiv durch den Wissenschaftler bestimmbaren Situation unterstellt, zumindest implizit, dass der Beobachter über eine privilegierte Weltsicht verfügt. Ein methodologischer Subjektivismus hingegen macht den Wissenschaftler zu einem Beobachter unter anderen Beobachtern, die jeweils noch voneinander lernen können. Zum anderen *über*schätzt man die Fähigkeiten des Betrachters, insbesondere seine Informationsverarbeitungskapazitäten *und* die Möglichkeiten der Darstellung. Die Forderung nach objektiven Situationsmodellen würde den Wissenschaftler regelmäßig überfordern. Er müsste über Wissen verfügen, das häufig nur lokal den handelnden Akteuren zur Verfügung steht.

Diesen Umstand illustriert Hayek gerne am Beispiel des Marktes, der für ihn ja bekanntlich ein Entdeckungsverfahren darstellt. *Ex ante* ist nicht bekannt, mit welchen Angeboten und unter der Verwendung welcher Produktionsverfahren sich die Bedürfnisse der Nachfrager am besten befriedigen lassen. Hierzu leistet sich die Gesellschaft gewissermaßen den Wettbewerb, der die Anbieter mit unterschiedlichen Einschätzungen ausgestattet und vergleichbar mit Kundschaftern ausschickt, um nach den geeignetsten Möglichkeiten hierfür zu suchen.

Ad 3: Diese letzten Argumente verweisen bereits auf die *dritte* Besonderheit der Ökonomik, der Hayek systematische Bedeutung zuweist: die „Komplexität" des Erfahrungsgegenstandes. Was er konkret damit meint, lässt sich wiederum am besten anhand des für ihn paradigmatischen Beispiels, dem Markt, verdeutlichen: Auch Erklärungen eines derartig komplexen Phänomens, wie dem Marktprozess, haben für Hayek eine Wenn-Dann-Struktur.[20] Der Wissenschaftler konstruiert ein Modell, das die – seiner Ansicht nach – für die Fragestellung relevanten Faktoren der Ausgangssituation enthält und leitet dann deduktiv die sich daraus ergebenden Implikationen ab (vgl. HAYEK 1955/1967: 11). Im Unterschied zu Modellen, wie man sie aus der Physik kennt, ist jedoch ein einfaches „Einsetzen" der konkreten Bedingun-

[20] Vgl. dazu HAYEK (1955/1967: 8 und 10); ebenfalls: „Any model defines a certain range of phenomena which can be produced by the type of situation which it represents" (HAYEK 1955/1967: 15).

gen bei einem Marktmodell nicht möglich. Die Anzahl der Variablen deren Beziehungen zueinander in Betracht zu ziehen sind, ist so groß und darüber hinaus sind deren Beziehungen zueinander oft so komplex, dass es kaum möglich sein dürfte, sie alle zu beobachten oder sogar zu kontrollieren. Dieser Umstand hat erhebliche Konsequenzen für die Konstruktion und die konkrete Verwendung eines ökonomischen Modells, welches dieses Marktgeschehen „abbilden" möchte: Es ist unmöglich ein Modell zu konstruieren, das die Beziehungen zwischen Millionen von Marktteilnehmern und die Vorstellungen auf deren Basis diese handeln erfasst, um dann ausgehend von einer Unzahl von Gleichungssystemen sowie einer ungeheuren Menge von Informationen die konkrete numerische Lösungen zu bestimmen. Ein Modell des Marktes kann höchstens das Prinzip illustrieren, das in dem komplexen Geschehen am Werk ist. Hayek bezeichnet ein derartiges Vorgehen als „Erklärung des Prinzips".

Angesichts der angeführten Beschränkungen ist auch nicht davon auszugehen, dass es sich hierbei nur um einen unerfreulichen, aber sicherlich vorübergehenden Zustand handelt. Es scheint hier vielmehr eine unüberwindbare Barriere für den wissenschaftlichen Fortschritt zu bestehen. Deshalb sollten, nach Hayek, die Wissenschaftler, die in derartigen Bereichen tätig sind – hierunter zählt er auch die theoretische Psychologie, die Linguistik und die Biologie –, sich besser mit diesen Grenzen unserer Vernunft arrangieren. Das heißt für ihn insbesondere, die Technik, den Umgang mit diesen „Erklärungen des Prinzips" weiter zu kultivieren.[21] Dazu gehört für ihn auch, dass man die *Erwartungen* an diesen Typus von Erklärungen revidiert: Dementsprechend zieht er es vor, in diesem Zusammenhang von „Orientierung" statt Prognose und von „Kultivierung" statt Kontrolle zu sprechen (ebd.: 18f.).

Zusammengefasst liegt für Hayek der Zweck ökonomischer Modelle *nicht* in einer möglichst „originalgetreuen" Abbildung, stattdessen schätzt er sie aufgrund ihres Orientierungsbeitrages. Aufgabe der Ökonomik ist es, die für viele Gestaltungsfragen sich als unzweckmäßig erweisende Sichtweisen sozialer Phänomene zu revidieren und einem andauernden Verbesserungsprozess zu unterstellen. Es geht um die Entwicklung einer adäquaten Semantik für soziale Strukturen. Die konzeptionellen Leitplanken in diesem Prozess bilden für Hayek ein konsequent durchgehaltener methodologischer Individualismus und Subjektivismus.

4. Implikationen für die Interpretation und den Beitrag spieltheoretischer Modelle in der Institutionenökonomik

Im Folgenden soll ein erster Versuch in die Richtung unternommen werden, diese Gedanken Hayeks für eine Interpretation des formalen Instrumentariums der Spieltheorie fruchtbar zu

---

[21] HAYEK (1955/1967: 21). Aber auch für die Organisation des Erkenntnisfortschrittes, das heißt vor allem für die Selektion von Theorien durch die Wissenschaftsgemeinde, hat dieser Umstand wesentliche Implikationen: Noch weniger als in den Naturwissenschaften kann man auf ein *experimentum crucis* zurückgreifen, dass es erlaubt, eindeutig und definitiv zwischen konkurrierenden Theorien zu entscheiden: Maßgeblich bleiben die Einschätzungen der Wissenschaftsgemeinde in bezug auf die vorgebrachten Gründe oder mit Hayek: „[O]nly the good sense of those equally competent in the field can refute" (HAYEK 1955/1967: 19).

machen. Da Hayek sich selbst hauptsächlich mit Makrophänomenen und gesellschaftstheoretischen Fragen beschäftigt hat, finden sich meines Wissens weder bei ihm noch bei den Kommentatoren seines Werkes bisher ein ausgearbeiteter Versuch in diese Richtung. Darüber hinaus dürften die wenigen, nicht gerade enthusiastischen Äußerungen Hayeks über die Spieltheorie ebenfalls (zumindest bisher) Versuche in diese Richtung unterbunden haben. Angesichts dieser offenen Forschungssituation, möchte ich es aber auch nicht versäumen hinzuweisen, dass die folgenden Überlegungen in manchen Bereichen noch stark explorativen Charakter besitzen.

Das *analytische Potential* der Spieltheorie ist m.E. jedoch erheblich und kann in verschiedene Richtungen entfaltet werden. Dies zeigt sich unter anderem auch darin, dass die Theorie inzwischen sogar erfolgreich in der Evolutionsbiologie eingesetzt wird (vgl. Binmore 1992: 19ff). Im Hinblick auf die Analyse sozialer Phänomene ist einer ihrer zentralen Vorzüge darin zu sehen, dass sie es erlaubt, ganz gemäß den Vorgaben Hayeks, konsequent *individualistisch* anzusetzen. Es ist jedoch wichtig, je nach der zugrunde gelegten Fragestellung, zwei Verwendungsweisen der Spieltheorie zu unterscheiden: (1) die Modellierung eines Interaktionsproblems, mit der Intention die optimalen Strategien für die Akteure zu bestimmen und (2) die Modellierung, in der Absicht das Spiel zu verändern. In Abhängigkeit von der jeweils bearbeiteten Fragestellung ist das formale Instrumentarium der Spieltheorie unterschiedlich einzusetzen.

Ad 1: Nähert man sich einer Interaktion aus der *ersten* Perspektive – der Ermittlung optimaler Spielzüge – ist der Fokus auf den Zusammenhang zwischen den spezifischen Situationsbedingungen und den zu erwartenden Auszahlungen der Spieler gerichtet. Im Rahmen dieser Analyse werden die Regeln *konstant* gesetzt. Da sie von den Akteuren kurzfristig zumeist nicht beeinflussbar sind, können sie zu den Handlungsbedingungen gezählt werden. Dies ist die übliche, traditionelle Verwendungsweise der Spieltheorie. Herausgearbeitet werden die *Unterschiede von Situationen.*

Mittels dieser Verwendungsweise lassen sich sowohl die *charakteristischen Merkmale* von Gesellschaftsspielen, wie Mühle oder Tit–for–tat, als auch von typischen Interaktionsproblemen bestimmen; die Chancen und Probleme von Interaktionen treten ins Relief. Im Laufe der Zeit wurden auf diesem Weg unterschiedliche, gewissermaßen idealtypische Problemstrukturen herausgearbeitet, denen man bestimmte „Stories" zugeordnet hat. Zu den bekanntesten zählen sicherlich das Gefangenendilemma, aber auch Spiele wie „Assurance" oder „Chicken". Im Rahmen dieser traditionellen Anwendungen der Spieltheorie geht es im Kern um die Bestimmung unterschiedlicher Typen von Situationen und die dazugehörigen „optimalen Verhaltensregeln".

Ad 2: Im Rahmen der *zweiten* Verwendungsweise, bei der man die Theorie für die Gestaltung von Interaktionen einsetzten möchte, ist die Heuristik jedoch eine völlig andere. Es interessieren nicht mehr die Unterschiede zwischen den einzelnen Interaktionsproblemen, sondern die Frage, *wie* unterschiedliche institutionelle Arrangements eine bestimmte Interaktionssituation, ein spezifisches Interaktionsproblem beeinflussen. Es geht um den *Vergleich* von Regeln und nicht um die Unterschiede von Interaktionsproblemen – dementsprechend befinden wir uns wieder bei der Fragestellung der Klassiker. Die Aufmerksamkeit ist auf den Zusammenhang zwischen alternativen Regeln und den zu erwartenden Ergebnissen für die Akteure gerichtet. Für einen derartigen komparativen Vergleich verschiedener, relevanter institutioneller Alternativen ist die zu Grunde liegende Problemstruktur *konstant* zu setzten, um die denkbaren Konsequenzen dieser alternativen Regelarrangements unter Verwendung des Modells zu beleuchten. Die Heuristik dieser Modelle ist damit auf die *Folgen* unterschiedlicher institutioneller Arrangements ausgerichtet.

Der hier zugrunde gelegte Institutionenbegriff wird sehr weit gefasst, er reicht von informellen Regeln wie Vertrauen oder Bräuchen bis hin zu hoch abstrakten und formalen Regeln, wie sie z.B. in Verfassungen zu finden sind. Gemeinsames Charakteristikum aller dieser Institutionen ist es, dass sie sich vor dem Hintergrund der skizzierten spieltheoretischen Rekonstruktion als standardisierte Lösungen von typischen und zumeist häufig wiederkehrenden Interaktionsproblemen verstehen lassen. Die Rekonstruktion dieser Institutionen erfolgt mit strengem Bezug auf die Akteure, die sie betreffen.

Diese konsequent individualistische Vorgehensweise bei der Analyse von Institutionen ist gewissermaßen schon im Ansatz der Spieltheorie angelegt und dementsprechend allgemein anerkannt.[22] Wesentlich radikalere und bisher kaum beachtete Implikationen birgt die zweite von Hayek vorgebrachte Forschungsanweisung. Ein streng durchgehaltener methodologischer Subjektivismus würde nämlich erfordern, die üblicherweise in der Spieltheorie getroffene Annahme des Common-Knowledge, die Unterstellung geteilten Wissens der Akteure über die Situation – zunächst einmal – aufzugeben.

Zwei Wege sind denkbar diese Forderung umzusetzen: Zum einen könnte man radikal subjektivistisch vorgehen und versuchen, die Wahrnehmung der Situation durch den jeweiligen Akteur konkret zu modellieren. Bei unterschiedlichen Sichtweisen der Situation wäre dann jeweils eine eigene Matrix zu ermitteln, die jeweils die Wahrnehmung der Alternativen und deren Bewertung durch die Akteure wieder gibt. In einem zweiten Schritt, aus einer eher langfristigen Perspektive, lässt sich im Zuge einer „pragmatischen Reduktion" (SUCHANEK 1994) häufig unterstellen, dass die Akteure aufgrund ihrer gemeinsamen Sozialisation oder von Lernprozessen über eine ähnliche Wahrnehmung verfügen. Dies verweist auf einen zweiten alternativ gangbaren Weg. Innerhalb dessen wird nicht versucht, die jeweiligen Situationswahrnehmungen detailliert zu erfassen. Stattdessen braucht man lediglich zu heuristischen Zwecken präsent halten, dass die Akteure über verschiedene Situationswahrnehmungen verfügen, d.h. vor allem auch Erwartungen bezüglich der Interaktionspartner haben. Damit verweist diese Forschungsanweisung, angewandt im Rahmen der Spieltheorie, auf alle Mechanismen, die die Akteure mit der relevanten Information versorgen um sich überhaupt in einem

[22] An diesem Charakteristikum zeigt sich deutlich die Handschrift von Oskar Morgenstern und damit der österreichischen Schule der Nationalökonomie.

Gleichgewicht zu koordinieren. Wichtige hierunter wären Kultur oder (eindeutige) Feedback-Mechanismen verschiedenster Art.

Festzuhalten ist, dass es ein konsequent angewandter methodologischer Subjektivismus erlaubt, diese – zumeist implizit unterstellten – Voraussetzungen für die getroffene Common-Knowledge-Annahme bei Bedarf zu explizieren und zu hinterfragen. Die Vernachlässigung dieser Forschungsanweisung führt dazu, dass viele wichtige Aspekte von Institutionen – insbesondere ihr Beitrag zur Lösung von Informationsproblemen – bisher nicht systematisch in den Blick genommen wurden.

Diese Ausführungen verweisen – drittens – auch auf die *Grenzen* dessen, was man von spieltheoretischen Modellen erwarten kann. In diesem Bereich sind meiner Meinung nach vor allem die häufig in der methodischen Reflexion anzutreffenden Erwartungen an exakte Prognosen zu relativieren. Wie gezeigt, ist ein derartiges Unterfangen höchst voraussetzungsreich; unter anderem wäre die Situationswahrnehmung aller beteiligten Akteure (zumindest annähernd) zu bestimmen, und dürfte dementsprechend in den seltensten Fällen eingelöst werden. Was diese Modelle jedoch dennoch leisten können, ist was Hayek als „Erklärungen des Prinzips“ bezeichnet hat. Sie schärfen den Blick für bestimmte vorliegende Anreizkonstellationen, für bestimmte *Problemstrukturen* mit denen sich die Akteure konfrontiert sehen und erklären damit zugleich warum bestimmte, häufig für das Kollektiv wünschenswert erscheinende Ergebnisse auf Grund der Logik der Situation nicht (dauerhaft) stabil sein können. Sie verweisen damit auf einen grundlegenden Zusammenhang in Interaktionen. In Form einer negativen Prognose lautet dieser: Man kann nicht erwarten, dass die Akteure in diesen Situationen systematisch und auf Dauer gegen ihre Interessen verstoßen werden. In Situationen des Typs Gefangenendilemma bedeutet dies beispielsweise, dass Akteure sich nicht dauerhaft in die Ausbeutungsgefahr begeben und die kooperative Strategie wählen werden.

Umgekehrt lassen sich (manche) Gleichgewichte als „Gravitationspunkte“, als „Grenzbeschreibung von Lernprozessen“ (ZINTL 1995: 10) oder als „Musterhypothesen“ (BRETZKE 1980) interpretieren. Hierfür ist es aber nicht erforderlich, die hohen Ansprüche einzulösen, die teilweise gegenwärtig an die Spieltheorie gestellt werden. Es sind nicht notwendigerweise dieselben Ansprüche an die Exaktheit der „Vorhersagen“ zu stellen wie in den Naturwissenschaften. Bereits die Heuristik, die Orientierungsleistung der Modelle hinsichtlich der relevanten strategischen Zusammenhänge und die sich daraus ergebenden Implikationen für die Akteure können einen wertvollen Beitrag zur „Kultivierung“ von Interaktionsproblemen mittels geeigneter Regeln darstellen.

Hiermit dürfte – mehr kann an dieser Stelle nicht geleistet werden – wenigstens in groben Umrissen skizziert worden sein, wie sich im Anschluss an Hayek unter der Verwendung der Spieltheorie Interaktionsprobleme und Institutionen zu deren Lösung rekonstruieren lassen. Einzugehen ist noch auf die Frage, warum dies gerade formal und nicht auch verbal geschehen sollte. Zunächst einmal ist darauf hinzuweisen, dass es sich hierbei um keine Entweder-Oder-Entscheidung handelt (vgl. LINDENBERG 1991). Formale und verbale Analysen sind vielmehr als komplementäre Forschungsstile zu sehen. Dementsprechend ist es auch nicht sinnvoll, diese gegeneinander „auszuspielen“, sondern die Vorzüge des jeweiligen Vorgehens offen auszuweisen. Angesichts der eingangs erwähnten Kritik an der Formalisierung der ökonomischen Theorie werde ich noch kurz auf einige komparativen Vorteile formaler, spieltheoretischer Modelle eingehen. Angesichts der gebotenen Kürze werde ich mich auf drei wesentlich erscheinende Aspekte beschränken:

(1) Zunächst wäre auf die enormen *semantischen Ressourcen* hinzuweisen, die die formale Spieltheorie bereitstellt. Meines Erachtens handelt es sich hierbei um einen beachtlichen theoretischen Vermögenswert, den Oskar Morgenstern und John von Neumann – die beiden Väter der Spieltheorie – der Nachwelt hinterlassen haben. Begriffe wie „Gefangenendilemma“ oder „Koordinationsproblem“ sind aus dem Sprachgebrauch der Sozialwissenschaften nicht mehr wegzudenken. Insbesondere erlauben es die Modelle, zuvor schon teilweise existierende, aber zumeist vage Konzepte und Beschreibungen von Interaktionsproblemen präziser zu fassen. Diese neuen Begrifflichkeiten sind exakt, aber zugleich losgelöst von einem partikularen Ereignis. Beides erhöht die Anschlussfähigkeit im wissenschaftlichen Forschungsprozess. Es ist möglich, relativ komplexen Sachverhalten einen kurzen, einprägsamen Namen zu geben, der sich zumeist auf die sogenannte „Story“ des Modells bezieht (vgl. VARIAN/GIBBARD 1978). Somit können Bezeichnungen wie „Gefangenendilemma“ in der wissenschaftlichen Diskussion als Kurzformel für eine bestimmte Problemstruktur verwendet werden, zugleich kann deren Bedeutung jedoch bei Bedarf präzise expliziert werden.

(2) Umgekehrt kann dieser „Idealtyp“ eines Interaktionsproblems wiederum den Ausgangspunkt für weitere, auch empirische Forschung liefern. Aus der Sprachphilosophie weiß man, dass eng mit einer Sprache auch immer eine bestimmte „Weltsicht“ verbunden ist.[23] Der Vorzug des Formalismus der Spieltheorie besteht darin, ganz im Sinne der Empfehlungen Hayeks, eine streng individualistische Perspektive auf soziale Phänomene zu vermitteln. Durch das „Korsett“ der formalen Sprache wird der Anwender dazu angeleitet, bei der Analyse verschiedener Regelarrangements die Forschungsanweisung des methodologischen Individualismus zu beachten; eine voreilige handlungstheoretische Konzeptualisierung von Interaktionsproblemen ließe sich damit gewissermaßen vom Ansatz her vermeiden.

(3) Ein weiterer, erheblicher komparativer Vorteil besteht in der *kognitiven Entlastung*, die Modelle mit sich bringen. Dies zeigt sich sowohl bei der Darstellung als auch der Analyse von Interaktionsproblemen (vgl. BINMORE 1992: 10). Die (Umgangs-) Sprache erweist sich sehr schnell als ungeeignet diese komplexen Beziehungen darzustellen. Modelle und daraus abgeleitete graphische Repräsentationen können in derartige Zusammenhänge eine gewisse Übersicht bringen – man denke nur an einen Stammbaum. Erschwerend würde im Bereich der Analyse von Interaktionsproblemen hinzukommen, dass sich häufig kontraintuitive Ergebnisse einstellen. Rein verbale Analysen würden hier wiederum leicht an ihre Grenzen geraten. Der

[23] Man denke nur an Wittgensteins berühmtes Diktum: "Ein *Bild* hielt uns gefangen. Und heraus konnten wir nicht, den es lag in unserer Sprache, und sie schien es uns nur unerbittlich zu wiederholen." PU, § 115. Vgl. dazu auch Fn. 14.

Formalismus hingegen erlaubt es, von den vielfältigen Konnotationen der Sprache und den konkreten Referenzen abzublenden. Hiervon losgelöst braucht der Wissenschaftler nur den vorgegebenen Regeln bei der Analyse zu folgen.[24] Darüber hinaus sind die Kriterien, nach denen die Implikationen der Modelle deduziert werden, intersubjektiv nachvollziehbar. Dies ermöglicht es, versteckte Fehler im Denken und der Argumentation – qua sozialer Kontrolle – zu entdecken und auszuweisen.

Es liegt in der Hand des Modellkonstrukteurs, diese und weitere Vorteile spieltheoretischer Modelle zu nutzen; die Verwendung von Modellen muss nicht notwendigerweise zu einer übermäßigen Formalisierung führen (vgl. dazu RAPPAPORT 1998: 144ff.). Ein gewisses Maß an (Methoden-)Bewusstsein hinsichtlich der verfolgten Problemstellung, der angemessenen Vorgehensweise und deren Grenzen ist hierbei sicherlich von Vorteil, gerade angesichts des hohen Grades an wissenschaftsinterner Anschlussfähigkeit, die die Verwendung der Mathematik mit sich bringt (vgl. dazu LUHMANN 1990/1994: 201f.).

5. Zusammenfassung

Richtig angewandt stellen spieltheoretische Modelle eine kompakte Heuristik bereit. Sowohl bei der Entwicklung adäquater Konzepte als auch bei der Suche *nach* und zum Vergleich *von* alternativen Regelsystemen zur Lösung von Interaktionsproblemen. Der Formalismus bringt ein hohes Maß an kognitiver Entlastung, erhöht die Anschlussfähigkeit und die Intersubjektivität der Analyse und strukturiert die Vorgehensweise im Rahmen der Analyse in die angestrebte Richtung. Ganz analog zu der Verwendungsweise von Modellen durch Galilei oder Newton bilden sie auch in diesem Kontext die Grundlage für die Generierung wertvollen (Gestaltungs-) Wissens. Gleichzeitig sollte jedoch darauf aufmerksam gemacht werden, dass diese Analogie nicht in jeder Hinsicht trägt. Sinnvoller erscheint es vielmehr, die Erwartungen an institutionenökonomische Modelle den spezifischen Bedingungen anzupassen, unter denen die Sozialwissenschaften an ihren Problemen arbeitet. Dass dieser Aspekt in der Vergangenheit häufig übersehen wurde, ist m.E. verantwortlich für viele der einleitend erwähnten Probleme und nicht die Anwendung von Modellen per se.

Literatur

Albert, H. (1963/1971): Modellplatonismus: Der neoklassische Stil des ökonomischen Denkens in kritischer Beleuchtung, wiederabgedruckt in: Tröpitsch, E. (Hrsg.): Logik der Sozialwissenschaften, 7. Aufl., Königstein: 352-380.

Binmore, K. (1992): Fun and Games: A Text on Game Theory, Lexington.

[24] Vgl. dazu bereits JEVONS (1879):"These attempts, however distinguished and ingenious their authors, soon disclose the inherent defects of the grammar and the dictionary for expressing complicated relations. The symbols of mathematical books are not different in nature from language; they form a perfected system of language, adopted to the notions and relations which we need to express. They do not constitute the mode of reasoning they employ; they merely facilitate its exhibition and comprehension" (1879: 5).

Bretzke, W.-R. (1980): Der Problembezug von Entscheidungsmodellen, Tübingen.

Buchanan, J. M. (1988): Constitutional Economics, in: Eastwell, J. u. a. (Hrsg.): The New Palgrave Dictionary of Economics, Bd. 1, London: 585-588.

Coase, R. H. (1988): Notes on the problem of Social Cost, in: The firm, the market, and the law, Chicago: 157-185.

Cubeddu, R. (1993): The Philosopshy of the Austrian School, London.

Friedman, M. (1953/1994): The Methodology of Positive Economics, in: Hausman, D. (Hrsg.): The Philosophy of Economics: An Anthology, 2. Aufl., Cambridge: 180-213.

Gibbard, A. und H. Varian (1978): Economic Models, The Journal of Philosophy, 75: 11, 664-679.

Grossman, S. und O.D. Hart (1986): The Costs and Benefits of Ownership: A Theory of Vertical and Lateral Integration, Journal of Political Economy, 94: 691-719.

Hart, O.D. und J. Moore (1990): Property Rights and the Nature of the Firm, Journal of Political Economy, 98: 1119-1158.

Hayek, F. A. v. (1952/1979): The Counter-Revolution of Science: Studies on the Abuse of Reason, Liberty Fund, Indianapolis.

Hayek, F. A. v. (1933/1991): The Trend of Economic Thinking, in: The Trend of Economic Thinking: Essays on Poltical Economists and Economic History, London: 17-48.

Hayek, F. A. v. (1952/1976): The Sensory Order: An Inquiry into the Foundations of Theoretical Psychology, Chicago.

Hayek, F. A. v. (1937/1949): Economics and Knowledge, in: Individualism and Economic Order, London: 33-56.

Hayek, F. A. v. (1945/1949): The Use of Knowledge in Society, in: Individualism and Economic Order, London: 77-91.

Hayek, F. A. v. (1974/1996): Die Anmaßung von Wissen, in: Kerber, W. (Hrsg.): Neue Freiburger Studien, Tübingen: 3-15.

Hayek, F. A. v. (1955/1967): Degrees of Explanation, in: Studies in Philosophy, Politics and Economics, London,

Holcombe, R. G. (1989): Economic Models and Methodology, New York.

Homann, K. (1999): Die Legitimation von Institutionen, in: Korff, W. u. a. (Hrsg.): Handbuch der Wirtschaftsethik, 4. Bde., Güthersloh, Bd. 2: 50-95.

Jevons, W.S. (1879): The Theory of Political Economy, 2. Aufl.

Kay, J. A. (1991): Economics and Business, The Economic Journal, 101: 57-63.

Keynes, J. M. (1938/1994): Economic model construction and econometrics, in: Hausman, D. (Hrsg.): The Philosophy of Economics: An Anthology, 2. Aufl., Cambridge: 286-288..

Latsis, S. (1972): Situational Determinism in Economics, British Journal for the Philosophy of Science, 23: 207-245.

Lindenberg, S. (1991): Die Methode der abnehmenden Abstraktion: Theoriegesteuerte Analyse und empirischer Gehalt, in: Esser, H. und K. Troitzsch (Hrsg.): Modellierung sozialer Prozesse, Bonn: 29-78.

Luhmann, N. (1990/1994): Die Wissenschaft der Gesellschaft, 2. Aufl., Frankfurt a. M.

North, D. C. (1978): Structure and Performance: The Task of Economic History, Journal of Economic Literature, 16: 963-978.

Olson, M. (1991): Umfassende Ökonomie, aus dem Amerikan. übers. von Monika Streissler, Tübingen.

Rappaport, S. (1998): Models and Reality in Economics, Edward Elgar, Cheltenham.

Rippberger, T. (1999): Die Effizienz des Vertrauensmechanismus bei der Organisation internationaler Transaktionen, in: Jahrbuch für neue politische Ökonomie, Globalisierung und Rechtsordnung, Tübingen.

Smith, A. (1776/1990): Der Wohlstand der Nationen, vollständige Ausgabe nach der 5. Auflage (letzter Hand), London 1789, hrsg. von Recktenwald, H. C., München.

Stackelberg, H. v. (1943/1951): Grundlagen der theoretischen Volkswirtschaftslehre, 2. Auflage, Tübingen.

Streit, M. (1995): Wissen, Wettbewerb und Wirtschaftsordnung, in: Freiburger Beiträge zur Ordnungsökonomik, Tübingen: 159-194.

Suchanek, A. (1994): Ökonomischer Ansatz und theoretische Integration, Tübingen.

Weintraub, R. E. (1979): Microfoundations, Cambridge.

Williamson, O. E. (1993): Transaction Cost Economics Meets Posnerian Law and Economics, Journal of Institutional and Theoretical Economics, 149: 99-118.

Wittgenstein, L. (1952/1999): Philosophische Untersuchungen, in: Werksausgabe, Bd.1, Frankfurt a. M.

Wittmann, W. (1989): Entwicklungsauftrag und Gegenwartsweg der Betriebswirtschaftslehre, Zeitschrift für Betriebswirtschaftliche Forschung, 41: 83-93.

Zintl, R. (1995): Der Nutzen unvollständiger Erklärungen: Überlegungen zur Sozialwissenschaftlichen Anwendung der Spieltheorie, MPIFG Discussion Paper 95/2, Köln.

Handlungskontexte und Handlungsrationalität – Annäherungsversuche zwischen Ökonomik und Hermeneutik

Falk Reckling

1. Einleitung

Die hermeneutisch orientierten Ansätze in den Sozialwissenschaften legen nahe, dass Handeln in variierenden Kontexten oder Sozialsphären von unterschiedlichen Bedeutungsmustern und Praktiken (inkl. divergenter Güter, Evaluationen und Legitimitäten) durchdrungen ist.[1] Dem steht die These der Ökonomik gegenüber, alle sozialen Interaktionen könnten unter die universelle Metrik der subjektiven Nutzenmaximierung subsumiert werden, womit sich zugleich die Annahme verbindet, dass Handeln über homo-oeconomicus-kompatible Anreize gesteuert werden könnte. Damit scheinen sich Hermeneutik und Ökonomik inkompatibel gegenüberzustehen.

Die Erkenntnisse der Hermeneutik könnten für die Ökonomik insofern gewinnbringend sein, dass der Erfolg von Kosten-Nutzen-Analysen oder Anreizstrukturen nicht zuletzt vom intersubjektiv konstituierten Handlungskontext abhängt. Bisher gehört es nämlich zu den ungelösten Problemen der Ökonomik, dass ihre Verhaltensannahmen auf voraussetzungsreichen kulturellen Bedingungen basieren, die der Ansatz selbst nicht zu thematisieren vermag. Für gewöhnlich spielen kulturelle Faktoren in der Ökonomik die Rolle modellexogener Restriktionen oder sie werden reduziert auf Spiele mit unvollständigen Informationen (vgl. E. POSNER 1998); als abhängige Variablen werden sie dagegen kaum wahrgenommen (vgl. TSEBELIS 1997). Dem gegenüber macht die hermeneutische Sicht geltend, dass rationales Handeln eine kulturell imprägnierte, intersubjektiv geteilte Welt voraussetzt, die selbst nicht den Bedingungen der Wahl unterliegt. Akteure haben Präferenzen, Strategien und verfolgen Güter, doch diese sind prädispositioniert von den Bedeutungen und Praktiken, in die die Akteure hineingestellt sind. Erst eine schon existente Lebenswelt mit ihren Regelsystemen ist überhaupt konstitutive Voraussetzung, Präferenzen auszubilden sowie Zwecke und Interessen mit und gegenüber anderen bestimmen zu können. Akteure bestimmen immer ihre je eigene Welt auf der Grundlage einer gemeinsamen. Somit macht die These von der Nutzenmaximierung erst dann Sinn, wenn die Handlungsorientierungen, konstituiert von intersubjektiven Bedeutungen, inhaltlich ausgefüllt werden.

Die einleitenden Ausführungen bilden die Basis für erste vorsichtige Annäherungsversuche zwischen Ökonomik und Hermeneutik. Dabei wird zunächst (2) auf verschiedene Interpreta-

[1] Der Artikel komprimiert einige Thesen einer Dissertationsschrift (2002). Für wertvolle Hinweise danke ich Heike Bock, Horst Hegmann, Matthias Meier und Anne van Aaken. Alle verbleibenden Fehler und Missverständnisse sind ausschließlich meine.

tionen der Ökonomik verwiesen. Es wird zu zeigen sein, dass mittlerweile einige Versionen der Ökonomik die Bedeutung der intersubjektiven Vorbedingungen des rationalen Handelns erkannt haben, wenngleich sie noch nicht in der Lage sind, diese adäquat zu rekonstruieren. Sodann wird (3) der Nexus der Hermeneutik herausgearbeitet und in Kontrast zur Ökonomik gesetzt. Anschließend soll (4) am Beispiel von der Arbeiten von BOLTANSKI und THÉVENOT ein alternatives hermeneutisches Handlungsmodell vorgestellt werden. Anhand der Steuerungsproblematik werden (5) die Konsequenzen einer kontextnivellierenden Ökonomik aufgezeigt und schließlich (6) einige Vorschläge zur Annäherung zwischen Ökonomik und Hermeneutik unterbreitet.

2. Entwicklungen der Ökonomik

Zwar steht die These, dass Akteure, in allem was sie tun, einen subjektiven Nutzen selbstinteressiert maximieren, im Zentrum der Ökonomik, doch variiert deren Sinn je nach Version. Zumindest drei Interpretationen lassen sich ausmachen:

(1) Die *intentionalistische Version* macht geltend, dass Akteure ihre Ziele bewusst selbstinteressiert und nutzenmaximierend verfolgen. Dies erfolgt innerhalb einer Erklärungstrias von Präferenzen, Kognitionen und Handlungen. Bei gegebener Kognition ist dann das Akteurshandeln so zu untersuchen, als realisiere es die Präferenzen mit maximaler Befriedigung. Präferenzen und Kognitionen verursachen dabei das Verhalten, und sie tun dies auf der Basis nachvollziehbarer Gründe. Mit dieser Version ist die strikte methodische Prämisse verbunden, dass Handeln einerseits auf der Grundlage von Intentionen erklärt werden muss, andererseits müssen die Handlungsfolgen als kausaler Mechanismus dieser Intentionen dargestellt werden (entweder als intendierte oder aber als unintendierte Handlungsfolgen). Die Version bleibt insofern anderen Ansätzen gegenüber offen, weil die Ökonomik zur Aufklärung des Inhalts von Präferenzen, Kognitionen und Handlungsorientierungen nur sehr begrenzte Aussagen machen kann. Das bezeugen nicht nur die Vielzahl empirisch nachweisbarer Abweichungen von ökonomischen Standardannahmen, sondern auch der positive Nachweis, dass sich Handeln bspw. an Normen, Werten, Traditionen, Prozessen oder Expressionen orientiert, Kognitionen von Emotionen, Ideologien und Glaubensvorstellungen durchdrungen sind und Präferenzen exogenen wie endogenen Wandlungsprozessen unterworfen sind. Aus diesem Grund verfolgt diese Version auch keinen universalistischen Anspruch, vielmehr werden Erkenntnisse anderer Sozialwissenschaften ausdrücklich integriert (vgl. WIESENTHAL 1997).

(2) In *funktionalistischen Versionen* wird faktisch auf das Postulat der Intentionalität verzichtet und die Nutzenmaximierungsthese inhaltlich entleert. Eine funktionalistische Erklärung ist eine, die individuelle Handlungen als Zweck für ein Ganzes (z.B. die biologische Fitness der Person bzw. der Population) erklärt. Oder in den kritischen Worten von Elster: „One constructs a model in which the observed behavior of the agents their interests as suitably defined, and one assumes that the fit between behavior and interests explains the

behavior." (2000: 693) Die Nutzenmaximierung des Handelns muss den Akteuren danach gar nicht mehr bewusst sein, weil Rationalität gewissermaßen nicht mehr den Individuen zugerechnet wird, sondern auf Prozesse oder Strukturen übergeht (z.B. auf die Evolution). Dass damit ein Fehlschuss verbunden ist, hat ELSTER an den Beispielen einiger Erklärungen von BECKER, NORTH oder POSNER gezeigt. So behaupten BECKER und MULLIGAN (1997), die Wahl höherer Bildung damit zu erklären, dass höhere Bildung die Akteure zu einer Reduzierung der Zeitdiskontierungsrate anleitet[2], was sie wiederum besser stellt. Der funktionalistische Fehlschluss liegt darin, zwischen der Wahl zu höherer Bildung und der nutzenmaximierenen Wirkung der Reduzierung der Zeitdiskontierungsrate einen kausalen Mechanismus zu postulieren, der nicht existiert. Eine kausale Erklärung liegt indes nur dann vor, wenn gezeigt werden kann, dass ein Individuum durch den Effekt der reduzierten Zeitdiskontierungsrate, der durch die Wahl höherer Bildung hervorgerufen wird, auch motiviert war; denn ".. if people do not have that motivation in the first place, they cannot be motivated to acquire it." (ELSTER 1997: 754) Alles andere sind unintendierte Nebenfolgen. Funktionalistische Erklärungen neigen dagegen dazu, alles Geschehen als Folge einer quasi naturgesetzlich wirkenden Nutzenmaximierung zu deuten (GIDDENS 1995a: 352).

(3) Nicht ganz zu trennen, aber doch zu unterscheiden, weil nicht notwendigerweise funktionalistisch, ist die *instrumentalistische Variante*, die Nutzenmaximierung als methodologische Heuristik zur systematischen Rekonstruktion von Verhalten interpretiert (vgl. SUCHANEK 1994). Verhalten wird so rekonstruiert, „als ob" die Akteure ihr Handeln selbstinteressiert ihren Nutzen maximieren, wobei allein Erklärungs- und Prognoseerfolg als Bewährungsmaßstab gelten. Diese Version weist eine hohe Attraktivität auf, weil sie, ohne die Sparsamkeit der Annahmen und den Universalitätsanspruch (anders als die intentionalistische Version) aufzugeben, Aussagen erlaubt, die sich anhand überprüfbarer Kriterien hinsichtlich ihres Erklärungspotentials und Prognoseerfolgs messen lassen (anders als die oft tautologische funktionalistische Version). Jedoch wird die Problematik der Ökonomik gerade hier auch besonders virulent: Einerseits sind das Erklärungspotential, aber vor allem der Prognoseerfolg so umstritten, dass einige intentionalistische Vertreter dafür plädieren, auf die positivistischen Prämissen zu verzichten und die Ökonomik als hermeneutische Rekonstruktion von rationalen Handlungsgründen zu betrachten (vgl. JOHNSON 1991; PETTIT 1993). Anderseits ist das Vorgehen, den Akteure ad hoc bestimmte Motivationen zuzuschreiben, dann problematisch, wenn sie mit tatsächlichen Motiven der Akteure signifikant auseinanderfallen.

Neben den methodologischen Variationen sind in den letzten Jahren Kritiken und darausfolgende Ergänzungen hinzugekommen, die insbesondere die Motivationsstruktur der Ökonomik einer Revision unterzogen haben:

[2] D.h. der Zukunft wird in der gegenwärtigen Lebensplanung eine größere Aufmerksamkeit gewidmet.

(1) Die psychologische Kritik hat eine Vielzahl von Phänomenen systematischer Abweichungen von den Bedingungen formaler Rationalität bestimmt und empirisch belegt (vgl. MCFADDEN 1998). Folgt man diesen Studien, kann einerseits nicht mehr von rationalen als vielmehr von *quasi-rationalen* Entscheidungen ausgegangen werden. Andererseits ändert sich dann auch der Status der ökonomischen Analyse. Während die klassische Ökonomik die Kausalkette von Entscheidungen bei gegebenen Präferenzen und vorhandenen Informationen untersucht hat, schaltet die *Behavioral Economics* Perzeptionen, Glaubensvorstellungen, Attitüden, Affekte und Motive dazwischen, die zusätzlich durch prozesshafte Verarbeitungen (Lernen) und Rückkoppelungen (Kommunikation) mit einander verschränkt sind (SIEGENTHALER 1993; MCFADDEN 1998). Dies verschiebt den Fokus von weitläufigen Gesetzesaussagen zu den feinen Kausalmechanismen des Handelns; auch weil überhaupt noch nicht klar ist, wie das komplexe Ineinandergreifen der verschiedenen Faktoren modelliert werden kann.

(2) Die institutionalistische Kritik verweist auf Phänomene wie Transaktionskosten, Pfadabhängigkeiten, *increasing returns*, Gewohnheiten, Ideen oder Ideologien, die optimales rationales Handeln durch dessen Verankerung in der Geschichte bzw. Kultur verzerren (vgl. u.a. NORTH 1992; PIERSON 1997). Damit wird einerseits die Vorstellung überwunden, Akteure seien als atomisiert Handelnde allein auf ihre subjektiven Präferenzen zurückgeworfen und andererseits kommt die Beschränktheit der Wahlmöglichkeiten der Akteure ins Blickfeld. Mehr noch, erst tradierte und geteilte Wahrnehmungsmuster ermöglichen bestimmte Handlungsoptionen, was wiederum erklärt, warum - entgegen der neoklassischen Theorie von der optimalen Selektionskraft des Marktes bzw. der Evolution - oft suboptimale Institutionen fortbestehen können.

Resistent gegen diese Kritik erweisen sich insbesondere die funktionalistische und die instrumentalistische Variante. Beiden geht es gerade darum, jedwede Komplexität durch die Anreicherung der Motivationsstruktur wie auch durch historische Interdependenzen zu vermeiden. Dies wird jedoch durch einen vorschnellen Reduktionismus erkauft. Wenn aber die Ausgangsprämissen z.B. des Rationalitätskonzepts in so nachhaltiger Weise empirisch widerlegt werden konnten, dass die „Anomalien" auf das Handeln auch systematisch durchschlagen, dann verliert der Rekurs auf Sparsamkeit der Annahmen seine Plausibilität. Intentionalistische Varianten haben dagegen weniger Probleme, die psychologischen und institutionalistischen Erkenntnisse zu integrieren. Für sie sind ja gerade Präferenzen und Kognitionen der Akteure entscheidende Erklärungsfaktoren. Allerdings zeichnet sich bisher noch kein einheitlicher Analyserahmen ab, vielmehr werden die psychologischen bzw. institutionellen Effekte von unterschiedlichen Theorieprogrammen wie der Institutionenökonomik und der Verhaltensökonomie bearbeitet.

Im Zuge dieser Entwicklungen vollzieht sich zugleich auch eine Annäherung an kulturalistisch-hermeneutische Ansätze, denn es ist für die Ökonomik interessanter geworden, inwiefern Präferenzen, Kognitionen und Handlungsspielräume der Akteure schon vom jeweiligen Kontext ihrer Lebenswelt beeinflusst sind. Genau das impliziert der Rekurs auf *anchoring*, *context, framing, salience* oder *focal points* in der Verhaltensökonomie und Spieltheorie wie der auf *path-dependency, custom, ideas, ideologies* oder *shared mental models* in der Institutionenökonomik.

Über die Betonung von psychologischen und institutionellen Einflüssen werden zwar Varianten der kontextuellen Bedingtheit rationaler Entscheidungen und Interaktionen thematisiert, nicht hinterfragt werden aber deren voraussetzungsreiche Bedingungen. Dass Institutionen, Pfadabhängigkeiten und Gewohnheiten die Handlungsoptionen der Akteure beeinflussen, ist zweifelsfrei ein wertvoller Fortschritt gegenüber den vormaligen atomistischen Abstraktionen; wie sie dies aber tun, ja dass sie sogar zu den Bedingungen rationalen Handelns gehören, ist bisher kaum ins Blickfeld gerückt (vgl. YEE 1997). Dies kann in dem von Institutionenökonomen derzeit vielzitierten Aufsatz „*Shared Mental Models*" von DENZAU und NORTH (1994) gesehen werden. Hier werden aus individualistischer Perspektive kognitive Muster der Akteure zu Institutionen aggregiert, um einerseits die Gleichartigkeit von Präferenzen und Handlungen zu erklären und andererseits damit auf die stabilisierende Wirkung von Institutionen verweisen zu können:

> Über eine Analogie wird von der weltordnenden Funktion individueller mentaler oder kognitiver Muster auf die gleiche Funktion bei den Institutionen geschlossen: Sie seien eine Extension der individuellen mentalen Konstruktionen. Indem noch einmal die Rolle der mentalen Modelle als Interpretatoren der menschlichen Umwelt erinnert wird, wird dieses Individualkonzept als transindividuelle Extension mentaler Modelle für die Population der Institutionenteilnehmer neu eingeführt, um die Divergenz der individuellen verschiedenen mentalen Modelle in institutionelle Kohärenz zu transformieren (PRIDDAT 1999b: 6).

Problematisch an dieser individualistischen Erklärung ist allerdings, dass das „... avisierte gemeinsam geteilte Erwartungsgleichgewicht, das Institutionen ausmacht, ... kein Aggregat von individuellen Präferenzen [ist], sondern eine gemeinsam geteilte Bedeutung, die den Interpretationsrahmen für die nun institutionell sortierten Präferenzen darstellt." (ebd.: 10) Mit anderen Worten, gegen die von DENZAU und NORTH aus den individuellen Kognitionen hochgerechnete gemeinsame Welt, die in daraus folgenden Koordinations- und Kooperationsmöglichkeiten ihre Funktion hat, muss geltend gemacht werden, dass die (Prä-) Existenz einer gemeinsamen Welt vielmehr schon die Bedingung für individuelle Kognitionen und Handlungen ist.

Die Erkenntnisse, die sich aus den psychologischen Verzerrungen des rationalen Handelns ergeben, sind aber nicht minder problematisch. Aufgrund der Heterogenität der Phänomene besteht leicht die Gefahr, in die Individualpsychologie abzugleiten und kaum mehr sozialwissenschaftliche Regelmäßigkeiten thematisieren zu können. Zudem geht mit der Konzentration auf kognitive Prozesse auch die soziokulturelle Dimension menschlichen Handelns verloren. Der Einfluss von Emotionen auf das Handeln ist kaum zu leugnen, doch kann man Emotionen nicht allein auf subjektive oder naturale Zustände reduzieren. So werden uns Gefühle wie Hass, Neid oder Rache erst dann verständlich, wenn sie ihrerseits auf die gemeinsamen sozialen Bedeutungen (z.B. Gerechtigkeitsverständnisse) bezogen und andererseits deren soziale Überformungen berücksichtigt werden (vgl. ELIAS 1939/91: 312-454).

Für die Sozialwissenschaften bleibt es deshalb eine zentrale Aufgabe, zunächst einmal über die sozialen Vorbedingungen rationaler Entscheidungen und Interaktionen informiert zu sein. Dies ist nun der originäre Fokus hermeneutischer Ansätze, denn sie betonen, dass allem Handeln schon ein oft implizit bleibender Hintergrund von Bedeutungen und Praktiken zugrunde liegt. Die notwendige Analyse eines solchen kulturell-intersubjektiven Hintergrunds hatte schon Thomas Schelling für die Spieltheorie angemahnt:

> The fundamental psychic and intellectual process is that of participating in the creation of *traditions*, and the ingredients out of which traditions can be created, or the materials in which potential traditions can be perceived and jointly recognized, are not at all coincident with the mathematical contents of the game (1960: 107).

Erst eine hermeneutische Vorbetrachtung macht dann deutlich, dass u.a. die Relevanz bzw. Irrelevanz von homo-oeconomicus-kompatiblen Anreizen nicht unerheblich davon abhängt, innerhalb welcher Kontexte von Bedeutungen und Praktiken die Akteure jeweils handeln, weil hieraus wiederum geschlossen werden kann, welche Anreize in welchem Maße erfolgversprechend sind.

Im Folgenden wird nun argumentiert, dass die Ökonomik ohne eine hermeneutische Vorstufe nicht auskommen kann, da sie es erst ermöglicht, die Handlungs- und Interaktionsspielräume, innerhalb derer Akteure interagieren, inhaltlich zu füllen.

3. Die Hermeneutische Sichtweise

Die Hermeneutik, die insbesondere von den Arbeiten WITTGENSTEINS, HEIDEGGERS und GADAMERS beeinflusst ist, betont die konstitutive Funktion einer gemeinsamen Welt für das menschliche Handeln.[3] Dies bedeutet, dass die Akteure schon immer innerhalb eines Netzes von Bedeutungen stehen, in das sie hineinsozialisiert wurden. Gleichwohl werden sie damit nicht zu kulturalistischen Marionetten, denn Bedeutungen unterliegen stetigen Uminterpretationen. Entscheidend ist: um überhaupt in soziale Interaktionen einzutreten, müssen eine Reihe konstitutiver Praktiken, Bedeutungen und Regeln bereits internalisiert sein. Daraus folgt ein fundamentaler Unterschied zu den Naturwissenschaften bzw. zu naturalistischen Ansätzen, den GIDDENS mit dem Terminus der „Doppelhermeneutik" treffend umrissen hat:

> Soziologisches Wissen schraubt sich in den Bereich des sozialen Lebens hinein und aus diesem Bereich wieder heraus, und es gehört als integraler Bestandteil mit zu diesem Vorgang, daß dieses Wissen dabei sowohl sich selbst als auch diesen Bereich umgestaltet (1995b: 26).

Gemeint ist damit der Umstand, dass soziale Institutionen wie das Geld oder das Recht immer schon bestimmte Interpretation sind. Da die Sozialwissenschaften selbst ein Teil dieses kon-

[3] In der Ökonomie wurde die Hermeneutik u.a. von der österreichischen Schule rezipiert (vgl. hierzu LAVOIE 1990; PRYCHITKO 1995).

stitutiven Bedeutungsnetzes sind, werden sie von sich wandelnden Selbstinterpretationen umgestaltet und gestalten die Gesellschaft, in die sie einfließen, selbst mit um. Theorien, die bspw. auf einen neuen Grundgesetzkommentar wirken, sind einerseits von Problemen der Praxis beeinflusst, werden aber andererseits auch langfristig wiederum die Rechtsprechung und damit die Praxis mehr oder weniger beeinflussen. Hingegen kümmert sich ein Stein, den man in die Luft wirft, herzlich wenig um unsere Theorien über ihn. Sind sie richtig, werden wir voraussagen können, was und warum mit ihm geschieht. Viel komplexer wird es bei Menschen. Werden sie etwa mit neuen Gesetzen konfrontiert, ist ihre Reaktion nicht zuletzt vom gemeinsamen Hintergrundwissen, von den kulturellen Bedeutungen, von ihrem Verständnis über Autorität und Legitimität: kurz von den bedeutungsvollen Praktiken abhängig.

Wenn die Akteure über Selbstinterpretationen die Bedeutungen ihrer sozialen Welt aktiv konstituieren, folgen daraus einige entscheidende Aufgaben für die Sozialwissenschaften. Da Akteure ihrer sozialen Welt Bedeutungen auferlegen, muss es darum gehen, diese Bedeutungen, die in Praktiken, Regeln und Institutionen inkorporiert sind, nachzuvollziehen. Die Inkorporation von Bedeutungen in Praktiken, Regeln und Institutionen meint zweierlei: einerseits, dass sich in den Praktiken die Ideen und Selbstinterpretationen ausdrücken und andererseits zugleich auch, dass die Ideen und Selbstinterpretationen in den Praktiken aufgehoben sind, ohne dass das deren Sinngehalt von den Akteuren immer auch artikuliert werden könnte. In gewisser Weise vollzieht sich hier etwas, was wir bei der Sozialisation eines Kindes erleben. Zuerst wissen wir, wie wir im Alltag Dinge zu handhaben haben, was in einer bestimmten Situation angemessen ist *(knowing how)*, erst später gelingt es uns, und auch das nur zum Teil, den rationalen Gehalt unserer Praktiken zu artikulieren oder in Frage zu stellen *(knowing that)* - so wie man oft die grammatischen Regeln einer Sprache anwendet, ohne die Regel selbst zu kennen.

Der hermeneutischen Sozialwissenschaft ist es dann darum zu tun, diese Bedeutungen so tief als möglich zu durchdringen und zu artikulieren. Es handelt sich um „...eine Rekonstruktion dieser Regeln, Normen und der jeweiligen Kontexte, durch die Handlungen definiert und mit Bedeutung versehen werden, sowie eine Kenntnis der Intentionen und Motive der Akteure, woraus sich die Innenperspektive dieser Ansätze ergibt. Der Bedeutungsgehalt wird dabei intersubjektiv gebildet, was zur Folge hat, daß Akteursintentionen nur vor dem Hintergrund einer gemeinsam geteilten Sinnwelt deutlich werden.“ (SCHABER und ULBERT 1994: 143)

Deutlich wird nun auch, warum solche Praktiken und deren Bedeutung kein Privatbesitz sind, wie es etwa das ökonomische Konzept der Präferenzen nahelegt. Vielmehr gibt es „... institutionelle Tatsachen .... die Tatsachen nur kraft menschlicher Übereinkunft sind ... die nur existieren, weil wir glauben, dass sie existieren.“ Es sind „... »objektive« Tatsachen wie das Geld, das Eigentum, Regierungen und Ehen, ... in dem Sinn, dass sie nicht Sache deiner oder meiner Bevorzugungen, Bewertungen oder moralische Einstellungen sind." (SEARLE 1997: 11, auch 41-68)

Der Unterschied, der hier zum Konzept der subjektiven Präferenzen besteht, kann am Beispiel des modernen Politikprozesses dargelegt werden. Der Politikprozess wird von ökonomischen Theorien in der Regel als Interessenspiel beschrieben. Danach handeln Individuen in der Politik ihre je eigenen Interessen aus, mit dem Ziel, von ihnen soviel als möglich durchzusetzen. Dem liegt aber schon eine intersubjektive geteilte Praxis zugrunde, z.B. dass Politik auf der Praktik der Verhandlung basiert: Wir wissen und akzeptieren, dass Personen ein Interesse haben und es vertreten, dass sie verhandeln, Angebote machen und annehmen. So etwas wie Interessen und Präferenzen sind Bedeutungen, die für uns nur vor dem Hintergrund schon bereits existierender Bedeutungen und Praktiken wie der Politik und dem Recht Sinn machen. Intersubjektive Bedeutungen sind keine kausalen Handlungsfaktoren, sie stecken aber den Raum ab, innerhalb dessen wir Handlungen als sinnvoll und rational erachten. Vor einem intersubjektiv geteilten Hintergrund wird bspw. erst klar, dass und worüber Konsens und Dissens bestehen kann. Die Praktik der Verhandlungen setzt demnach voraus, dass es schon eine gemeinsam geteilte Übereinstimmung über die Funktion und die Bedeutung von Verhandlung gibt (vgl. TAYLOR 1975: 180-193).

Einer ökonomischen Theorie der Politik liegen also bereits schon immer eine Reihe von Bedeutungszuschreibungen zugrunde, ohne das dies immer klar gesehen würde. Dem Politikprozess, der erklärt werden soll, werden eine Reihe von konstitutiven Bedeutungen unterstellt bzw. sie werden den Akteuren zugeschrieben:

> ... we have a participant's understanding of voting, legislating, judging, electing, in order to claim that we are explaining this political activities. The meaning of these concepts can be understood only in terms of the practices and/or actions they denote, and these practices and actions can be understood and related only in terms of the concepts they express. They are learned and defined contextually in the process of political action, and a theory which would explain activity presupposes them, for in their absence there is no political activity to be explained (MOON 1975: 207).

Zudem werden dann Praktiken rationaler Politik mit Bedeutung ausgestattet. So operiert die Ökonomik der Politik oft unter der implizit bleibenden Annahme eines Mehrheitswahlsystems, Politik wird als Aktivität der Interessenmaximierung durch kollektives Handeln verstanden und Demokratie als Regelsystem mehrheitlicher Präferenzenrealisierung.[4] Schließlich diskriminiert dieses Politikverständnis per Bedeutungsgebung, indem die Möglichkeit expressiven, symbolischen, kommunikativen, solidarischen oder identitätsstiftenden Handelns oft a priori ausgeschlossen wird.

---

[4] Ein so definiertes Politikverständnis trägt wiederum ein hermeneutisches Problem in sich. Es besteht darin, dass es zumeist vor dem angelsächsischen Kontext der Konfliktdemokratie entworfen wird und bei der Übertragung auf andere historische oder kulturelle Kontexte Probleme aufwerfen kann. Nicht ohne (empirischen) Grund haben deshalb vor allem europäische Politikwissenschaftler die Unterscheidung zwischen angelsächsischen Konfliktdemokratien und kontinentaleuropäischen Konsensdemokratien eingeführt. Ähnliches Problem trifft man auch bei der ökonomischen Analyse des Rechts an, wo das angelsächsische Common Law oft impliziter Hintergrund ist.

Fasst man zusammen, dann stellt sich die Hermeneutik eine doppelte, reflexive Aufgabe: Es ist die Beschreibung der intersubjektiven Bedeutungen, die in alltäglichen Praktiken inkorporiert sind, der Regeln, Institutionen oder Normen, die ein sinnvolles, rationales Handeln immer schon voraussetzt. Zweitens, ist es die Frage, wie sich intersubjektive Bedeutungen und deren Praktiken wiederum durch Selbstinterpretationen der Akteure verändern.

4. Beispiel eines Hermeneutischen Handlungsmodells

Die hermeneutische Binnenperspektive steht der ad hoc Bedeutungszuschreibung der Ökonomik kritisch gegenüber. Für sie können erst nach der Analyse der gemeinsam geteilten Bedeutungen und Praktiken, Aussagen darüber getroffen werden, welcher Logik die Akteure in bestimmten Kontexten folgen. Eine apriorische Zuschreibung kann hingegen zu Verzerrungen führen. So lässt sich beobachten, dass wir es in wissenschaftlichen, künstlerischen oder partnerschaftlichen Interaktionen weniger mit der Logik des Eigeninteresses als vielmehr mit der der Wahrheit, der Expressivität, der Liebe oder des Vertrauens zu tun haben, was zugleich auch andere Handlungsevaluationen nach sich zieht. Wer die dort geltenden Bedeutungen, Güter und Regeln nicht beachtet, wird u.U. nicht verstanden und verunmöglicht die Interaktion (vgl. SUNSTEIN 1994).

Dies wird insbesondere von funktionalistischen Vertretern der Ökonomik anders gesehen. BECKER exemplifiziert es u.a. an dem Bereich, der sich intuitiv der ökonomischen Kalkulation am stärksten zu entziehen scheint: nämlich der ehelichen Partnerschaft. Allerdings zeigt gerade Beckers ökonomischer *Ockham razor*, in welchem Maße hier der historische und kulturelle Bedeutungsgehalt, den die Akteure der Institution Ehe beimessen, unberücksichtigt bleibt. Bekanntlich besagt Beckers These u.a., dass bei einem existenten Heiratsmarkt eine Person dann heiratet, wenn der erwartete Nutzen der Heirat größer ist, als ein Leben als Single oder als eine weitere Suche (1993a). Ohne eine inhaltliche Ausgestaltung, ohne eine Spezifizierung, was der Nutzen der Ehe im jeweiligen Fall für die Akteure bedeutet, ist diese These inhaltsleer, ja sogar tautologisch. Durchaus vorstellbar ist die Konsistenz der These mit allen Daten, ohne aber eine einzige Erklärung zu liefern. Die bewusste Entleerung des Nutzenkonzepts bei Becker, wo es auf die Intentionen der Akteure selbst nicht mehr ankommt, wo Gründe nicht mehr Handlungen verursachen, führt letztlich zum tautologischen Funktionalismus einer sich auf evolutionäre Anpassung berufenden Soziobiologie (so BECKER 1993b: 269-79; ders. 1976/93; zur Kritik BOHMAN 1991: 74-5). Das heiratende Individuum wird dann zum mechanischen Durchläufer sich auf Druck der Evolution verwirklichender Gene. Prognosen, wenn nicht sogar Erklärungen scheiden dann aber weitestgehend aus, weil sich der evolutionäre Prozess zumeist nur als „poststabilisierte Harmonie" (WUKETITS 2000) darstellen lässt.

Wenn man Beckers Nutzensteigerungsargument inhaltlich ausfüllt, dann spricht dennoch einiges für dessen Plausibilität. Betrachtet man bspw. die Bedeutung der Ehe im Feudalsystem, sieht man, dass es durchaus üblich war, Ehen mit dem instrumentalistischen Ziel der Subsistenzsicherung oder der Machtakkumulation zu schließen – wenngleich Beckers Prämissen wie die Freiwilligkeit der Heirat und ein existenter „Heiratsmarkt" wohl eher moderne westliche Phänomene sind. Tragisch wurde es immer dann wenn, wie in Schillers „Kabale und Liebe", Liebe und die Anforderungen der Ehe in Konflikt gerieten. Für die moderne bürgerliche Ehe, wie wir sie etwa seit dem Ende 18. Jahrhundert kennen, gilt das schon nicht mehr. Sie zeichnet sich nachgerade durch die emotionale Wendung zur Liebe aus. Wenn „Liebe zur Passion" (Luhmann) wird und sich die Ehe in der Regel darüber konstituiert, kann man zwar immer noch argumentieren, dass nunmehr innerhalb der Ehe Liebe maximiert werden soll. Zugleich versperrt eine solche Betrachtung den Zugang zur Logik, den die Akteure selbst an ihre Interaktionen herantragen. In der Regel wird es nämlich so sein, dass, wer kalkulatorische Argumente in eine über Liebe konstituierte Interaktion einbringt oder wenn solche aufgedeckt werden, die Interaktion nicht aufgenommen oder abgebrochen wird. Mit anderen Worten, hier fällt die äußere Zuschreibung von Handlungsmotiven der Ökonomik mit der Binnenlogik des Akteurshandelns auf problematische Weise auseinander.

Die Metrik der Ökonomik nivelliert diese Entwicklungen, da alle Handlungen nur immer als Ausfluss gleicher Motivationen gesehen werden, die sich nur wandelnden Restriktionen gegenübersehen. Damit gerät aus dem Blickfeld, in welchem Maße sich in unterschiedlichen horizontalen wie vertikalen Kontexten die Handlungslogik unterscheidet, ja dass die Logiken sogar inkommensurabel sein können (vgl. CHANG 1997; SUNSTEIN 1994).[5] Wenn man annimmt, dass Gründe, Rechtfertigungen und schließlich die Entscheidungen der Akteure nicht zuletzt vom Kontext, in dem sie handeln, abhängig sind, dann ist eine reine Kosten-Nutzen-Dichotomie deskriptiv wie normativ problematisch. Dies verdeutlicht PRIDDAT am Problem der Moral:

> Ökonomen bieten an, auch die moralische Entscheidung als rational zu interpretieren. Damit haben sie Recht, aber nicht in dem Sinne, daß die Moral in die ursprüngliche ökonomische Entscheidung integriert wird, sondern im Gegenteil: Die moralische Entscheidung entspringt einem moralischen Kontext, mit anderen Rationalitätsbedingungen ... Moralische Entscheider kommen selten in die Situation, sich zu überlegen, ob die Anwendung von Moral vorteilhafter ist oder nicht. Als moralische Akteure denken sie moralisch, d.h. nicht mehr in Kosten/-Nutzen-Terminologie. Indem sie die Sprache wechseln, wechseln sie die Bedingungen der - scheinbar selben - Sachverhalte. Wenn Moral aber die Akteure in einem anderen Kontext ihrer Einscheidungen, transponiert, können wir nicht mehr ohne weiteres davon reden, daß sie ihre rationale Wahl unter moralisch restriktiven Bedingungen gefällt haben. Sie fällen schlicht eine andere Wahl. Sie wechseln den Kontext, in dem die alten Rationalitätskriterien nicht mehr gelten (1998: 252-3).

Wie eine auch empirisch gesättigte Differenzierung von modernen Handlungs- und Rechtfertigungskontexten aus hermeneutischer Sicht aussehen kann, haben die beiden franzö-

---

[5] Nach PRIDDAT ist die Ökonomik zwar eine „...Theorie der Konstruktion von Alternativen ...", aber „... ohne daß die Theorie selbst diesen Vorgang thematisieren könnte." (1994: 137)

sischen Sozialwissenschafter und Ökonomen BOLTANSKI und THÉVENOT (1991, 1999). zu zeigen versucht (vgl. auch LAMONT & THÉVENOT 2000). Sie unterscheiden zumindest sieben mögliche Ordnungs- und Legitimationsformen gesellschaftlichen Handelns (*grandeur*). Diese sind historisch gewachsen und werden durch je eigene Güterordnungen, Interaktions-, Qualifikations- und Rechtfertigungsmuster konstituiert.[6] Boltanski und Thévenot verbinden entgegen der „logic of consequentalism" der Ökonomik die "logic of appropriateness" mit der "logic of arguing". Erstere besagt, dass "... human actors have to follow rules for action by assessing similarities between current identities and choice dilemmas and more general concepts of self and situations." (MARCH und OLSON 1998: 951); letztere, dass Akteure diskursiv vermitteln, argumentieren und zu überzeugen versuchen. Dabei müssen aber die Akteure beachten, und hier liegt die Rückkopplung zur „logic of appropriateness", in welchem Kontext sie sich befinden.

Boltanski und Thévenot bestimmen dann sieben Organisations- und Legitimationsformen gesellschaftlichen Handelns und ordnen ihnen signifikante Evaluations- und Interaktionsmuster zu. Die Ordnungen bestehen aus (1) dem Markt, (2) der technologisch-industriellen Welt, (3) der (Staats-)Bürgergesellschaft, (4) der Welt der häuslichen Ordnung, (5) der kreativ-künstlerischen Welt, (6) der Welt der öffentlichen Anerkennung und (7) der ökologischen Welt. Jeder dieser Ordnungen sind unterschiedliche Formen der Evaluation- und Interaktion eigen, auf die sich Akteure, wollen sie in der entsprechenden Sphäre argumentieren und erfolgreich handeln, beziehen müssen. Jede dieser Welten konstituiert sich sodann über unterschiedliche (1) Evaluationsmodi von Handlungen, (2) elementare Beziehungen zwischen den Akteuren, (3) relevante Informationen, (4) qualifizierte Objekte, (5) Akteurskonzeptionen sowie (6) zeitliche und (7) räumliche Organisationsverständnisse:

6 "The reference to different kinds of common goods makes it possible to sort out different ways of deciding on person's state of worth ... the different forms of equivalence are not related to different groups ... but to different situations. It follows that a person must - in order to act in a normal way - be able to shift, during the space of one day or even one hour, between situations which are relevant in relation to different forms of equivalence. The different principles of equivalence are formally incompatible with one another, since each of them is recognized in the situation in which its validity is established as universal. It follows that the persons must have the ability to ignore or forget, when they are in a given situation, the principles on which they have grounded their justifications in the other situations in which they have been involved." (Boltanski & Thévenot 1999: 365)

	Markt	Technik	Bürger	Haus	Inspiration	Meinung	Umwelt
Evaluations-modi	Preis, Kosten	Produktivität, Effizienz	kollektive Wohlfahrt	Achtung, Reputation	Einzigartigkeit, Kreativität	Bekanntheit, Ruhm	Verträglichkeit
Elementare Beziehung	Konkurrenz, Wettbewerb, Tausch	Kompetenz, Funktionalität	Gleichheit, Solidarität	Vertrauen	Passion, Enthusiasmus	Popularitat, Publikum, Anerkennung	Substantialität, Erneuerbarkeit
Relevante Information	Geld	Messbarkeit	Formalitat, Öffentlichkeit	Oralitat, persönliche Garantien	Emotionalität, Expression	Semiotik	Ökologische Verträglichkeit
qualifizierte Objekte	zirkulierende Güter	Methoden, technische Objekte	Regeln, Normen, Rechte, Wohlfahrt	Herkunft, Lokalität, Erbe	Sublimität	Medien, Zeichen	Ursprünglich-keit, saubere Umwelt
menschliche Qualifikat.	Produzent, Konsument	Experte, Ingenieur	Staatsbürger, solidarisches Individuum	autoritäres u. liebendes Individuum	Kreatives Individuum	zelebrierendes Individuum	Harmonische Individuum
zeitliche Formation	kurzfristige Flexibilität	langfristige Planung	Beständigkeit	eingewöhnte Vergangenheit	Revolutionär, Visionär	Trend, Mode	Zukünftige Generationen
räumliche Formation	Global	Kartesian. Raum,	Separation	Lokal	Gegen-wärtigkeit	Kommunik. Netzwerke	Planet, Öko-system

Zwar beherrschen die Akteure in der Regel mehrere dieser Logiken, doch ist immer wieder festzustellen, dass einzelne Logiken als gesamtgesellschaftliches Deutungsmodell auftreten. BOLTANSKI und CHIAPELLO (1999) haben dies jüngst an den Metamorphosen des Kapitalismus seit dem 19. Jahrhundert gezeigt. Danach dominierten den Kapitalismus des 19. Jahrhunderts eine Verbindung aus der Logik des Marktes mit der der häuslichen Ordnungen (Dominanz von Familienunternehmen). Im 20. Jahrhundert wurden die familiären Verbindungen immer weiter von den Massenproduktionstechniken, die der Logik der technischen Ordnung folgen, sowie von Repräsentations- und Mitbestimmungsformen (Bürgerordnung) ersetzt. Seit einigen Jahren – auch unter dem Einfluss der 68er Revolte – werden diese Logiken nunmehr von Kreativitäts-, Zelebrations- und Umweltlogiken verdrängt. Gegen die Monotonie der Massenproduktion, gegen die Geschlossenheit der Repräsentation in der Arbeitsorganisation und gegen die Umweltbelastungen wird die Kreativität, Fantasie und Authentizität des Individuums, die idiosynkratische Bedeutung des innovativen Unternehmers, Netzwerke der Arbeitsorganisation (*Cité par projets*) und Logiken der Umweltverträglichkeit betont. Ähnliche Entwicklungen lassen sich auch für der Politisierung der Privatsphäre wie auch bei der Ökonomisierung des Politischen nachvollziehen.

Das Modell von BOLTANSKI und THÉVENOT impliziert nun nicht, dass Akteure einmal rational handeln und ein anderes Mal vorgegebenen Normen oder Wertorientierungen folgen. Damit würde man nur wieder das altbekannte Stereotyp von den rationalen Wahlhandlungen einerseits und den stetigen Normenbefolgungen andererseits tradieren. Beide Sichtweisen sind nicht nur dogmatisch, sondern auch unplausibel, weil geradezu deterministisch davon ausgegangen wird, dass Akteure jede ihrer Handlungen entweder an ihrem Selbstinteresse oder an Werten und Normen ausrichten. Schließt man zudem aus, dass Handlungen vollständig auf naturwissenschaftliche Prozesse oder funktionale Anpassungen reduziert werden können, ist entscheidend zu sehen, dass das Handeln der Akteure, bevor überhaupt Interessen und Normen ins Spiel kommen, erstens schon Sinnzusammenhänge und Bedeutungsgebungen voraussetzt, die sich innerhalb eines kontextuellen Rahmens von alltäglichen Praktiken vollziehen (SWIDLER 1986: 276-7). Auch wenn tatsächlich Präferenzen oder Normen im empirischen Einzelfall das Handeln terminieren, können diese zweitens doch nur angemessen vor dem Hintergrund der für die Akteure relevanten Sinnzusammenhänge und Bedeutungsgebungen verstanden werden. Berücksichtigt man dies, hat man es auch bei einer kontextuellen Rahmung „... weiterhin mit rationalem Handeln zu tun - es geht nicht darum, in Frage stellen, dass die Akteure rational handeln, aber ihre Rationalitätsstrukturen sind nicht kompatibel. Es handelt sich um ein 'contextual model of rationality'" (PRIDDAT 1998: 251).

Nun soll nicht das Konzept in seiner Gänze verteidigt werden, es liefert allein einige diskutable Anhaltspunkte, an denen die ökonomische Analyse systematisch vorbeisteuert. So gilt es zunächst, die jeweiligen Bedeutungen, Praktiken, Regelsysteme oder Legitimationen zu bestimmen, innerhalb derer sich rationale Handlungen vollziehen. Orientieren sich die Akteure aber in verschiedenen Kontexten an unterschiedlichen Gütern, dann müssen nachgerade rechtliche und politische Empfehlungen dafür sensibilisiert sein.

5. Ökonomik und Steuerungskontexte

Theoretisch wie empirisch stößt die Ökonomik immer wieder auf zwei Erklärungswiderstände: (1) die Persistenz von Handlungen trotz Änderungen der Anreizstruktur oder / und (2) die Änderung von Handlungen bei gleichbleibender Anreizstruktur.

Die Probleme ergeben sich vor allem aus der Logik der funktionalistischen wie der instrumentalistischen Version. Setzt man das Konstrukt des *homo oeconomicus* ad hoc oder erklärt man die eigentlichen Motive der Akteure gegenüber den hinter ihren Rücken waltenden Kräften für unerheblich, dann verfehlen möglicherweise auch homo-oeconomicus-kompatible Anreize, die vor diesem Hintergrund formuliert werden, ihre Wirkung. Dafür gibt es zumindest drei Gründe:

(1) Anreize könnten dann *irrelevant* sein, wenn sie den lebensweltlichen Motiven der Akteure zuwiderlaufen. Politikprogramme, die auf dieser Basis formuliert werden, müssten damit rechnen, dass entsprechende Anreize abprallen. Werden zum Beispiel Strafen zur Senkung der Kriminalität erhöht, die „Delikte" aber von Akteuren als Ausdruck politischer, kultureller oder ethnischer Identifikationsprozesse betrachtet, wird die Straferhöhung kaum Effekte bewirken, möglicherweise sogar das Gegenteil. Dieses Phänomen ist von Protestbewegungen in Diktaturen wie auch bei Gangs in amerikanischen Ghettos bekannt.

(2) Des Weiteren können homo-oeconomicus-kompatible Anreize unintendiert einen *Verdrängungseffekt* auslösen. Wenn intrinsische Handlungen (ethisch, solidarisch oder expressiv) unter bestimmten Bedingungen mit Anreizen belohnt werden, zerstören diese Anreize u.U. die vormaligen Handlungsmotive (vgl. FREY und BOHNET 1994).

(3) *Legitimationsprobleme* treten schließlich dann auf, wenn den Akteuren durch hohe Sanktionen Verhaltensweisen geradezu aufgenötigt werden, die ihren lebensweltlichen Inten-

tionen widersprechen. Mit anderen Worten, wenn von Anreizen ein Effekt ausgeht, der von den Akteuren als erzwingender Kontrollimpetus empfunden wird, dann besteht die reale Gefahr, dass einzelne Politikprogramme oder gar ganze Regime ihre Legitimität aufs Spiel setzen.

Die Grenzen einer auf homo-oeconomicus-kompatible *incentivies* und *subsidies* basierenden Steuerungspolitik sensibilisiert für die Kontextabhängigkeit des Handelns. Schon die Annahme, dass Akteure universell gleichartig auf solche Anreize reagieren, ist bisher kaum empirisch gedeckt. Immer noch bestehen erhebliche Mängel an adäquaten Evaluations- und Implementationsstudien zu Wirkungen, Nebenwirkungen und Konsequenzen ökonomischer Anreizprogramme. Schon ein kurzer Blick auf die Forschungen, wie sie seit den 70er und 80er Jahren in der Rechtssoziologie und der Politikwissenschaft zu staatlichen oder marktorientierten Politikprogrammen durchgeführt wurden, reicht aber, um zu sehen, dass man regelmäßig mit erheblichen Steuerungsbarrieren zu rechnen hat. So konnte zunächst gezeigt werden, dass in staatlichen wie in marktlichen Steuerungsprozessen auf sehr unterschiedliche Steuerungsinstrumente zurückgegriffen wird. Als die gebräuchlichsten gelten u.a. *Zwang*, *Verhandlung* und *Überzeugung*, die über Steuerungsmedien wie dem Recht vermittelt werden. Daraus ergeben sich nun zwei Komplexe, die den Zusammenhang zwischen den unterschiedlichen intersubjektiv geteilten Bedeutungen und Wertvorstellungen und dem Wirkungsgrad der Steuerung thematisieren. Es ist einerseits die ethisch-moralisch und legitimatorische Dimension des Anreizproblems, die von der Ökonomik nivelliert wird. So reicht bei *Zwang* das Spektrum von allgemein akzeptierten Rechtsnormen, über als ungerechtfertigt angesehene Normen bis hin zur Tyrannei; bei *Verhandlungen* von Tausch bis hin zu Bestechung und Erpressung und bei *Überzeugung* von rationaler Argumentation bis hin zu Schmeichelei, Einschüchterungen, Aufwiegelungen, Täuschungen oder Betrug (GRANT 2000: 40-57). Andererseits ist es die kontextabhängige Wirkung der Steuerung selbst:

(1) *Soziokulturelle oder sozioökonomische Bedeutungen* terminieren unterschiedliche Einstellungen zu bestimmten Steuerungsformen. Die Steuerungswirkung des formalen Rechts hat bspw. in Deutschland eine andere Rolle als in Italien. Es kann gesundheitsfördernd sein, um die relative Bedeutung einer roten Ampel in Italien zu wissen.

(2) *Gesellschaftliche Subkulturen* und die damit verbundenen *kognitiven Persönlichkeitsmerkmale* der Adressaten können sich so unterscheiden, dass gleiche Steuerungsformen auf unterschiedliche Weise interpretiert werden. Diese Erfahrungen machten Staat und Firmen bspw. bei Langzeitarbeitslosen oder Mitarbeitern aus sozialen Unterschichten die, anders als Führungskräfte und gegen alle Erwartungen, kaum für finanzielle Anreize empfänglich waren. Gewöhnungs- und Resignationsprozesse waren hier ebenso entscheidend wie Verankerungen in Submilieus.

(3) Und schließlich, um auf die Matrix von BOLTANSKI und THÉVENOT zurückzukommen, werden von den Akteuren nicht alle Steuerungsformen in allen Kontexten als legitim erachtet. So werden in der Privatsphäre oder in der Zivilgesellschaft häufig marktliche oder technische Argumente zurückgewiesen. Auch wenn man bspw. noch so vehement auf die Effizienz eines

marktlichen Organhandels insistiert, die Verfolgung von Bagatelldelikten in der Kriminalpolitik für ineffizient erachtet oder die Möglichkeiten der Gentechnik preist, kann man den Widerstand dagegen doch nur *verstehen* und *erklären*, wenn man die intersubjektiven Güter- und Wertvorstellungen, aus denen sich diese Kritik speist, berücksichtigt (ANDERSON 2000: 190-9).

Neben den „objektiven" Kriterien einer anreizkompatiblen Steuerung wie der Folgebereitschaft der Akteure oder ihren Nebeneffekten muss man also immer auch ethisch-moralische und legitimatorische Kriterien, die für die Akteure, ob nun erwünscht und effizient oder nicht, mit einbeziehen. Letztlich kommt auch eine demokratische Entscheidungsfindung nicht umhin, Moral, Legitimität, die Machtgewichte der beteiligten Parteien, demokratische Rückkopplung, kurz: die Folgewilligkeit der Akteure in ihren Politikprogrammen zu berücksichtigen.

6. Annäherungsversuche zwischen Ökonomik und Hermeneutik

Die vorgebrachten Argumente sollen dafür sensibilisieren, dass, wer mittels Recht, Geld oder institutionellen Arrangements steuern will, die dem Handlungskontext zugrundeliegenden Bedeutungsmuster zu beachten hat, die kulturellen, ethnischen oder wertgeladenen Zugehörigkeiten. Diese Bedeutungsmuster sind nicht einfach Ausfluss individueller Nutzenkalküle, sie sind vielmehr erst Bedingungen für bestimmte Strategien und Rationalitätskriterien. Intersubjektiv geteilte Bedeutungen und Praktiken konstituieren nicht nur bestimmte Handlungsstrategien und ermöglichen es den Akteuren, bestimmte Ziele zu verfolgen, sie erlauben es ihnen, ihre Handlungen überhaupt zu koordinieren, zu kommunizieren, sie einzuschätzen, zu kritisieren und zu rechtfertigen. Handlungsstrategien sind damit weder allein auf subjektive Präferenzen rückführbar, noch von Werten prädeterminiert, sie sind eingebettet in ein Netz von Bedeutungen, Praktiken und gemeinsamen Gütern. Diese sind es, die Motivationen hervorrufen, Erfahrungen organisieren, Realität bewerten, Verhalten regulieren, soziale Bindungen formen und somit schließlich erst Handlungsstrategien konstituieren (ELIAS 1939/91: 475-7; SWIDLER 1986):

> Die Lebenswelt bildet in ihrer die Funktion als allgegenwärtiger Hintergrund ein Reservoir von *kulturellen Wissensbeständen*, von *Annahmen sozialer Verläßlichkeiten* und *Legitimationen* sowie von *persönlichen Kompetenzen*, welche die Aktoren in die Lage versetzen, in aktuellen Situationen agieren zu können. *Als Interpretationsressource* ist die Lebenswelt für die Situationsdeutung, die Verständigung und die Planverwirklichung konstitutiv (IMHOF 1994: 421).

So ist es erst die intersubjektive Anerkennung der Werthaltigkeit eines Nutzens und die Verlässlichkeit dieser Anerkennung, die es den Akteuren überhaupt ermöglicht, Präferenzen auszubilden, Strategien zur ihrer Verfolgung zu entwerfen und deren Nutzen zu genießen. Es gibt keine privaten Kalkulationsmaßstäbe, diese müssen zumindest von einigen anderen anerkannt sein. Erst die Anerkennung gewährleistet ja die Möglichkeit der Verwirklichung. Zugleich ist die Einbettung innerhalb gemeinsam geteilter Bedeutungen, Praktiken und Regelsysteme wiederum die Voraussetzung der Anerkennung. Auf deren Grundlage erhalten die Akteure die Gewissheit, in ihrer personalen Identität dieselben zu sein. Wäre dies nicht der Fall, wäre die Identität des Individuums stetig mit Unsicherheit belastet und die Ausbildung von Präferenzen, Strategien und Nutzengenuss fragil (PIZZORNO 1990: 327; 1991: 219). Identifikation mit sich selbst ist aber kein monologischer Akt, sondern ein dialogischer: Weil er ein Mindestmass an Anerkennung meiner Person, meiner Wünsche wie meiner Handlungen durch andere voraussetzt, bildet der gemeinsame Bedeutungshorizont und der darin sich vollziehende dialogische Anerkennungsprozess die positive wie die normative Basis für die individuellen Bestrebungen, ja für die Existenz sozialer Ordnungen überhaupt.

Jeder Analyse der strategischen Potenzen der Akteure muss demnach eine Bestimmung der intersubjektiv geteilten Bedeutungen vorausgehen. Doch zur Ermittlung lebensweltlicher intersubjektiver Bedeutungen findet sich in der Ökonomik weder ein ontologisches noch ein methodologisches Äquivalent. Dabei bleibt die Ökonomik nur fruchtbar, wenn sie berücksichtigt, innerhalb welcher identifizierbarer Bedeutungsmuster die Akteure ihr strategisches Potential entfalten.

Eine Annäherung zwischen Ökonomik und Hermeneutik nun zunächst zweierlei voraus: einerseits das Eingeständnis der Defizite auf beiden Seiten, andererseits müssen die Grenzen, die auch eine erfolgreichen Synthese hinterlässt, klar artikuliert werden.

Die Defizite der Hermeneutik liegen im Mangel, erklären zu können, wie Handeln innerhalb von gemeinsamen Bedeutungen und Praktiken kausal wirkt und welche Konsequenzen es erzeugt. Das Defizit auf der Seite der Ökonomik ist, nicht zeigen zu können, auf welcher voraussetzungsvollen Basis real existierende Akteure handeln. Überdies ist bisher noch nicht abzuschätzen, inwiefern es gelingt, auch nur annähernd die Einwände und Ergänzungen aus der epistemologischen, historischen, psychologischen und institutionalistischen Kritik in ein kohärentes Programm zu integrieren. Auch wenn diesbezüglich Fortschritte erzielt werden, kann die „hermeneutische Vorleistung" darüber wohl kaum abgedeckt werden. Aus diesem Grund steht eine allgemeine Gesellschaftstheorie mit universalistischem Anspruch auch zukünftig nicht zu erwarten. Was aber erwartet werden kann, sind „dichtere Erklärungen" klar abgesteckter Problematiken, wobei die Hermeneutik über den Horizont der Bedeutungen und Praktiken aufklärt, der Handlungen ermöglicht als auch beschränkt, die Ökonomik zeigt die strategischen Potentiale und deren Folgen innerhalb dieses Horizonts auf.
Erste Annäherungsversuche verschiedenster Art wurden hierzu bereits unternommen (vgl. MOON 1975; FEREJOHN 1991; JOHNSON 1991; HEGMANN 2000). Insbesondere FEREJOHNS Beitrag kann als wegweisend gelten. Zunächst zeigt er, dass spieltheoretische und ökonomische Forschungen ohne Hilfsannahme (Annahme über die menschliche Natur oder substantielle Füllungen des Rationalitätskonzepts) kaum zu eindeutigen Ergebnissen kommen können:

> ... there is nothing internal to game theory or rational choice theory that allows the analyst to 'predict' the play of one such equilibrium rather than another, so that the prediction of cooperation in this setting does

> not follow from principle of rationality but from some other (nonrational) assumption about how the game will be played. To obtain a unique prediction, we need to appeal to an auxiliary principle that would allow the agents to coordinate their behavior on a specific equilibrium (ebd.: 284).

Aus diesen Gründen plädiert FEREJOHN für eine Ergänzung durch die Hermeneutik, weil sie durch die Analyse von *common knowledge*, Bedeutungen und Praktiken, die für die Akteure vorstellbaren und legitimen Lösungen einschränkt und aufzeigen kann, warum in bestimmten Kontexten einige Lösungen wahrscheinlicher sind als andere. Daraus folgt die gegenseitige Ergänzungsfunktion von Ökonomik und Hermeneutik:

> ... the culturalist can narrow the range of plausible interpretations of an event or practice by appealing to (universal or at least broadly shared) principles of consistent purposive action implied by the possibility of intersubjective comprehensibility. The rational choice theorist may be able to select among equilibria by appealing to culturally shared understandings and meanings necessary to select among strategic equilibria (ebd. 285).

Begreift FEREJOHN Ökonomik und Hermeneutik noch als widerstreitende Forschungsprogramme, die allerdings Komplementaritäten aufweisen, so geht JOHNSON mit der Betonung der gegenseitigen Bedingtheit weiter (vgl. auch TSEBELIS 1997; RAMBO 1999; KOPPL und WHITEMAN 2001 SCHIEMANN 2002). Für ihn stellen die symbolischen Formen der Hermeneutik überhaupt erst die Bedingungen strategischen Handelns bereit. Sie besitzen einmal eine *Diskriminierungsfunktion*, denn sie stecken den Raum möglicher Alternativen ab: „... they allow actors to impose order, relation, and predictability in the face of indeterminacy." (1997: 8) Sodann haben sie dort eine *Ermöglichungsfunktion*, wo sie den Akteuren erst Interaktionsoptionen oder Identitäten eröffnen:

> Symbolic forms exert force over social and political actors by commanding their attention and capturing their imagination. They govern the mental capacities with which actors delimit the possibilities embodied in their extant situation and envision those that lie beyond it (ebd. 8-9).

Ein mögliches Forschungsprogramm, das daraus resultieren könnte, sähe dann folgendermaßen aus:

(1) *Hermeneutische Ebene*: Akteure richten ihr Handeln zunächst vor dem Hintergrund unhinterfragter Bedeutungen, Praktiken und Regelsysteme aus. Die Bedeutungen, Praktiken und Regelsysteme konstituieren den Möglichkeitshorizont des Handelns, die Güter, die für erstrebenswert gehalten sowie die Handlungen, die als legitim erachtet werden. Diese Bedeutungen werden genuin über einen intersubjektiven Prozess vermittelt. Da es die Charakteristik eines kulturellen Rahmens ist, gerade nicht zur Disposition einer mit Kosten verbundenen individuellen Wahl zu stehen, ist das ökonomische Verhaltensmodell ungeeignet, diesen Rahmen zu analysieren. Vielmehr sind die Akteure in diesen intersubjektiv geteilten Rahmen hingestellt, und es ist explizites Anliegen der Hermeneutik, die darin oft implizit bleibenden Bedeutungen, Praktiken, Regelsysteme Güter oder Legitimitäten, mit anderen Worten, den Möglichkeitsraum des Handelns zu artikulieren.

(2) *Die ökonomische Ebene*: Die Schwierigkeit der Hermeneutik besteht dagegen darin, den Rahmen kultureller Bedeutungen in strategische Interaktionen des alltäglichen Handelns und deren Folgen zu übersetzen (selbstkritisch GEERTZ 1973: 250). Hier kommt die Ökonomik zu ihrem Recht, weil sie vor allem in ihrer intentionalistischen Version zeigen kann, dass und mit welchen Kosten Handlungen belastet sind, wollen Akteure mit unterschiedlichen Strategien bestimmte Güter verfolgen. Gleichwohl bedingt die Hermeneutik die Ökonomik, da strategische Interaktionen sich nicht nur vor dem Hintergrund kontextueller Bedeutungen vollziehen, sondern schon immer eine gewissen Stabilität an Erwartungen voraussetzen:

> Ohne vertraute, für vertrauenswürdig gehaltene Regeln der Selektion, der Klassifikation und der Interpretation wäre der individuelle Aktor vollkommen außerstande, die an sich strukturlose Masse der auf ihn zuströmenden, in ihrem Gehalt zunächst unbestimmten Informationen nach Bedeutsamem und Belanglosem, nach Trügerischem und Verläßlichem aufzuschlüsseln. Ohne sie wäre er unfähig, zielstrebige Informationsbeschaffung zu betreiben und sich in seinem Informationsverhalten ökonomisch rational zu verhalten: Vorstellung über den Nutzen zu bilden, den ihm neue Informationen verschaffen, und solchen zusätzlichen Nutzen in Verhältnis zu setzen zu den Kosten, die ihm aus der Informationsbeschaffung erwachsen (SIEGENTHALER 1993: 33).

Freilich wäre auch eine solche Synthese noch nicht der große Wurf zu einer einheitlichen Gesellschaftstheorie. Beiden Ansätzen fehlt nämlich ein Zugriff auf das Phänomen des sozialen Wandels bzw. der Krise. Der eine klärt allein über die impliziten stabilen Voraussetzungen des Handelns auf, während der andere eben diese stabilen Bedingungen voraussetzt, weil darüber erst rationale Strategien möglich werden. Keiner von beiden kann aber den Wandel und den Zusammenbruch dieser Gewissheiten thematisieren.

(3) Man kommt demnach nicht um zumindest einen dritten Ansatz hinweg. Diesbezüglich hat vor allem Siegenthaler auf die Bedeutung der Kommunikation hingewiesen. Transformations- und Krisenphänomene sind gerade durch externe (ökonomische oder natürliche Einbrüche) oder interne (neue Ideen) Krisenphänomene vormals stabilisierte Bedeutungen und Praktiken charakterisiert (vgl. auch LEGRO 2000). Damit geht dann oft ein fundamentales Umlernen einher, das sich zwar von den vormaligen Bedeutungen, Praktiken und Regeln notwendigerweise bezieht, sich aber im Handeln gerade nicht mehr auf sie erfolgreich stützen kann. Das Regelvertrauen, das bspw. für rationales Handeln notwendig ist, ist nicht mehr verfügbar. Vielmehr muss Regelvertrauen erst wieder aufgebaut werden. Dies vollzieht sich, wie SIEGENTHALER argumentiert, innerhalb eines kommunikativen Prozesses:

> Er (der Aktor, F.R.) sucht bei anderen nicht bloß die eine oder andere Anregung, sondern Rückhalt in Vertrauensbeziehungen, in denen er Vertrauen aufbaut in neues Denken. Er gliedert sich ein in ein soziales Netzwerk, bestimmt sich selber neu in seiner Person als ein Aktor, der Vertrauen setzt in andere, der andere versteht, sich mit ihnen verständigt, dem anderen vertrauen gerade deshalb, weil er in neue, intersubjektiv verfügbare, für ihn vertrauenswürdig gehaltene kognitive Regeln hineinwächst. Er wird sozial integriert (1993: 11).

Durch diesen Prozess stabilisieren sich dann wieder die Bedeutungen und Praktiken, die die Hermeneutik thematisiert und innerhalb derer sich strategisches Handeln wieder vollziehen kann.

Der hier stark gemachte Methodenpluralismus lässt allerdings noch einige Fragen offen. Zwar teilen Ökonomik und Hermeneutik in ihren moderaten Versionen die Überzeugungen, dass Handlungen intentional und rational rekonstruiert werden müssen. Allerdings definiert die Ökonomik Rationalität durchgehend als instrumentelle Rationalität, während die Hermeneutik Rationalität substantiell an die Handlungskontexte gebunden sieht. Weiterhin bleibt es epistemologisch fraglich, wie die Holistik der Hermeneutik, die die Akteure innerhalb bereits vorausliegender Praktiken rekonstruiert, und der methodologische Individualismus der Ökonomik pragmatisch miteinander verbunden werden können. Schließlich stoßen auch die Außenperspektive der Ökonomik und die Innenperspektive der Hermeneutik aufeinander. Möglicherweise gibt es für die Ökonomik keine Probleme, den hermeneutischen Rahmen von Bedeutungen und Praktiken zu akzeptieren und dennoch innerhalb dieser Bedeutungen und Praktiken die strategischen Nutzenkalküle zu postulieren. Hier kann eine hermeneutische Innenperspektive nur entgegenhalten, dass den Akteuren solche Strategien in einige Sphären völlig fremd sind. All dies harrt noch der Lösung; nichtsdestotrotz sind vielversprechende Anfänge gemacht, die auf weitere Erkenntnisse hoffen lassen.

Literatur

Anderson, E. (2000), Beyond Homo Economicus: New Developments in Theories of Social Norms, Philosophy & Public Affairs 29(2): 170-200.

Becker, G.S. (1993a), Eine Theorie der Heirat, In: ders., Der Ökonomische Ansatz zur Erklärung menschlichen Verhaltens, Tübingen: 225-281.

Ders. (1993b), Altruismus, Egoismus und genetische Eignung: Ökonomie und Soziobiologie, in: ders., Der Ökonomische Ansatz zur Erklärung menschlichen Verhaltens, Tübingen: 317-332.

Ders. und C. Mulligan (1997), The Endogenous Determination of Time Preferences, Quarterly Journal of Economics 112: 729-758.

Bohman, J. (1991), New Philosophy of Social Science. Problems of Indeterminacy, Cambridge.

Boltanski, L. und È. Chiapello (1999), Le Nouvel Esprit du Capitalisme, Paris.

Ders. und L. Thévenot (1991), De la Justification. Les Économies de la Grandeur, Paris.

Dies. (1999), The Sociology of Critical Capacity, European Journal of Social Theory 2(3): 359-377.

Chang, R. (Hrsg.) (1997), Incommensurability, Incommparability, and Practical Reason, Cambridge.

Denzau, A.T. und D.C. North (1994), Shared Mental Model: Ideologies and Institutions, Kyklos 47(1): 3-31.

Elias, N. (1939/91), Über den Prozeß der Zivilisation. Soziogenetische und psychogenetische Untersuchungen, Zweiter Band: Wandlungen der Gesellschaft; Entwurf zu einer Theorie der Zivilisation, 16. Aufl., Frankfurt am Main.

Elster, J. (1997), More than Enough, The University of Chicago Law Review 64: 749-764.

Ders. (2000), A Case of Excessive Ambition, American Political Science Review 94(3): 685-696.

Ferejohn, J. (1991), Rationality and Interpretation. Parliamentary Elections in Early Stuart England. In: K. Monroe (Hrsg.), The Economic Approach to Politics. A Critical Reassessment of the Theory of Rational Action, New York: 279-305.

Frey, B.S. und I. Bohnet (1994), Die Ökonomie zwischen extrinsischer und intrinsischer Motivation, Homo oeconomicus XI(1): 1-19.

Geertz, C. (1973), The Interpretation of Culture, New York.

Giddens, A. (1995a), Die Konstitution der Gesellschaft. Grundzüge einer Theorie der Strukturierung, 2. Aufl., Frankfurt am Main.

Ders. (1995b), Konsequenzen der Moderne, Frankfurt am Main.

Grant, R.W. (2000), *The Ethics of Incentives: History and Theory*, 96th Annual Meeting of the American Political Science Association.

Hegmann, H. (2001), Die Verfassung der kulturell fragmentierten Gesellschaft, Marburg.

Imhof, K. (1994), Ästhetik der Unsicherheit. Eine Annäherung an das verständigungsorientierte Verhalten. In: A. Ernst u.a. (Hrsg.), Kontinuität und Krise. Sozialer Wandel als Lernprozeß, Zürich: 417-434.

Johnson, J. (1991), Rational Choice and Reconstructive Theory. In: K. Monroe (Hrsg.), The Economic Approach to Politics. A Critical Reassessment of the Theory of Rational Action, New York:113-142.

Koppl, R., G. Whitman, (2001), The Hermeneutical Roots of Rational Choice Theory, 97th Annual Meeting of the American Political Science Association, San Francisco.

Lamont, M. und L. Thévenot (2000, Hrsg.), Rethinking Comparative Cultural Sociology: Politics and Repertoires of Evaluation in France and the United States, Cambridge.

Lavoie, D. (1991, Hrsg.), Economics and Hermeneutics, London.

Legro, J.W. (2000), The Transformation of Policy Ideas, American Journal of Political Science 44(3): 419-432.

March, J.G. und J.P. Olson (1998), The Institutional Dynamics of International Political Order, International Organization 52(4): 943-969.

McFadden, D. (1998), Rationality for Economists?, University of California, Berkeley: http://emlab.berkeley.edu/eml/nsf97/mcfadden.pdf.

Moon, J.D. (1975), The Logic of Political Inquiry. A Synthesis of Opposed Perspectives, in: F.I. Greenstein und N.W. Polsby (Hrsg.), Handbook of Political Science, Vol.1: Political Science: Scope and Theory, Reading: 131-228.

North, D.C. (1992), Institutionen, institutioneller Wandel und Wirtschaftsleistung, Tübingen.

Pettit, P. (1993), The Common Mind. An Essay on Psychology, Society, and Politics, New York.

Pierson, P. (1997), Increasing Returns, Path Dependency and the Study of Politics, American Political Science Review 94(June): 251–267.

Pizzorno, A. (1990): On Rationality and Democratic Choice. In: P. Birnbaum und L. Leca (Hrsg.), Individualism. Theories and Methods, Oxford: 295-331.

Ders. (1991), On the Individualistic Theory of Social Order. In: P. Bourdieu und J. Coleman (Hrsg.), Social Theory for a Changing Society, Boulder: 209-231.

Popper, K.R. (1967/2000): Das Rationalitätsprinzip. In: D. Miller (Hrsg.), Popper Lesebuch, Tübingen: 350-359.

Posner, E.A. (1998), Signals, Symbols, Social Norms in Politics and Law, Journal of Legal Studies 27: 765-798.

Priddat, B.P. (1994), Rational Choice, Hermeneutik und Systemtheorie, Sociologica Internationalis 32(2): 127-146.

Ders. (1998), Nichtökonomische ökonomische Theorie. Vivienne Forresters Buch 'Der Terror der Ökonomie' als anregende Lektüre zum Problem der Kontextspezifität von rational choices, Homo Oeconomicus XV(2): 245-261.

Ders. (1999a),'Rational Choice' in multiplen Kontexten, Sociologica Internationalis 37(1): 9-34.

Ders. (1999b), Präferenz und Semantik: Kommunikation als Interpretation ökonomischer Kontexte: Das Beispiel Kultur und Ökonomie, Wittener Diskussionspapiere Nr. 47.

Prychitko, D.L. (1995, Hrsg.), Individuals, Institutions, Interpretations. Hermeneutics applied to Economics, Aldershot.

Rambo, E.H. (1999), Symbolic Interests and Meaningful Purposes. Conceiving Rational Choice as Cultural Theory, Rationality and Society 11(3): 317-342.

Reckling, F. (2002): Interpretative Handlungsrationalität. Intersubjektivität als ökonomisches Problem und die Ressourcen der Hermeneutik, Marburg.

Schaber, T. und C. Ulbert (1994), Reflexivität in den internationalen Beziehungen. Literaturbericht zum Beitrag kognitiver, reflexiver und interpretativer Ansätze zur dritten Theoriedebatte, Zeitschrift für Internationale Beziehungen 1(1): 139-169.

Schelling, T.C. (1960), The Strategy of Conflict, Cambridge.

Schiemann, J. (2002), History and Emotions, Beliefs and Mental Models. Toward a Hermeneutics of Rational Choice, 98th Annual Meeting of the American Political Science Association, Boston.

Searle, J.R. (1997), Die Konstruktion der gesellschaftlichen Wirklichkeit. Zur Ontologie sozialer Tatsachen, Reinbeck.

Siegenthaler, H. (1993), Regelvertrauen, Prosperität und Krisen. Die Ungleichmäßigkeit wirtschaftlicher und sozialer Entwicklung als Ergebnis individuellen Handelns und sozialen Lernens, Tübingen.

Suchanek, A. (1994), Ökonomischer Ansatz und theoretische Integration, Tübingen.

Sunstein, C.R. (1994), Incommensurability and Valuation in Law, Michigan Law Review 92: 779-814.

Swidler, A. (1986), Culture in Action. Symbols and Strategies, American Sociological Review 51(April): 273-286.

Taylor, C. (1975), Interpretation in den Wissenschaften vom Menschen. In: Ders., Erklärung und Interpretation in den Wissenschaften vom Menschen, Frankfurt am Main: 154-219.

Tsebelis, G. (1997), Rational Choice and Culture, University of California Los Angeles: http://www.sscnet.ucla.edu/polisci/faculty/tsebelis/culture.pdf.

Wiesenthal, H. (1997), Methodologischer Individualismus als Akteurstheorie. In: A. Benz und W. Seibel (Hrsg.), Theorieentwicklung in der Politikwissenschaft. Eine Zwischenbilanz, Baden-Baden: 75-99.

Wuketits, F.M. (2000), Evolution. Die Entwicklung des Lebens, München.

Yee, A.S. (1997), Thick Rationality and the Missing "Brute Fact": Limits of Rationalist Interpretation of Norms and Ideas, Journal of Politics 59(4): 1001-1039.

Autorenverzeichnis

Dr. iur. Lic.rer.pol. Anne van Aaken
Lehrstuhl für deutsches, europäisches und internationales Zivil- und Wirtschaftsrecht und Institutionenökonomik
Humboldt-Universität
Unter den Linden 6
D-10099 Berlin
E-mail: anne.van.aaken@rewi.hu-berlin.de

Dr. iur. Ekkehard Hofmann
Universität Hamburg
Fachbereich Rechtswissenschaft
Edmund-Siemers-Allee 1
D-20146 Hamburg
E-mail: e-hofmann@jura.uni-hamburg.de

Roland Ismer, M.Sc. Econ, Rechtsreferendar
Forschungsstelle für Europäisches und Internationales Steuerrecht
Prof.-Huber-Platz 2
D-80539 München
E-mail: Roland@Ismer.de

Dr. iur. Markus Krajewski, M.S. (International Affairs)
School of Law
King's College London
GB-London WC2R 2LS
E-mail: markus.krajewski@kcl.ac.uk

Matthias Meyer, M.Sc., Dipl.-Kaufmann
Lehrstuhl für Philosophie und Ökonomik
Philosophie-Department
Ludwig-Maximilians-Universität München
Ludwigstr. 31/ Raum E07
D-80539 München
E-mail: matthias.meyer@lrz.uni-muenchen.de

Dr. rer.pol. Falk Reckling
Abteilung Geistes- und Sozialwissenschaften
Fonds zur Förderung der wissenschaftlichen Forschung (FWF)
Weyringergasse 35
A-1040 Wien
E-mail: falk.reckling@chello.at

Stefanie Schmid-Lübbert, Dipl.-Volkswirtin
Institut für Recht und Ökonomik
Fachbereich Rechtswissenschaft
Universität Hamburg
Binderstr. 34
D-20146 Hamburg
E-mail: stefanie-schmid@jura.uni-hamburg.de

Daniel Thym, LL.M.
Lehrstuhl für Öffentliches Recht, Völker- und Europarecht
Humboldt-Universität
Unter den Linden 6
D-10099 Berlin
E-mail: daniel@thym.de

Ass. Prof. Dr. iur. Axel Tschentscher, LL.M., M.A.
Universität Bern
Institut für öffentliches Recht
Hochschulstr. 4
CH-3012 Bern
E-mail: axel.tschentscher@oefre.unibe.ch

GPSR Compliance

The European Union's (EU) General Product Safety Regulation (GPSR) is a set of rules that requires consumer products to be safe and our obligations to ensure this.

If you have any concerns about our products, you can contact us on ProductSafety@springernature.com

In case Publisher is established outside the EU, the EU authorized representative is:

Springer Nature Customer Service Center GmbH
Europaplatz 3
69115 Heidelberg, Germany

Batch number: 10815964

Printed by Printforce, the Netherlands